能源管理体系　从理论到实践

——山东省企业能源管理体系建设案例

山东省世行亚行节能减排项目管理办公室　编

北　京
冶　金　工　业　出　版　社
2016

图书在版编目(CIP)数据

能源管理体系　从理论到实践：山东省企业能源管理体系建设案例/山东省世行亚行节能减排项目管理办公室编．—北京：冶金工业出版社，2016.4

ISBN 978-7-5024-7214-6

Ⅰ.①能…　Ⅱ.①山…　Ⅲ.①企业管理—能源管理—管理体系—山东省　Ⅳ.①F279.275.2

中国版本图书馆 CIP 数据核字(2016)第 067253 号

出 版 人　谭学余
地　　址　北京市东城区嵩祝院北巷 39 号　邮编　100009　电话　(010)64027926
网　　址　www.cnmip.com.cn　电子信箱　yjcbs@cnmip.com.cn
责任编辑　李　臻　于昕蕾　美术编辑　彭子赫　版式设计　彭子赫
责任校对　王永欣　责任印制　李玉山
ISBN 978-7-5024-7214-6
冶金工业出版社出版发行；各地新华书店经销；固安华明印业有限公司印刷
2016 年 4 月第 1 版，2016 年 4 月第 1 次印刷
787mm×1092mm　1/16；13.75 印张；333 千字；212 页
69.00 元

冶金工业出版社　投稿电话　(010)64027932　投稿信箱　tougao@cnmip.com.cn
冶金工业出版社营销中心　电话　(010)64044283　传真　(010)64027893
冶金书店　地址　北京市东四西大街 46 号(100010)　电话　(010)65289081(兼传真)
冶金工业出版社天猫旗舰店　yjgycbs.tmall.com

编 辑 委 员 会

前　言

作为节能减排的重要举措，企业能源管理体系建设被纳入我国《“十二五”节能减排综合性工作方案》，方案要求全国18000家企业按照GB/T 23331建立能源管理体系，并以此实现节能工作的持续改进、节能管理的持续优化、能效水平的持续提高。

与此同时，能源管理体系认证从试点到制度正式建立已经6年有余。在这6年中，已经有近万家企业开展了能源管理体系建设，超过1600家企业通过了能源管理体系认证，为规范企业能源管理，形成企业自觉的遵法贯标机制、全过程的能源管理机制、先进节能技术与实践的应用机制、节能文化建设机制发挥了积极的作用。

山东省是我国的经济大省，同时也是能源消耗大省，节能工作的压力大、任务重，不断探索节能管理的新思路、新方法成为山东省开展节能工作的重要特征。早在2008年，山东省就率先组织编制了地方标准DB37/T1013—2008《能源管理体系要求》，并选择在钢铁、煤炭、化工、机械、电力、建材等六大行业开展了能源管理体系和建设试点，取得了明显的成效，得到国家发展改革委、工信部、国家认监委的高度认可。

进入“十二五”以来，山东省认真贯彻落实《“十二五”节能减排综合性工作方案》和《万家企业节能低碳行动实施方案》，成立了山东省企业能源管理体系建设工作领导小组，确定了77家能源管理体系建设咨询机构，在全省纳入计划的1188家企业中广泛推动能源管理体系建设工作，鼓励企业以认证的方式对能源管理体系建设效果进行评价；制定发布了山东省地方标准《能源管理体系评价指南》（DB37/T1756—2015），对不选择认证的企业进行体系建设效果的评价，有效防止了企业体系建设与实际运行的“两张皮”现象，确保了体系建设的效果。

为了更好地总结、推广山东省企业能源管理体系建设的经验，山东省世行亚行节能减排项目管理办公室通过招标的形式，确定由山东鲁源节能认证中心承担企业能源管理体系案例的编写工作，旨在通过对钢铁、建材、化工、电力、煤炭、轻工等多个行业能源管理体系建设经验的整理、归纳，并结合 GB/T 23331 标准的核心要素，从企业能源管理体系建设过程、方法、效果评价以及集团公司如何推进能源管理体系建设工作等多层次、多角度充分展示能源管理体系标准与实际结合的案例成果。

本书共分十章，按照案例内容的不同，从能源管理体系策划、实施、监测、改进，到能源管理体系建设过程及程序、内部审核的实施等各环节编写整理了 26 份案例，每一个案例都包括背景介绍、案例实施、实施效果，以期向读者做全景式的展示。为便于读者使用，编者还为每份案例增加了案例点评，在本书附录部分增加了 GB/T 23331—2012 标准、近几年发布的国家能耗限额标准，以及国家认监委发布的认证认可行业标准，丰富了本书的内容、可操作性和指导意义，希望对推动企业能源管理体系建设有所启迪和帮助。

本书由沈其民主编，马健、王登彩、杨丽萍为副主编，全书由沈其民统稿。

本书可用于企业、科研机构、认证机构、认证咨询机构、认证培训机构，也可供对能源管理体系有兴趣的人士进行研读，对政府节能主管部门或相关部门也有一定的参考价值。

在本书编辑出版过程中，山东省质量技术审查评价中心提供了强有力的人力和各种资源保障，山东鲁源节能认证中心认真组织了案例的调研、编写、评审及出版工作，山东省节能监察总队、聊城市政府节能办、东营市政府节能办、枣庄市政府节能办以及滕州市产品质量监督检验所等机构也提供了大量的素材，世界银行的全球环境基金省级能源效率推广项目提供了全额赠款。在此，一并向他们表示衷心的感谢。

由于时间仓促和编者水平有限，书中难免会有疏漏和不妥之处，恳请读者和有关专家批评指正。

作　者

2016 年 1 月于济南

目　　录

第一章 概　　述

2009年，我国发布实施了GB/T 23331—2009《能源管理体系要求》，国家认监委于当年11月起启动了能源管理体系认证试点，选择钢铁、有色金属、煤炭、电力、化工、建材、造纸、轻工、纺织和机械制造等十个重点行业作为试点行业，同时批准32个认证机构在不同技术领域开展认证试点工作。2012年12月31日，我国等同采用ISO 50001：2011的GB/T 23331—2012标准发布，并于2013年10月1日起实施，能源管理体系认证的依据也相应变更为GB/T 23331—2012。

2012年国家发展和改革委、教育部、工业和信息化部等12个部门联合印发《万家企业节能低碳行动实施方案》（发改环资〔2011〕2873号），指出2010年全国年综合能源消费量10000吨标准煤以上以及有关部门指定的年综合能源消费量5000吨标准煤以上的重点用能单位共有17000家左右，其能源消费量占全国能源消费总量的60%以上。"十二五"时期，我国将开展针对这些企业（统称为万家企业）的节能低碳行动，要求万家企业要按照《能源管理体系要求》（GB/T 23331），建立健全能源管理体系，做到工作持续改进、管理持续优化、能效持续提高，力争实现节能2.5亿吨标准煤。

为了推动企业能源管理体系建设，2012年11月28日国家发展改革委、国家认监委联合发布了《关于加强万家企业能源管理体系建设工作的通知》（发改环资〔2012〕3787号），要求各省级节能主管部门要结合当地实际情况，制定辖区内万家企业能源管理体系建设推进计划，强化工作措施，推动万家企业加快建立健全能源管理体系，鼓励万家企业自愿开展能源管理体系认证，并在相关工作中对认证结果予以采信。

能源管理体系是企业管理体系的一部分，致力于使企业能根据法律法规要求和主要能源使用的信息来制定和实施能源方针，建立能源目标、指标及能源管理实施方案，并采取必要的其他措施来改进能源绩效，包括提高能源利用效率和降低能源消耗，降低能源成本、减少温室气体排放及其他相关环境影响，从而增强企业的核心竞争能力。

可见，企业能源管理体系建设是一项系统工程，其中系统诊断企业能源管理现状、识别存在的问题与改进机会是基础，各级管理者的领导作用和积极参与是前提，全体员工的积极投入和各类资源的充足配备是保障，严格遵守适用的节能相关法律法规是底线，策划、实施各类能源管理方案（含改进方案）是手段，持续改进能源绩效是目的。

但在企业建立、实施、保持和持续改进能源管理过程中，对GB/T 23331—2012标准理解程度不一致、企业能源管理基础参差不齐、员工节能意识存在差异等，导致不同企业的能源管理体系实施效果大相径庭，突出的表现主要有以下几个方面：

（1）未实施系统的能源评审，对企业用能状况缺少深入了解，导致建立的能源管理体系“水土不服”。

建立能源管理体系，首先必须对企业的能源管理现状有一个系统、深入的了解，充分识别企业能源管理存在的问题与改进的机会。这就如同医生为病人治病一样，必须先对病因进行仔细的诊断，确诊以后对症下药，才能根除。倘若只是针对患病表现就急于下药，恐怕不仅不能治愈，还有可能带来其他问题。

有许多非常有效的方法可以用来实施能源评审，比如能源审计、能量平衡、物料平衡、节能监测、能效对标等，在我国都已经开展了多年，也积累了丰富的经验，企业可以结合行业特点选择使用，当然也可以同时采用以上几种方法的组合。

但现实情况是，很多企业没有对自己的能源管理现状进行系统诊断，没有充分识别自己能源管理方面存在的不足，也没有通过能效对标等方法查找改进机会，就匆忙建立能源管理体系，最终导致体系不适合企业的实际情况，出现“水土不服”“两张皮”等现象，劳神费力而没有结果。

（2）对能源管理实施方案理解不到位，忽略技术性或者管理手段、缺乏可操作性，预计效果的可测量性差，导致能源管理方案“无果而终”。

根据 GB/T 23331—2012 标准要求，能源管理实施方案是为了实现能源目标、指标而建立的，而能源目标、指标是企业基于对自身现状充分了解的基础上，在对未来能源使用进行科学预测的基础上建立的，它具有一定的挑战性、超前性，因此如果不采取一定的能源管理实施方案，这些目标指标可能就难以实现。一般来说，按照能源管理实施方案的内容不同，可以分为技术方案、管理方案，以及两者的组合形成的方案。其中技术方案包括设备节能技术改造方案、工艺优化方案等；管理方案包括生产组织优化方案、管理制度优化方案等；技术及管理方案则是既包括技术手段，也包括管理手段在内的一种组合方案。

无论采用什么样的能源管理实施方案，都应明确与方案有关的部门或人员的职责，具体的技术或管理方法、时间进度安排，对方案实施结果进行验证的方法，以及对因实施方案所带来的能源绩效的改进进行验证的方法。在方案实施过程中，企业还应该根据具体情况的变化，适时对方案进行更新、优化，以确保方案的可行性。

企业在策划能源管理实施方案时，由于对标准要求理解不到位，或者将管理手段作为方案的唯一内容，或者将节能技改方案等同于能源管理实施方案，也或者直接针对能源评审识别出的改进机会策划改进方案，对于方案实施效果只是定性描述，缺乏可测量性，从而导致能源管理实施方案在多大程度上有利于能源目标指标的实现无法衡量，在客观上形成了“为了方案而方案”，或者“为了标准而方案”的现象，能源管理实施方案不仅没有促进能源目标指标的实现，还成了企业的负担。

（3）对能源管理体系运行控制缺乏系统的策划，抓不住控制的重点，也不清楚如何实施控制，难以发挥运行控制对改进能源绩效的应有作用。

按照 GB/T 23331—2012 标准的要求，企业应识别与主要能源使用相关的运行和维护活动，并确保这些活动在规定条件下运行，以实现能源方针、目标、指标。对于这些主要能源使用有效运行和维护活动，需要建立运行和维护的准则，并将这些准则传达给相关人员，按照运行准则运行和维护设施、设备、系统和过程，防止出现能源绩效的严重偏离。

标准所讲的与主要能源使用相关的运行和维护活动，涉及的环节非常多，包括了从能源采购、储存、加工转换、输送配置、使用以及余能利用的全流程，也包括了企业产品的生产系统、辅助生产系统及附属生产系统的全系统，同时也涵盖了高层管理、中层管理、基层管理以及生产操作的各级管理操作系统。策划运行控制要关注企业使用能源的所有种类（包括一次能源、二次能源、耗能（载能）工质），关注耗能设备、能源转换设备，关注耗能环节的操作人员、生产组织安排等。在此基础上，运行控制就抓住了每一个具体的点，并通过对这些点建立运行准则，在其能源计量器具的支持下，就能够确保运行和维护活动“受控”，达到提高能源绩效的目的。

不能正确理解标准的上述要求，在运行控制环节往往会不知道控制什么、如何控制，当然也就不能发挥运行控制对改进能源绩效的应有作用了。

（4）对监视、测量、分析和评价的要求理解不到位，不能有效利用各种监测手段实现对监测项目的监视、测量，不能利用数据或信息进行分析、评价，不能发现存在的问题和取得的经验，导致能源管理体系在持续改进方面的机制不能发挥作用。

根据 GB/T 23331—2012 标准的要求，企业应确保对其运行中的决定能源绩效的关键特性进行定期监视、测量和分析，这些关键特性包括企业所确定的主要能源使用和能源评审的输出、与主要能源使用相关的变量、能源绩效参数、能源管理实施方案在实现能源目标、指标方面的有效性、实际的能源消耗与预期的对比评价。

上述决定企业能源绩效的关键特性中，主要能源使用以及与主要能源使用相关的变量已经在运行和维护准则中加以规定，并在运行控制时实施了监测，因此这里应重点对能源目标指标（能源绩效参数的量化值）进行统计分析，对能源管理方案的实施情况、实施效果进行监测，对能源消耗数据进行汇总分析，评价能源绩效的实现情况，如能源消耗是否降低？能源效率是否提高？能源运行管理是否更加规范？同时对被监测对象实施的监测是否有效？还存在哪些问题？等等。通过这些工作的开展，识别企业能源管理的不足和问题，以便加以改进。

在对企业进行认证审核的过程中，可以发现存在下述两个突出问题：

（1）能源监测设备配备不齐全，或者没有能够充分利用信息系统等多种手段，许多应该加以监测的项目没有得到监测，导致运行失控；

（2）能源监测没有针对标准要求的项目，只是片面地对能源消耗数据进行统计，计算能源目标指标，没有能够对其他监测项目进行监测、分析和评价，导致持续改进的来源及压力不足。

此外，企业能源管理体系在人力资源管理、法律法规及相关要求、设计、采购等方面都或多或少存在这样那样的问题，都是企业能源管理体系建设中经常遇到的，需要克服和改进的方面。

本书以下的章节将围绕 GB/T 23331—2012 的相关要素，结合上述问题提供和展示解决方案、成功做法和具体的案例。

第二章　能源评审

在能源管理体系建立、实施、保持和持续改进等四个环节中，能源评审是非常重要的环节，是建立一个既满足 GB/T 23331—2012 标准及适用法律法规要求，又切合企业实际的能源管理体系的基础。

根据 GB/T 23331—2012 标准，企业实施能源评审：

（1）要识别当前的能源种类和来源、过去和现在的能源使用和能源消耗水平，以及与重要能源使用相关的设施、设备、系统、过程的能源绩效现状，评估未来的能源使用和能源消耗，在此基础上确定企业能源基准，建立能源目标指标体系。

（2）识别主要能源使用的区域及相关变量，确定运行控制的重点。主要能源使用的区域包括对能源使用和能源消耗有重要影响的设施、设备、系统、过程及相关人员。

（3）识别改进能源绩效的机会，在此基础上策划建立能源管理实施方案，以改进能源绩效。

本章案例主要来自钢铁、化工、汽车制造等行业的企业，他们根据各自行业的特点，利用不同的方法和途径实施能源评审，系统识别、确定了企业能源管理的重点和改进机会。

第一节　以能流图为主线，多法结合实施能源评审

一、案例背景

能源评审是组织基于能源数据和其他信息，确定组织的能源绩效水平，识别改进机会的一项工作。为确保能源管理体系的切实、有效，在建立能源管理体系的初始阶段和运行过程中要进行能源评审。如何做好能源评审工作，是目前企业在建立能源管理体系时，普遍觉得困惑的条款，也是能源管理体系建立初期的难点和重点，能源管理体系持续改进的关键点。

未建立能源管理体系前，企业在能源评审中存在的问题：

（1）对能源使用和消耗情况没有进行系统分析，以评价企业能源使用和消耗的水平，识别企业与同行业的差距；

（2）没有识别和评价企业的主要能源使用区域、主要耗能设备、主要耗能工序，以及与主要能源使用和消耗有关的人员，对能源管理没有侧重点；

（3）没有科学、系统的方法对节能改进机会进行识别和评价，节能技改项目是想到哪里改哪里；

（4）没有识别影响主要能源使用和消耗的相关变量，没有确定能源绩效参数，仅关注技改节能，没有关注管理节能。

二、企业简介

某公司消耗的能源主要有电、天然气、蒸汽、水、压缩空气、柴油、二氧化碳等，其中电消耗为 3000×10^4kW·h/a，天然气消耗为 235×10^4m^3/a，蒸汽消耗为 1.2×10^4t/a。能源成本占总体成本比重约为2.27%，年度综合能耗约为9500吨标准煤，万元产值综合能耗约为0.06吨标准煤/万元。

电主要用于熔炼设备、各类机械加工设备、铸造设备、热处理设备等。由35kV专线引入，经配电室变为10kV后，引入各加工部，由各加工部配电平台变为380V后使用。

天然气主要用于涂装线、焙烧窑、地坑炉等，由天然气管道引入到各加工部后使用。

蒸汽主要为冬季采暖和生产使用，它由蒸汽管道引入热交换站，生产用蒸汽由热交换站分配到所需加工部，采暖用热水由热交换站换热成采暖热水后引入到各加工部采暖系统。

水主要用于生产过程中冷却系统涂装线的前处理、热处理设备的冷却水和生活用水，其中工业用水都有独立的循环系统，生活用水主要是饮用和厕所用等。

压缩空气主要用于涂装线、加工中心、输送线等工序，由自备空压机产生，经管道传输至各个用气点。

二氧化碳主要用于气体保护焊机，柴油主要用于叉车，均是外部采购。

制造部是企业的能源归口管理部门，负责监督、检查企业各加工部能源现场管理工作，负责企业园区内各站房能源使用现场的管理和检查。各加工部负责本单位能源使用现场的管理和检查。

三、案例实施

公司在建立能源管理体系时，编制了《能源评审控制程序》《主要耗能设备、工序、人员判定标准》，对能源评审的策划、实施、再评审以及主要耗能设备、工序、人员判定标准等做了明确规定。

能源评审是对企业能源管理现状进行摸底排查的一种工具，在建立能源管理体系初期，对企业当前的能源管理和能源利用现状进行详细的评审，寻找能源管理的漏洞和薄弱环节，找出节能改进的机会。为确保能源初始评审的顺利、有效开展，企业自2013年5月份以来，对能源管理体系建设工作进行全面策划，任命了管理者代表，成立了能源管理体系领导小组和工作小组，制订了能源管理体系建设工作计划。6月下旬，所有内审员参加集团公司组织的能源管理体系标准培训，为实施能源初始评审打下了理论基础。7月份开始实施能源初始评审。

（一）对能源评审进行全面策划

在开展能源初始评审前，为确保能源评审的内容比较全面，收集信息、数据比较完整，制造部进行了认真的策划。

1. 确定能源评审的目的

开展初始能源评审的目的在于了解企业当前的能源管理和能源利用现状，评价企业能源管理改进的领域及机会，为企业建立切实可行的能源管理体系提供可靠的信息支持。

2. 确定能源评审的范围

企业能源初始评审的范围是位于公司注册地的汽车零部件产品生产系统及其辅助、附属生产系统。

3. 确定评审组

考虑到能源评审的复杂性、重要性，由公司制造部、技术部、质量部、综合管理部、法审部、各个加工部能源管理员、设备管理员、采购、生产、能源计量等懂技术、工艺、设备、节能、能源统计的专业人员组成能源评审组（表 2-1）。

表 2-1 能源评审组成员

序 号	姓 名	性 别	部 门	职 务	联系电话
1	于××	男	制造部	主 任	略
2	徐××	男	制造部	能源管理员	略
3	蒲××	男	底零加工部	主 任	略
4	赵××	男	底零加工部	电工技师	略
5	李××	男	传动轴加工部	能源管理员	略
⋮	⋮	⋮	⋮	⋮	⋮

4. 策划能源评审的内容、进度

对能源评审工作内容、时间进度安排等进行全面策划，以达到能源评审过程思路清晰、内容全面、针对性强的目的。企业专门成立能源评审组，编制了评审计划表（表 2-2）。

表 2-2 企业初始能源评审工作计划表

<table>
<tr><th>日 期</th><th>时 间</th><th>工作内容及评审方式</th><th>地 点</th><th>参加人员</th><th>目 的</th></tr>
<tr><td rowspan="3">7月8日</td><td>9:00～10:00</td><td>能源初始评审首次会议(沟通交流)</td><td>226 会议室</td><td>企业领导、综合管理部经理、技术部经理、质量部经理、制造部经理、各加工部分管领导、内审员(各加工部一名)</td><td>通过交流,使公司管理层了解能源管理体系要求(简单了解),以便在下步工作中得到领导的支持和配合</td></tr>
<tr><td>10:00～11:00</td><td>传动轴加工部主要能源使用现场调研,包括热处理、涂装线等</td><td>传动轴加工部</td><td rowspan="2">制造部、各加工部内审员</td><td rowspan="2">调研能源现场状况(含前期的资料准备);指导能源初始评价,讲解初评内容,分析发现节能机会</td></tr>
<tr><td>11:00～12:00</td><td>底零加工部主要能源使用现场调研,包括网带炉、涂装线等</td><td>底零加工部</td></tr>
</table>

续表 2-2

日期	时间	工作内容及评审方式	地点	参加人员	目的
7月8日	13:10~14:10	零部件加工部主要能源使用现场调研，包括压力机、涂装线等	零部件加工部	制造部、各加工部内审员	调研能源现场状况（含前期的资料准备）；指导能源初始评价，讲解初评内容，分析发现节能机会
	14:20~16:30	精铸件加工部主要能源使用现场调研，包括有色、焙烧、熔炼、锅炉、中央空调、通风除尘等	精铸件加工部		
7月9日	8:50~10:30	部件加工部主要能源使用现场调研，包括机加工、大流量、热处理等	部件加工部		
	10:30~12:00	车轮加工部主要能源使用现场调研，包括压力机、涂装线等	车轮加工部		
	13:10~15:00	培训、对前期准备的材料进行确定、答疑	培训教室	制造部、内审员	培训体系建设中如何开展工作，如初始评审报告、能源基准、能源绩效参数、实施方案等
	15:00~16:30	末次会议（讨论、交流、总结）	培训教室	企业领导、综合管理部经理、技术部经理、质量部经理、制造部经理、各加工部分管领导、内审员	（1）总结能源初始评审现场调研情况、存在的问题，提出改进方向和建议； （2）确定下步工作

注：1. 根据咨询老师要求，当咨询老师去各加工部现场时，负责该工序工艺技术人员和设备、能源管理员必须到现场，咨询老师与其进行讨论。

2. 生产室主任与各加工部被观察现场的分部长必须到现场。

（二）确定能源评审时需搜集的信息

为保障在能源评审时收集的能源管理和能源利用信息、数据的全面，准确掌握公司目前的能源管理现状，进行充分的评审，确定需搜集的信息和数据包括以下内容：

（1）能源管理组织构架及职责分配；

（2）生产工艺流程图；

（3）企业的能流图（其中包括能源的采购、能源加工转换、能源分配传输、能源使用、余热余压的回用等）；

（4）企业的各种能源及其消耗和利用情况（其中包括企业的综合能耗、单位产品综合能耗或万元产值综合能耗等分析数据）；

（5）各部门的能源利用和消耗情况；

（6）主要耗能设备（其中包括主要生产设备、辅助、附属生产设备等）的能耗及能效状况；

（7）现有能量计量器具配置情况；

（8）能量平衡分析数据；

（9）近期的能源审计报告；

（10）相关的能源法律法规、政策、其他要求及遵循情况；

（11）现有的能源管理制度；

（12）企业的各种余能及其利用情况；

（13）现有的能源方针、能源目标、指标等。

（三）能源评审的实施

为有效地实施能源初始评审，按照《能源评审控制程序》的要求和流程以及《企业能源初始评审工作计划》的具体安排，2013 年 7 月，能源评审组对公司目前、过去的所有能源消耗和使用情况进行了全面的评审。

能源初始评审采用了以下方法：实地核查；综合能耗计算结果；收集适用的能源法律法规及其他要求，并进行合规性评价；查阅原有的能源资料等。

评审小组沿着能流图（图 2-1 是企业总能流图，图 2-2 是传动轴加工部能流图），仔细检查能源流转各工序是否有规范性文件，文件是如何规定的，规定是否科学合理。

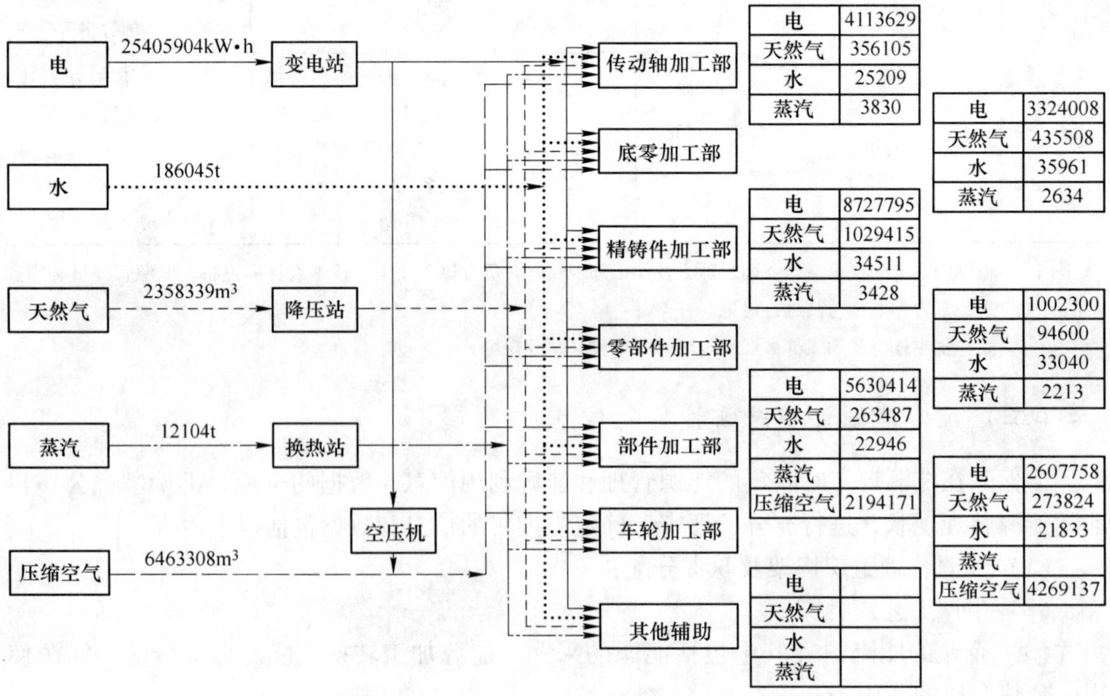

图 2-1 企业总能流图

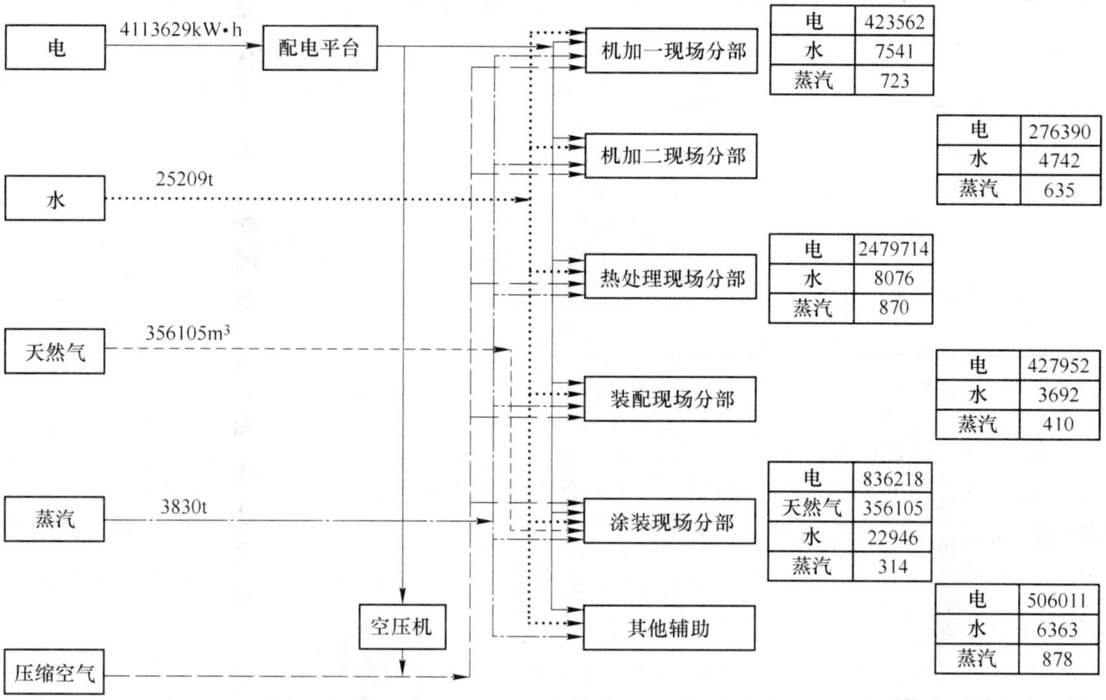

图 2-2 传动轴加工部能流图

（1）能源采购文件中质量要求是否明确？是否量化？

（2）能源转换作业文件中转换设备的经济运行指标，是否量化？

（3）能源分配传输文件中是否明确分配传输设备及管线的参数，是否量化？

（4）能源利用文件中是否规定主要耗能设备经济运行指标和能源绩效参数，是否量化？

（5）是否有能源监测和计量？计量是否准确？计量器具配置是否齐全、合理、有效？计量器具是否经校准？记录是否明确合理？

（6）人员职责是否明确？

（7）能源调度如何进行？是否有管理规定？能否达到及时有效、降低能源消耗的目的？

同时利用综合能耗计算结果，以及查阅原有的能源资料等，进行用能状况（能源使用和能源消耗）分析。

1. 识别、确定企业主要能源使用

通过能源评审，识别、确定企业使用的主要能源为电、天然气和蒸汽，电主要用于各类机械加工设备、铸造设备、热处理设备等；天然气主要用于涂装线、焙烧窑、地坑炉等；水用于生产过程中冷却系统涂装线的前处理和生活用水；蒸汽 80% 用于冬季采暖，20% 用于精铸件加工部冬季空调采暖、传动轴加工部喷涂线烘干、水加热，各种能源消耗情况详见表 2-3。

表 2-3 2013 年 1 ~ 6 月企业能源消耗结构表

种 类	能耗实物量	当量值	
		折标耗能/tce①	所占比例/%
电/kW · h	1505.75×10^4	1850.57	35.4
天然气/m³	126.6×10^4	1683.77	32.21
水/t	87120	22.4	0.43
蒸汽/t	12104	1556.58	29.78
压缩空气/m³	283.77×10^4	113.79	2.18
合 计	—	5227.11	100

① 1tce = 1 吨标准煤。

2. 识别、确定主要能源使用区域

通过能源评审以及《主要耗能设备、区域、人员确定规则》，识别、确定主要能源使用区域有涂装现场分部的前处理和烘干工序、热处理现场分部的高中频淬火、调质处理、回火等工序，共计 26 个，编制形成主要能源使用区域清单，表 2-4 是清单的部分内容。

表 2-4 主要能源使用区域清单（部分）

序 号	能源使用区域		使用能源种类	能源消耗量		工序能耗	备 注
	车 间	工 序		实物量	当量值/tce	占车间综合能耗比例/%	
1	涂装现场分部	前处理	天然气	$15\times10^4m^3$	199.5	42.8	传动轴
2		预烘干	天然气	$5\times10^4m^3$	66.5	14.2	传动轴
3		烘 干	天然气	$15\times10^4m^3$	199.5	42.8	传动轴
4	热处理现场分部	高中频淬火	电能	70×10^4kW · h	86	32	传动轴
5		调质处理	电能	44×10^4kW · h	54	20	传动轴
6		回 火	电能	44×10^4kW · h	54	20	传动轴
7	涂装现场分部	静电喷涂工序	天然气	7457m³	9.92	45	零部件
8		抛 丸	电	11875kW · h	1.46	15	零部件
⋮	⋮	⋮	⋮	⋮	⋮	⋮	⋮

3. 识别、确定与主要能源使用有关人员

通过能源评审以及《主要耗能设备、区域、人员确定规则》，识别、确定与主要能源使用有关人员，主要包括节能管理人员、工艺管理人员、设备管理人员、技改项目负责人、生产计划管理人员、调度人员、能源及耗能设备采购人员、高耗能设备/系统操作人员、能源统计人员、计量器具管理人员、能源管理体系内部审核员等。

4. 识别、确定主要耗能设备

通过能源评审以及《主要耗能设备、区域、人员确定规则》，识别、确定主要耗能设备有燃气化铝坩锅炉、高频电源淬火机床、悬链步进抛丸清理机、井式回火炉、台车式电阻炉等，共计 75 台，编制形成主要耗能设备清单，表 2-5 是该清单的部分内容。

表 2-5　主要耗能设备清单（部分）

序号	设备名称	规格型号	主要参数	主要能源绩效参数	使用年限	安装地点	用能种类	负载率/%	运行效率/%	是否经济运行	备注
1	感应淬火机床	GCT10 120A	105kW 7.5A	电流、电压、频率	11	热处理车间	电能	70	80	是	传动轴
2	感应淬火机床	GC108 0	105kW 7.5A	电流、电压、频率	14	热处理车间	电能	70	80	是	传动轴
3	井式回火炉	JH-75A	75kW	温度、时间	9	热处理车间	电能	85	80	是	传动轴
4	燃气化铝坩锅炉	ALM-500	消耗天然气 $50m^3/h$	熔炼每锅时间、温度	5	有色车间北	天然气	85	80	是	精铸
⋮	⋮	⋮	⋮	⋮	⋮	⋮	⋮	⋮	⋮	⋮	⋮

5. 识别主要能源使用的相关变量

通过能源评审，识别影响主要能源使用的相关变量主要有市场供需状况、能源品种的变化、产品品种变化、产量、天气等。

公司将这些变量分为不可控变量和可控变量，其中，不可控变量主要有市场供需状况、天气的变化等，可控变量主要有产品品种、产品产量、能源品种等。

对于可控变量，公司通过产品结构调整，生产高附加值、节能高效型产品；通过合理安排生产、优化生产节拍、集中安排生产等手段，提高单位时间内生产产品产量；通过调整能源结构，利用天然气代替煤，提高能源利用率等。

6. 识别主要能源计量设备及其配备情况

通过能源评审，识别主要能源计量设备及其配备情况。进出用能单位、主要次级用能单位的能源计量器具配备齐全，主要用能设备的水、蒸汽计量器具配备齐全，符合《用能单位能源计量器具配备和管理通则》（GB 17167—2006）的要求；但主要用能设备的电、天然气及压缩空气计量器具配备率达不到标准要求。能源计量器具初始配备情况见表 2-6。

表 2-6　能源计量器具配置情况汇总表（三条线汇总）

能源类别	进出用能单位				进出主要次级用能单位				主要用能设备				综合
	应装数/台	安装数/台	配备率/%	完好率/%	应装数/台	安装数/台	配备率/%	完好率/%	应装数/台	安装数/台	配备率/%	完好率/%	配备率/%
电	14	14	100	100	67	67	100	100	60	14	23	100	67
天然气	3	3	100	100	9	9	100	100	17	9	53	100	72
水	25	25	100	100	78	78	100	100	1	1	100	100	100
蒸汽	1	1	100	100	5	5	100	100	3	3	100	100	100
压缩空气	2	2	100	100	2	2	100	100					

7. 识别企业余热种类及其使用状况

企业各加工部均有产生余热的工序或设备，但是都没有得到利用，需要组织部门领导、相关技术人员、现场操作人员进行技术商讨，确定实施方案。经识别企业存在的余热分布情况见表 2-7。

表 2-7　余热分布一览表

序号	余能种类	产生部位	余能数量	是否可利用	是否已利用
1	余热	化铝炉、中频炉等设备烟气	无法测量	是	否
2	余热	焙烧窑、时效炉等工件余热	无法测量	是	否
3	余热	热处理设备、中频电炉、网带炉等设备冷却循环水余热	无法测量	是	否
4	余热	蒸汽冷凝水	1 万立方米/采暖季	是	否

8. 识别落后产能及淘汰设备

依据国家发改委发布的《产业结构调整指导目录（2011 年本）》，工信部发布的《高耗能落后机电设备（产品）淘汰目录（1 ~ 3 批）》，对企业目前的生产工艺、主要生产设备进行逐一排查、比对，结果显示本企业目前没有纳入上述目录的落后产能及机电设备。

9. 识别与能源管理有关的制度、规范等情况

通过能源评审，发现公司目前能源管理仅有一个制度，不能覆盖所有能源流转全过程，各部门的能源职责不明确，能源的采购、贮存、加工转换、使用等过程的流程、规定不明确。各部门没有建立具体的能源目标、指标，同时对能源目标、指标、主要能源使用和消耗情况定期监控不足。

10. 识别公司能源损耗状况

通过能源评审，评审组利用能量平衡分析法，对 2012 年的能耗数据实施了分析，通过分析发现电的损耗达 223685kW · h，损耗率占 0.88%，主要是变压器损耗和线路损耗，损耗较小。因为没有为办公及其他非生产用电配备电能表，故办公用电及其他非生产用电计为 0。表 2-8 是 2012 年公司的电力平衡分析表。

表 2-8　2012 年电力平衡分析表

购入/kW · h		支出/kW · h	
从社会电网购入	25405904	生产用电合计	25182219
		办公用电合计	0
		其他用电合计	0
		损耗	223685
购入合计	25405904	支出合计	25405904
损耗率/%	0.88		

水耗分析：水的损耗为 43488t，损耗率达 23.4%，水损耗的统计，是根据动力公司水表计量数 ×7% 的管损 + 每月用水分摊量，由于动力公司园区存在泄漏和计量不全的问题，导致每月分摊较大，且结算方式是集团公司统一规定的，属于不可控，下一步希望与集团交流水耗的统计方法，2012 年水平衡测试见表 2-9。

表 2-9　2012 年水平衡测试

购入/t		支出/t	
从动力公司购入	186045	计量合计	142557
		管损合计	9979
		分摊合计	33509
购入合计	186045	支出合计	186045
损耗率/%	23.4		

天然气消耗分析：天然气的损耗量为 242909m^3，损耗率达 10.3%，主要是计量表配置不到位，不能够准确计量，导致误差，2012 年天然气平衡测试见表 2-10。

表 2-10　2012 年天然气平衡测试

购入/m^3		支出/m^3	
从天然气公司购入	2358339	生产用气合计	2115430
		办公用气合计	0
		其他用气合计	0
		损耗	242909
购入合计	2358339	支出合计	2358339
损耗率/%	10.3		

11. 识别设施、设备、生产工艺状况

通过能源评审，评审组成员利用各自的专业特长和经验，利用现场排查法，对各个加工部的设施、设备和生产工艺等进行现场排查，发现设施、设备、生产工艺等不合理，导致能耗高，共查出 13 个问题。

（四）编制能源评审报告

1. 评审、确定能源绩效改进机会

通过能源评审，识别出的能源绩效改进机会主要有余热未利用，能源计量器具配置不到位，能源管理制度不完善，能源目标、指标没有分解和监控不到位，水和天然气损耗较高，以及设施、设备、生产工艺不合理等。

评审组以下列因素为重点，对能源绩效改进机会实施评价和排序：

（1）能源绩效改进机会影响能源绩效的程度；

（2）与法律法规、政策、标准及其他要求的符合性；

（3）施工周期、安全及环境影响、技术成熟度、系统匹配等技术可行性；

（4）投资回收期、内部收益率、除节能外其他收益等经济合理性；

（5）相关方的要求等因素。

通过评价排序，公司确定优先在以下四个方面进行改进，具体内容如下：

（1）能源计量器具不健全。

因为前期规划时对能源统计、测量考虑不充足，部分能源消耗区域和主要耗能设备未配备计量器具，达不到《用能单位能源计量器具配备和管理导则》（GB 17167—2006）的要求。能源指标不能进一步细化，不能对主要耗能设备等进行过程监控，能源耗用指标无法监视、测量和分析。

为做好对能源目标、指标及管理方案的监视、测量、分析，企业在2013年9月份增加电表98块、水表9块、天然气表2块、压缩空气表6块，达到《用能单位能源计量器具配备和管理导则》（GB 17167—2006）的要求，满足了可测量、监控的基本条件。同时编制了主要耗能设备用能统计表，对每台主要耗能设备的用能、产量实施每班统计，每月进行分析，发现异常及时采取措施，同时，公司根据统计的数据，制定了各工序的能源消耗定额。

（2）部分能源管理制度不健全。

通过能源初始评审，发现能源管理仅有一个制度，且不能覆盖所有能源流转全过程，各部门的职责不明确，能源的采购、贮存、加工转换、使用等过程的流程、规定不明确。

为此，企业根据本企业实际情况，编制了能源管理手册，19个程序文件，12个支持性文件，经过评审后予以发布。所有的程序、支持性文件发布以后，基本能覆盖能源的采购、贮存、加工转换、使用等全过程，明确了各个部门的能源职责，确立各种能源的采购、贮存、转换等流程，规范了能源流转全过程的操作，使能源全过程都有程序、制度来支持、指导和规范。通过规范操作，达到节能的目的。

（3）设施、设备、生产工艺等不合理，导致能耗高。

通过现场排查，共查出13个问题，其中有5项评价为优先改进机会：

1）涂装线烘干室空间没有得到充分利用，导致天然气消耗量大；

2）电泳线制纯水设备产生的浓水未经处理直接排放，导致水耗高；

3）浸渗工序工艺设计未考虑节能，存在能耗浪费现象；

4）涂装线冷却室电机没有加装变频器，导致电耗高；

5）中频炉、化铝炉等设备存在余热，但未能利用。

根据企业的实际情况，确定前三项为2013年度节能技改项目，通过实施能源管理方案进行改进。企业根据《能源管理方案制定和实施程序》对管理实施方案进行技术论证、可行性分析，制定了《能源管理实施方案》《能源管理实施方案评估报告》，并对实施后的效果进行了跟踪验证，具体见表2-11。

表 2-11 2013年能源管理实施方案一览表

序号	方案名称	实施内容	备注
1	电泳线浓水回收利用效率提升改造	通过对电泳线浓水进行回收用于保洁、前处理等用途，节约自来水的消耗	设备改进
2	涂装现场分部烘干室改造项目	对涂装线烘干室多余空间进行封闭，减少加热空间，降低热能浪费	设备改进
3	浸渗工艺的改进	当室温发生变化时，加热时间随之发生变化，节约能源	工艺参数调整

注：方案均已于2013年度实施完毕，节约19吨标准煤/月。

（4）各部门没有建立具体的能源目标、指标，同时对能源目标、指标、主要能源使用和消耗情况定期监控不足。

能源初始评审时，发现各部门没有建立具体到各种能源种类的能源目标、指标，同时对能源目标、指标、主要能源消耗定期监控不足，无法对能源消耗及时提供调控措施，易发生重大偏差。

2. 编制能源初始评审报告

评审小组全部完成预先确定的评审范围和内容，在以上评审内容完成之后，分析汇总资料，编制能源初始评审报告。在能源初始评审报告中包括以下内容：

（1）确定目前企业的能耗水平，如万元产值综合能耗、万元产值电耗、万元产值天然气消耗等。

（2）确定企业的主要能源使用区域、主要耗能设备、主要耗能工序、与主要能源使用有关人员等。

（3）确定能源绩效参数和与能源消耗有关的变量。

（4）确定能源基准、能源绩效参数，并在此基础上建立公司的能源目标、能源指标体系。

（5）确认本企业是否有落后产能和淘汰设备。

（6）确定企业是否存在违规现象。

（7）识别、确定目前能源管理中存在的问题，提出改进机会和改进的建议（如计量器具的增加、文件编制等），确定能源管理方案。

（五）能源评审的持续进行

在对2013年通过初始能源评审确定的优先改进机会实施改进之后，企业取得了显著的能源绩效，能源管理工作有了较大的提高，得到公司领导的认同和肯定。

为进一步提升能源管理水平，明确改进的方向，2014年1月，企业依据《能源评审控制程序》，再次组织能源评审小组对企业进行第二次能源评审工作，编制了《能源评审报告》，查找能源节约机会12项，包括余热利用、变频节能、新材料利用等方面。未来，公司将形成每年组织实施一次能源评审的机制，确保持续改进能源绩效。

四、实施效果

企业建立能源管理体系后，使能源评审工作制度化、规范化，工作职责明确，工作程序清晰流畅，企业形成了持续开展能源评审活动、不断发现节能改进机会的长效机制。

（一）量化指标，明确责任

公司通过能源评审，根据各加工部各工段的能源消耗及各工段的生产特点，制定出了各加工部、现场分部的能耗考核指标，并制定了主要耗能设备、工序的能源消耗定额，将责任落实到人，确保执行的有效性。通过对主要耗能设备、工序的班产量、每班的能源消耗、能源绩效参数进行统计、分析，查找能源管理工作中存在的异常情况，制定改进措施，并跟踪改进措施的实施情况，进行效果验证。通过对主要耗能设备、工序能源消耗的监测与改进，公司主要耗能设备、工序的单件产品能源消耗大幅下降。与此同时，通过能源评审的实施，使员工了解到自身工作与能源绩效的关联关系，提升了员工的节能意识，使员工自主按照相关操作规程等标准进行操作、维护，减少了能源的浪费。

（二）完善计量网络，实现对能源消耗的有效计量

根据公司在初始能源评审中发现的计量器具配备不足问题，制定了配置计划，计量器具达到了《用能单位能源计量器具配备和管理导则》（GB 17167—2006）的配置要求。主要耗能设备、主要工序基本都配备了计量器具，为以后的能源消耗监测创造基本条件。

（三）持续有效地查找优先节能机会，实施能源管理实施方案

能源管理体系运行以来，共开展两次能源评审活动，2013 年 7 月能源初始评审，共发现 5 项优先节能机会，2013 年 10 月完成 3 项整改，3 个月实现节能量达 37. 08 吨标准煤。2014 年 1 月，公司再次组织能源评审小组实施第二次能源评审活动，查找节能改进机会 12 项（包括余热利用、变频节能、新材料利用等），并全部制定了能源管理方案，当年实现节能 434. 87 吨标准煤，产生较好的节能效果。

五、案例点评

该案例的特点是以能流图为主线，综合运用多种方法实施能源评审，同时做到了能源评审工作的制度化、规范化，工作职责明确，工作程序清晰流畅，企业形成了持续开展能源评审活动、不断发现节能改进机会的长效机制。虽然企业在建立能源管理体系之后，能源管理水平得到了很大的提升，消除了原来节能管理工作分散、随意的管理行为方式，但还是存在一些有待完善的问题，主要有以下几点：

（1）评审小组成员的节能法规知识、节能技术知识掌握得还不全面、不熟悉，还需要进一步加强；

（2）对主要能源使用有关的相关变量，需要进一步明确和加强控制；

（3）需要进一步利用能效检测等手段，确定与主要能源使用、能源消耗相关的设施、设备、系统、过程的能源绩效现状。

第二节　以法规、标准为依据实施能源评审

一、案例背景

“十二五”以来，国家启动了万家企业节能低碳行动，把能源管理体系建设作为落实万家企业节能工作十项要求的重要基础和支撑。企业建立能源管理体系首先应全面了解企业当前能源管理和能源利用水平以及能源消耗和能源绩效的信息，为能源基准的建立、能源绩效参数的识别、能源目标指标的制定、能源管理实施方案的制定提供依据。能源评审就是基于数据和其他信息，确定企业的能源绩效水平，识别改进机会的工作，为企业开展能源管理体系建设、优化节能管理、实施节能改进、提高能源管理水平、降低能源消耗、提高能源效率提供数据支撑。

二、标准要求

在标准《能源管理体系要求》（GB/T 23331—2012）中 4.4.3 能源评审规定：

组织应将实施能源评审的方法学和准则形成文件，并组织实施能源评审，评审结果应进行记录。能源评审内容包括：

a）基于测量和其他数据，分析能源使用和能源消耗，包括：

——识别当前的能源种类和来源；

——评价过去和现在的能源使用和能源消耗水平。

b）基于对能源使用和能源消耗的分析，识别主要能源使用的区域等，包括：

——识别对能源使用和能源消耗有重要影响的设施、设备、系统、过程及为组织工作或代表组织工作的人员；

——识别影响主要能源使用的其他相关变量；

——确定与重要能源使用相关的设施、设备、系统、过程的能源绩效现状；

——评估未来的能源使用和能源消耗。

c）识别改进能源绩效的机会，并进行排序，识别结果须记录。

注：机会可能与潜在的能源、可再生能源和其他可替代能源（如余能）的使用有关。

组织应按照规定的时间间隔定期进行能源评审。当设施、设备、系统、过程发生显著变化时，应进行必要的能源评审。

三、企业简介

某钢铁企业具备 250 万吨钢产品的生产能力，有 1350m^3 高炉一座，120t 转炉两座，120 万吨棒材和 120 万吨高速线材生产线各一条。主要产品为 $\phi(16\sim40)$mm 的普碳类、合金类棒材以及 $\phi(5\sim10)$mm 各类线材。企业年耗能总量约为 80 万吨标准煤，消耗能源主要有电力、煤、焦炭、柴油、汽油。

企业确定的能源管理体系范围是：与生铁、钢坯、棒材等产品生产有关的主要生产系统和辅助生产系统，涉及的部门包括炼铁厂、炼钢厂、动力厂、运输部、电厂、科技处、质检处等。

四、案例实施

企业实施能源评审的过程包括：确定评审实施人员、依据、方法，实施能源评审，编制能源评审报告等工作。

（一）确定评审实施人员

企业建立了以管理者代表为组长，炼铁、炼钢、轧钢专业和节能管理人员为组员的能源评审小组。分组对企业的能源消耗、能源使用情况、主要耗能设备、能源计量器具等进行全面的梳理与评审，按照相应制度的要求，分组进行评审和汇总。

（二）能源评审依据

企业实施能源评审的依据主要包括相关法律法规、标准、规章制度等，其中包括：

（1）节能相关法律法规，如《中华人民共和国节约能源法》《中华人民共和国可再生能源法》《中华人民共和国电力法》《中华人民共和国清洁生产促进法》，以及《山东省节约能源条例》等；

（2）节能相关标准，如《综合能耗计算通则》（GB/T 2589）、《企业能耗计量与测试导则》（GB/T 6422）、《企业节能量计算方法》（GB/T 13234）、《工业企业能源管理导则》（GB/T 15587）、《用能单位能源计量器具配备和管理通则》（GB 17167）、《评价企业合理用热技术导则》（GB/T 3486）、《粗钢生产主要工序单位产品能源消耗限额》（GB 21256—2007）、《山东省吨钢综合能耗限额》（DB 37/746—2007）等；

（3）节能相关规章制度，如《高耗能落后机电设备（产品）淘汰目录》《国家重点节能技术推广目录》《产业结构调整指导目录》等。

（三）能源评审方法

在能源评审工作中，企业应充分收集能源管理的相关数据，以自身能源计量、统计和分析数据为基础，充分运用能源审计、能量平衡、节能评估、节能检测、设备效率测试、能效对标等先进成熟的方法，并结合面谈、现场调查等方法，必要时聘请外部专家提供智力支持，确保评审的效率和质量。

结合公司能源种类和能源管理特点，公司确定能源评审收集的资料有：

（1）主要耗能设备的运行参数，能源消耗数据，能耗指标统计分析表；

（2）第三方出具的能源监测报告；

（3）能源审计报告的相关资料；

（4）能效对标的结果；

（5）公司正在使用的各种能源管理制度；

（6）能源利用状况报告等。

（四）实施能源评审

能源评审的主要内容包括炼铁、炼钢、轧钢、动力系统和发电系统的能源管理现状、能源消费结构、工艺评定、用能设备系统的分析、能源计量、操作人员情况、能源法律法规及其他要求的执行情况、先进节能技术的推广应用情况、节能潜力分析及合理用能建议等。

1. 分析能源使用和能源消耗

企业运用能流图、设备清单、统计模型分析等工具结合收集到的数据，对能源使用和能源消耗进行分析，全面了解企业的用能状况。

公司消耗能源有电力、煤、焦炭、柴油、汽油、氮气、氧气、煤气等，其中：电力60812万千瓦·时，原煤183307t，焦炭542429t，柴油1218t，氧气12029万立方米，氮气13316万立方米，高炉煤气190397万立方米，转炉煤气20480万立方米，共消耗各种能源折标准煤76.4389万吨。表2-12是能源消耗情况统计表，图2-3是能源消耗结构图。

通过能源消耗统计分析，得出公司主要消耗的能源是焦炭、原煤和电力，共占公司消耗能源的95%。生产过程中产生的高炉煤气、转炉煤气等二次能源和烧结高温烟气、转炉蒸汽和加热炉蒸汽等余热余能除满足生产工艺本身消耗外，富余部分全部回收用于发电。

表 2-12 能源消耗情况统计表

能源种类	实物量	当量值/tce	比例/%	备 注
原 煤	183307t	130936	17.13	主要用于高炉喷煤、烧结配煤和石灰煅烧用煤
焦 炭	542429t	526050	68.82	粒焦和焦炭块全部用于炼铁高炉，筛余的焦粉配加在烧结料中消耗
电 力	60812×10^4kW · h	74738	9.78	公司自发电率约占 30%
柴 油	1218t	1775	0.23	车辆用油
汽 油	100t	147	0.02	车辆用油
氮 气	13316×10^4m^3	16152	2.11	焦炭生产，脱硫
氧 气	12029×10^4m^3	14591	1.91	用于转炉炼钢和高炉富氧喷煤
合 计	—	764389	100	

高效利用和循环利用为核心，以“减量化、再利用、资源化”为原则，以低消耗、低排放、高效率为基本特征，大力发展循环经济，特别是在煤气、蒸汽的循环利用方面取得了良好成效。煤气方面：首先采用 TRT 发电技术，不改变原高炉煤气的品质，利用高炉炉顶煤气中的压力能及热能经膨胀做功来驱动发电机发电；利用煤气柜可以及时吞吐煤气的特点，对高炉和转炉产生的煤气调节稳定管网压力，改善煤气供应质量；建立高炉煤气和转炉煤气的混合煤气系统，实现生产工艺用煤气的灵活调节；对满足生产工艺使用后富余的煤气，建设发电机组进行发电，确保两种煤气的 100% 回收综合利用；蒸汽方面：回收烧结环冷机高温段烟气建设烟气余热锅炉产生蒸汽，将转炉蒸汽和轧钢加热炉蒸汽并网作为补充汽源，建设余热发电机组，实现全厂生产工艺产生蒸汽除满足浴池等生活用汽外的高效综合利用。

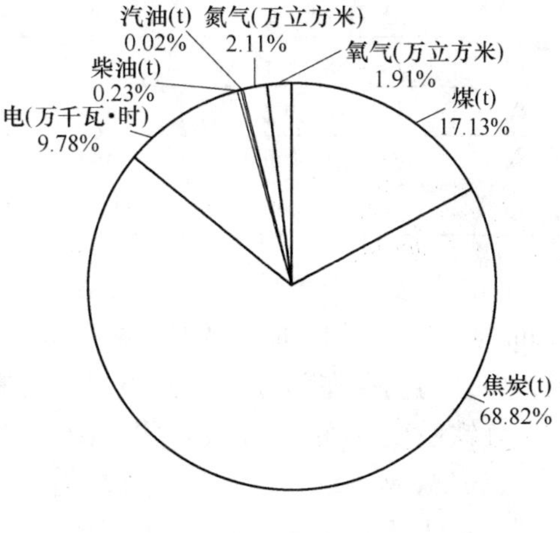

图 2-3 能源消耗结构图

2. 识别主要能源使用的区域

识别公司主要用能设备 公司根据相应的规章制度，规定功率不小于 450kW 的耗能设备为主要用能设备，对炼铁、炼钢、轧钢各个工序分别进行识别，主要用能设备见表 2-13。

表 2-13 主要用能设备统计表

序 号	用能设备名称	型 号	功率/kW	数量/台	安装地点	耗能种类
1	高压电机	TDZGS2200-4	2200	2	轧钢高线预精轧	电力
2	高压电机	TDZGS6300-4	6300	2	轧钢高线精轧	电力
3	高压电机	TDZGS4200-4	4200	2	轧钢高线精轧	电力
4	高压电机	YBKK630-6/1200	630	2	轧钢高线精轧	电力

续表 2-13

序 号	用能设备名称	型 号	功率/kW	数量/台	安装地点	耗能种类
5	高压净环泵电机	YKK500-4/710	500	2	炼铁泵房	电力
6	高炉软水电机	YKK560-6/800	560	2	炼铁泵房	电力
7	轴流风机电动机	YGF1000-4/19000	1000	2	电鼓风机房	电力
8	转炉浊环冷却水系统	YKK450-4/315	450	2	炼钢泵房一期	电力
9	连铸浊环冷却水系统	YKK450-4/315	450	2	炼钢泵房一期	电力
10	结晶器软化水系统	YKK500-4/560	500	2	炼钢泵房一期	电力
11	转炉浊环系统	YKK450-4/315	450	2	炼钢泵房二期	电力
12	连铸浊环系统	YKK450-4/355	450	2	炼钢泵房二期	电力
13	结晶器供水系统	YKK500-4/560	500	2	炼钢泵房二期	电力
14	1 号、2 号离心机	Y500-2/1350	500	2	炼铁空压机房	电力
15	高压电机	YKK450-4/500	450	3	高线泵房	电力
16	1 号、2 号空压机电机	Y500-2/1250	500	2	炼钢空压机房	电力
17	3 号、4 号空压机电机	Y500-2/1350	500	2	炼钢空压机房	电力
18	5 号空压机电机	Y450-2/450	450	1	炼钢空压机房	电力
19	高压电机	Y500-21350HP	500	1	空压机站	电力

淘汰设备情况说明　根据工信部 2011 年淘汰落后产能企业名单，公司对最后 1 座 $420m^3$ 高炉及其相关附属设施实施了淘汰，淘汰落后产能 55 万吨生铁，年节能 2 万吨标准煤，但公司仍存在部分 Y 系列电机，已制定淘汰整改计划，相应的工作正按照计划进行。

炼铁系统、炼钢系统、轧钢系统用能过程　内容包括：

（1）炼铁系统。运料、配料均由电机带动，烧结消耗高炉煤气、焦粉和电。烧结燃料消耗占总能耗的 90%，电耗约占烧结总能耗的 10%。自耗煤气（高炉煤气）消耗是炼铁的能源消耗的重要组成部分，高炉煤气回收是能源回收的主要产品。

通过改变工艺参数来提高烧结矿成品率，同时降低烧结固体燃耗。具体过程如下：由于企业物料结构发生变化，烧结配矿精粉率下降，主要使用部分进口粗粉和厂内循环物料，精粉率在 5% 左右。整体物料的粒级较粗，且混合制粒效果较好，烧结透气性增强，因此，烧结料层和烧结机机速也相应地提高，烧结正常机速由原来的 1.5m/min 左右提高到 1.9m/min 左右，由于机速的提高，点火保温时间由原来的 2min 降低到 1.1min，保温时间大幅降低，严重影响了烧结表层质量，导致烧结矿成品率下降。因此，将点火室保温段延长 5m，保温段由原 2m 延长至 7m，延长点火室保温时间至 3.7min，充分保证烧结料表层的保温时间，以减缓台车料层表面的冷却速度，提高表层烧结矿强度和成品率，同时起到降低烧结固体燃耗的作用。

（2）炼钢系统。在原料准备方面主要有行车和上料两个方面，其中能源消耗主要为电力，降低该工序的能耗应该从降低电耗入手。转炉工序倒罐只有电力的消耗，所占比重比较低。脱硫消耗的主要是电力和氮气，且氮气的消耗成本很低。转炉冶炼是转炉作业区能源消耗的大户，消耗能源包括电力、煤气、氧气、蒸汽、氮气、氩气、新水和循环水，同时也能回收煤气和蒸汽，回收煤气和蒸汽占总工序能耗的比重非常大，与能源的消耗量和能源的回收水平密切相关，是转炉作业区控制能耗的重中之重。其中电力、氧气、煤气消耗占转炉冶炼成本消耗的很大一部分，而转炉冶炼的成本消耗占到转炉作业区成本消耗的90%以上，所以控制转炉冶炼的电力、煤气、氧气消耗及煤气、蒸汽的回收是转炉作业区节能的关键。精炼工序主要消耗电力、氩气及蒸汽，其中LF炉的电耗占精炼工序较大，所以应该加强控制电力消耗。连铸工序消耗的主要能源是电力、水、压缩空气及煤气，三项之和约占该工序的95%，应对这三项加以控制。炼钢厂自投产以来，转炉出钢温度高（最高达到1730℃以上），钢水全程温降最大达到190℃，严重制约了炼钢生产、工艺、耐材、设备等水平的提高，对降低成本至关重要。温度参数是钢铁生产过程的重要工艺参数，在现代钢铁生产过程中，钢水温度的合格、稳定是保证生产顺利运行的前提，也是获得良好产品质量的重要保证。

（3）轧钢系统。加热工序主要消耗高炉煤气、转炉煤气、电力、水，轧机主要消耗电力和水，应加强对煤气、电力、水消耗的控制。

识别对主要能源使用有重要影响的人员　根据公司相关制度规定，将对主要能源使用及主要用能设备操作有影响的岗位人员列为对能源使用和能源消耗有重要影响的人员，主要包括炼铁厂烧结主控、高炉主控、转炉操作工、轧钢加热炉工、轧机工、电厂锅炉操作工，以及相关节能及管理岗位的人员，详见表2-14。

表2-14　对能源使用、能源消耗有重要影响的部分岗位

序号	所在部门	岗位	上岗资质	数量
1	科技处	副处长	能源管理师	1
2	科技处	能源管理	能源管理师	3
3	机动处	处长	经公司培训上岗	1
4	机动处	副处长	经公司培训上岗	2
5	机动处	设备管理	经公司培训上岗	3
6	质计处	处长	经公司培训上岗	1
7	质计处	副处长	经公司培训上岗	1
8	质计处	原燃料检验	经公司培训上岗	3
9	质计处	能源计量器具管理	经公司培训上岗	2
10	炼铁厂	厂长	经公司培训上岗	1
11	炼铁厂	副厂长	经公司培训上岗	2
12	炼铁厂	高炉车间主任	经公司培训上岗	1
13	炼铁厂	高炉车间副主任	经公司培训上岗	1
14	炼铁厂	高炉主控	经公司培训上岗	3
15	炼铁厂	烧结车间主任	经公司培训上岗	1
16	炼铁厂	烧结车间副主任	经公司培训上岗	1
17	炼铁厂	烧结主控	经公司培训上岗	2
18	炼铁厂	喷吹车间主任	经公司培训上岗	1
19	炼铁厂	喷吹车间副主任	经公司培训上岗	2

公司能源统计管理及计量器具管理情况　内容包括：

（1）能源统计工作。公司的能源统计工作由科技处统一管理和指导，科技处设立能源统计岗位，建立由公司、生产厂、车间三级组成的总厂能源统计体系。其主要工作包括：

1）负责并指导建立覆盖全公司的、完备的统计原始记录和统计台账；

2）负责公司生产经营活动中的能源消耗和节能完成情况的统计与分析，及时向公司领导及有关部门提供公司节能降耗的数据和资料，按各级政府部门的要求，及时、准确地报送各种能源报表，对公司各级能源统计人员的业务进行指导；

3）定期组织开展能量平衡测试、撰写能源利用分析报告。

各生产厂负责本单位生产经营活动中能源消耗和节约完成情况的统计与分析，及时、准确地编制本单位的能源消耗统计报表，每月三日前报科技处。各车间负责建立和管理本车间的各种能源消耗记录，每日编报本车间的能源消耗统计表上报生产厂。

（2）能源计量工作。公司能源计量工作由质检计控处专门负责，按能源管理体系和计量管理体系的要求，制定有完善的《计量器具管理制度》等管理办法，按规定配备能源计量器具，定期对相关计量器具进行检定、校验，原煤、焦炭、电力及水的能源计量器具的配置及完好情况见表2-15。

表2-15　能源计量器具汇总表

序号	能源计量类别	进出用能单位				进出主要次级用能单位				主要用能设备				综合	
		应装数/台	安装数/台	配备率/%	完好率/%	应装数/台	安装数/台	配备率/%	完好率/%	应装数/台	安装数/台	配备率/%	完好率/%	配备率/%	完好率/%
1	煤	4	4	100	100	2	2	100	100	2	2	100	100	100	100
2	焦炭	4	4	100	100	2	2	100	100	5	5	100	100	100	100
3	电	2	2	100	100	33	33	100	100	69	69	100	100	100	100
4	水	2	2	100	100	18	18	100	100	14	14	100	100	100	100

识别主要能源使用　通过统计分析，公司主要消耗的能源种类是焦炭、煤和电力，共占公司消耗能源的95%，消耗能源的主要生产单位是炼铁厂、炼钢厂、轧钢厂、动力厂、电厂。通过对以上生产单位的用能设备和工序进行能源使用识别评价，确定主要能源使用的区域是原料烧结、高炉冶炼、转炉冶炼、精炼、连铸、轧钢加热、轧机电机、动力鼓风等工序，评审组通过对这些主要能源使用的区域进行评价，依据评价准则确定了公司的主要能源使用，见表2-16。

表2-16　主要能源使用清单

序号	主要能源使用单位	主要能源使用区域	使用能源种类
1	炼铁系统	高炉冶炼、原料烧结	焦炭、煤、电能、高炉煤气
2	炼钢系统	转炉炼钢	电能、氧气、氮气
		连铸	电能
		烘包	转炉煤气

续表 2-16

序号	主要能源使用单位	主要能源使用区域	使用能源种类
3	轧钢系统	钢坯加热	电能、转炉煤气、高炉煤气
		轧　机	电　能
4	动力系统	供风、供汽	电　能
5	电　厂	发　电	电能、高炉煤气、转炉煤气

3. 识别确定优先控制的能源绩效改进机会

公司运用能量系统优化、能量平衡、能源网络图、能效对标、专家诊断、最佳节能实践、员工参与等工具和方法识别能源绩效改进机会，并依据《评价能源绩效改进机会及其优先排序的评价方法》对这些改进机会进行评价和排序，以确定优先控制的能源绩效改进机会。评价和排序时重点考虑下列因素：

（1）影响能源绩效的程度；

（2）与法律法规、政策、标准及其他要求的符合性；

（3）施工周期、安全及环境影响、技术成熟度、系统匹配等技术可行性；

（4）投资回收期、内部收益率、除节能外的其他收益等经济合理性；

（5）相关方的要求等。

评审组最终确定优先控制的能源绩效改进机会有：减少气体放散提高自发电量、照明系统节能改造、300t 气烧石灰窑系统综合集成技术的研究与应用、循环水系统水泵节能技术的研究与应用四项，通过专家评分进行排序，详见表 2-17。

表 2-17　能源绩效改进机会积分排序表

权重因素	权重值 W	得分							
		减少气体放散提高自发电量		照明系统节能改造		300t 气烧石灰窑系统综合集成技术的研究与应用		循环水系统水泵节能技术的研究与应用	
		分值 R	得分 $R\times W$	分值 R	得分 $R\times W$	分值 R	得分 $R\times W$	分值 R	得分 $R\times W$
影响能源绩效的程度	3	9	27	9	27	8	24	9	27
施工周期	0.5	8	4	8	4	7	3.5	9	4.5
安全和环境影响	0.5	9	4.5	8	4	9	4.5	9	4.5
技术成熟度	2	8	16	8	16	7	14	9	18
系统匹配	1	8	8	9	9	8	8	9	9
内部收益率	0.5	9	4.5	8	4	8	4	9	4.5
投资回收期	1	9	9	8	8	8	8	9	9
除节能外的其他收益	0.5	10	5	9	4.5	9	4.5	9	4.5
相关方的要求	1	9	9	9	9	9	9	9	9
总分（$\sum R\times W$）		87		85.5		79.5		90	
排　序		4		3		2		1	

注：1. R 为分值，其范围为 1～10，打分人可根据实际情况选取。

2. W 为权重值，在打分排序前确定，打分过程中不得改换。

从表 2-17 中可以看出上述四项能源绩效改进机会的优先顺序为：循环水系统水泵节能技术的研究与应用、减少气体放散提高自发电量、照明系统节能改造、300t 气烧石灰窑系统综合集成技术的研究与应用，公司根据排序结果及实际情况采取相应的措施及管理方案，达到节能减排的目的。

（五）编制能源评审报告

根据能源评审过程及结果编制能源评审报告，具体内容包括整个能源评审的准备阶段、实施阶段、能源绩效改进机会评审阶段、能源管理实施方案制定阶段等，为后期建立能源管理体系提供基础性的材料依据。

五、实施效果

公司当前的能源管理和能源利用过程运行现状，剖析公司当前能源管理方面具有的优势和存在的问题，通过识别主要能源使用区域、公司在组织机构与职责权限、管理制度以及对能源利用过程各环节和过程单元中存在的问题、确定公司能源绩效参数和基准以及能源目标，为能源管理体系的建设提供真实可靠的数据基础，识别记录改进能源绩效的机会，挖掘节能潜力并制定系统全面的管理措施、技术方案等，提高能源管理水平、实现节能目标、促进公司可持续发展。

公司针对确定的优先改进能源绩效机会，制定相应的能源管理实施方案。目前，这些方案已经全部实施完成，年创经济效益 3679 万元。其中“提高自发电量攻关方案”实现了年发电量 2 亿千瓦 · 时，取得了显著的经济效益。

六、案例点评

以企业适用的法律法规及其他要求为依据实施能源评审，不仅能够顺利发现企业能源管理中存在的不足、管理重点，而且易于识别确定能源绩效改进机会，在此基础上，制定有针对性的能源管理实施方案，实现公司能源管理水平提升、能源利用效率提高的目的。

需要注意的是，一般的国家法律法规及相关标准是企业应该遵守的底线要求，而现实的情况是企业往往期望在此基础上有更好的表现。

本案例作为钢铁企业实施能源评审的案例，具有很好的示范作用，值得推广。

附件：评价能源绩效改进机会及其优先排序的评价方法

一、直接判断法

各部门负责人组织五人以上（评价人数应为奇数），运用能量系统优化、能量平衡、能源网络图、能效对标、专家诊断、最佳节能实践、员工参与等工具和方法识别能源绩效改进机会，并对这些改进机会进行分析，根据其重要性和可实现程度进行排序。评价和排序时应当考虑下列因素：

1. 是否符合国家法律法规及标准，不符合即为是。

2. 影响能源绩效的程度，超过 50%，即为是。

3. 技术可行性（施工周期短、安全及环境影响较小、技术很成熟、与系统很匹配），即为是。

4. 经济合理性（投资回收期短、内部收益率高、除节能外的其他收益），即为是。

5. 相关方特别提出的要求，即为是。

以上五方面如有一点判断为“是”，即可判断该项是首先进行能源绩效改进的机会。

二、积分排序法

对于使用直接判断法确定的能源绩效改进机会由相关部门按照积分排序法对评价出的能源绩效改进机会进行排序。见下表：

权重因素	权重值 W	得分			
		能源绩效改进机会1		能源绩效改进机会2	
		分值 R	得分 $R\times W$	分值 R	得分 $R\times W$
影响能源绩效的程度	3				
施工周期	0.5				
安全和环境影响	0.5				
技术成熟度	2				
系统匹配	1				
内部收益率	0.5				
投资回收期	1				
除节能外的其他收益	0.5				
相关方的要求	1				
总分（$\sum R\times W$）					
排　序					

注：1. R 为分值，其范围为 1～10，打分人可根据实际情况选取。

2. W 为权重值，在打分排序前确定，打分过程中不得改换。

第三节　以工艺流程为主线实施能源评审

一、案例背景

能源评审可以帮助我们了解当前公司的能源管理现状、能源利用过程和水平，通过全面调查分析公司目前能源管理方面、重要耗能设备和系统方面具有的优势和存在的问题，找出公司现状与 GB/T 23331—2012 能源管理体系标准要求的差异，从而确定公司目前在能源管理方面需要规范和改进的领域，为公司建立能源管理体系提供背景条件并奠定基础。但部分企业在实施能源评审时容易出现以下问题，导致能源评审的结果不全面、不彻底，并进而影响到能源管理体系的运行效果：

（1）未在公司《程序文件》中规定能源评审的范围及频次等相关内容；

（2）能源使用识别的范围未覆盖全部用能设备或未包括全部用能种类，比如未识别汽柴油的使用、配电室变压器、办公区域采暖热力等；

（3）能源评审偏重于能源使用方面的评审，从而忽略了能源管理方面的评审在能源评审中的比重，比如公司能源管理部门职责分配的问题、是否任命了能源管理专职人员等情况；

（4）虽然识别出了主要能源使用，但是未对影响主要能源使用的能源绩效参数、相关变量给予关注和确认，比如能源绩效参数识别不全。

二、企业简介

某水泥有限公司成立于2010年3月1日，拥有2500t/d新型干法水泥熟料生产线一条，103万吨/年的水泥生产线一条，同时配套建设一台5MW水泥窑纯低温余热发电机组。公司主导产品是普通硅酸盐水泥P. O42. 5、复合硅酸盐水泥P. C32. 5R和P. C32. 5。

公司为新型干法水泥生产企业，主要工艺是利用电能将原材料和煤炭分别制备成生料和煤粉，利用煤粉燃烧产生的热能将生料煅烧为熟料，再利用电能将熟料经过粉磨成为水泥。

公司的生产用能主要是原煤和电力。原煤主要用于窑炉煅烧生料，电力主要用于破碎、粉磨及辅助公用系统设备，主要有风机、水泵及输煤、除灰、水处理系统等的变压器、电动机及照明等。

2013年公司消耗原煤128067t，电力9242万千瓦·时，折合标准煤102836t，其中原煤占89%；电力占11%。

公司于2014年7月建立并运行能源管理体系，2014年水泥单位产品综合能耗达到70. 24kgce/t，实现节能量4694吨标准煤。

三、案例实施

公司自2014年4月份以来，对能源管理体系建设工作进行了全面策划，任命了管理者代表，成立了能源管理体系领导小组和工作小组，制订了能源管理体系建设工作计划。为确保能源评审的顺利、有效开展，公司邀请了省内能源管理体系建设咨询专家来厂内对体系领导小组和工作小组全体成员进行了为期两天的标准宣贯。

在对能源管理体系标准进行系统培训的基础上，2014年5月份，公司开始组织实施初始能源评审。

（一）确定能源评审的目的、范围

能源评审的目的在于了解当前企业的能源管理和能源利用现状，识别适宜的法律法规和其他要求，寻找能源改进机会，建立能源基准，制定能源方针及能源目标、指标。能源评审的范围为日产2500t新型干法水泥生产线、其附属和辅助生产系统及相关职能科室和部门。

（二）策划评审分工及人员安排

对能源评审工作内容、时间进度安排等进行全面策划，具体包括评审内容、评审方法、评审时间、评审地点、评审人员等，编制企业能源初始评审工作计划表（表2-18）。

表2-18 企业能源初始评审工作计划表

时间进度 \ 人员分工及工作内容		评审组长：高×× 能源法规评审小组：徐×× 田×× 许×× 能源管理评审小组：毛×× 赵×× 郑×× 能源利用评审小组：付×× 周×× 杨×× 毕××
2014年5月	5日	召开首次会议：召集厂内各部门负责人，要求各部门、班组认真对待，全面收集资料，并在规定时间内将能源法律法规、能源管理制度、能源统计资料、能源评审报告分别报送三个评审小组。 各单位按要求报送评审材料
	6～12日	各评审小组根据上报材料进行系统的识别分析、统计计算，发现问题
	13～15日	各评审小组分头对厂内各部门实际的生产管理状况进行现场评审。主要是评审资料与实际的相符性、探讨交流发现问题、收集各部门对加强能源管理的建议和办法等。必要时进行现场测试
	16～18日	各小组进一步收集、识别、计算、分析、评价，形成法律法规清单、管理状况评价报告、能源利用情况分析报告，在评审组内进行讨论，统一意见
	19～23日	下发各部门、班组征求意见，进一步修改，形成初始能源评审报告，上报最高管理者

（三）确定能源评审的方法和依据

1. 能源评审的方法

公司开展能源评审主要采用收集文件、信息、资料、面谈和现场调查等方法，依据能量平衡、物料平衡的原理，对企业的能源利用状况（包括企业基本情况调查，生产与管理现场调查，数据搜集与审核汇总，生产系统与设备的运行状况调查，能源与物料的盘存查账等项内容）进行统计分析，必要时辅以现场检测，对企业生产经营过程中的投入产出情况进行全方位的调查统计。在此基础上识别出公司全部的能源使用，并采取是非判断法、权重积分排序法等对识别出的能源使用清单进行排序，寻找主要能源使用，并有针对性地提出能源管理方案。

为保障在能源评审时收集的能源管理和能源利用信息、数据的全面，准确掌握公司目前的能源管理现状，进行充分的评审，确定需搜集的信息和数据包括以下内容：

（1）能源管理组织构架及职责分配；

（2）生产工艺流程图；

（3）企业的能流图（其中包括能源的采购、加工转换、分配传输、使用及余热余压利用等）；

（4）企业的各种能源及其消耗和利用情况（其中包括综合能耗、单位产品综合能耗或万元产值综合能耗等分析数据）；

（5）各部门的能源利用和消耗情况；

（6）主要耗能设备（其中包括主要生产设备、辅助、附属生产设备等）的能耗及能效状况；

（7）现有能量计量器具配置情况；

（8）能量平衡分析数据；

（9）近期的能源审计报告；

（10）相关的能源法律法规、政策、其他要求及遵循情况；

（11）现有的能源管理制度；

（12）企业的各种余能及其利用情况；

（13）现有的能源方针、能源目标、指标等。

2. 能源评审的依据

为确保能源评审的有效性，评审依据包括以下内容：

《设备热效率计算通则》（GB/T 2588—2000）；

《综合能耗计算通则》（GB/T 2589—2008）；

《评价企业合理用电技术导则》（GB/T 3485—1998）；

《评价企业合理用热技术导则》（GB/T 3486—1993）；

《企业能耗计量与测试导则》（GB 6422—1986）；

《节水型企业评价导则》（GB/T 7119—2006）；

《企业节能量计算方法》（GB/T 13234—2009）；

《节能监测技术通则》（GB/T 15316—2009）；

《工业企业能源管理导则》（GB/T 15587—2008）；

《企业能源评审技术通则》（GB/T 17166—1997）；

《用能单位能源计量器具配备与管理通则》（GB 17167—2006）；

《能源管理体系要求》（GB/T 23331—2012）；

《水泥行业能源管理体系实施指南》（GB/T 30259—2013）。

（四）能源评审的实施

为有效地实施能源初始评审，2014 年 5 月公司按照《能源评审控制程序》要求和流程以及《企业初始能源评审工作计划》的具体安排，对公司目前、过去的所有能源消耗和使用情况进行了全面的评审。

1. 能源管理方面的评审

公司领导比较重视能源管理工作，于 2013 年提出能源管理方针和目标。公司的能源管理方针是“珍惜资源，节能降耗，技术先进，指标争先”，能源方针体现了公司在能源方面的追求。

公司能源管理组织机构完善，各相关部门都有明确的节能职责，分工明确。各部门能够按照管理职责要求开展工作，职责落实情况较好。公司能源管理组织结构图见图 2-4。

为规范和协调各项能源管理活动，公司系统地制定各种现行有效的管理制度，共有 218 个，主要有《企业资源管理办法》《进厂原燃材料验收标准》《废旧物资管理标准》《合理化建议管理办法》《计量管理标准》《节能管理标准》《计量节能工作标准》《生产经营活动分析管理办法》《统计管理标准》《统计员工作标准》《物资采购供应管理标准》《物资仓库管理标准》《物资入库验收管理办法》等，执行情况较好。公司按照《文件控

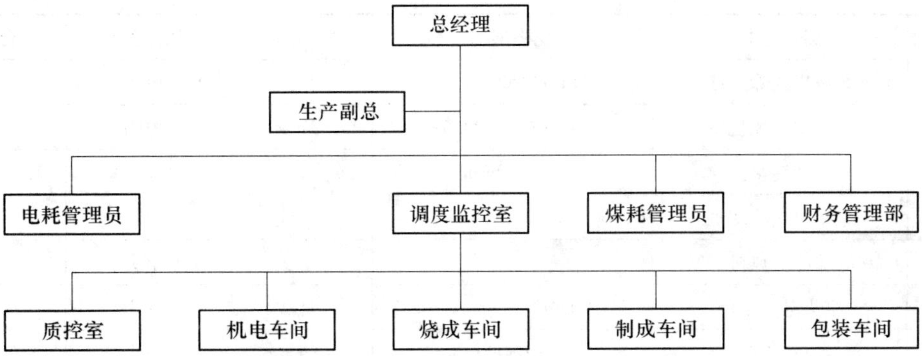

图 2-4 公司能源管理组织结构图

制程序》定期对这些文件进行评审以保持其有效性。

公司各生产、管理部门对相关的节能法律法规及其他要求进行了收集、获取、识别、评价、传递和更新，并对落实情况进行了调研，最终汇总形成了法律法规及其他要求清单。

2. 能源使用方面的评审

评审小组根据公司工艺流程图、能源流程图等基础资料，对能源管理组织是否能满足公司能源管理现状，能源采购、加工转换、分配传输以及能源利用是否已制定操作程序文件，是否满足标准条款的要求等方面进行了分析。

企业使用的主要能源种类为原煤、电力，能源消耗结构见表 2-19。

表 2-19 2013 年企业能源消耗结构表

能源名称	实物量	当量值/tce	比例/%
原 煤	128067t	91478	89
电 力	9242×10^4kW · h	11358	11
合 计		102836	100

3. 识别、确定主要耗能设备

调度监控室根据各部门提交的耗能设备清单，依据 GB 17167—2006 对主要耗能设备的界定标准，结合公司实际，将额定功率不小于 80kW 的用电设备列为主要耗能设备，将公司回转窑确定为高耗能设备（耗煤），确定公司的主要耗能设备清单（表 2-20）。

表 2-20 主要耗能设备清单（部分）

序号	名 称	规格型号	使用单位	耗能种类	台 数
1	单段锤式破碎机	PCF2018	烧成	电力	1
2	环锤式破碎机	PCH0808	烧成	电力	1
3	生料磨机（立磨）	ZJTL3840	烧成	电力	1
4	原料磨循环风机	Y6-2X29No. 28. 5	烧成	电力	1
5	窑尾高温风机	W6-2X29No. 30. 5	烧成	电力	1

续表 2-20

序号	名称	规格型号	使用单位	耗能种类	台数
6	窑尾袋式除尘器	FDYL252-2 ×6	烧成	电力	1
7	窑尾排风机	Y4-2X73No. 20. 5F	烧成	电力	1
8	回转窑	ϕ4m ×60m	烧成	电力/煤	1
9	推动篦式冷却机	3. 3m ×22. 4m	烧成	电力	1
10	篦冷机风机		烧成	电力	1
11	窑头电收尘器	WDJ110/422/11/4X7/0. 45	烧成	电力	1
12	风扫煤磨	MB3090	烧成	电力	1
13	辊压机	CLF150-90	制成	电力	1
14	水泥磨机	ϕ3. 8m ×13m	制成	电力	1
15	O-sepa 选粉机	SX3000	制成	电力	1
16	空气压缩机	LU132-8		电力	4

4. 主要能源计量设备及其配备情况

通过能源评审，识别主要能源计量设备及其配备情况。

（1）煤炭计量：地中衡是进厂煤的计量器具。日常由机电车间计量主管负责管理，每年由上级计量部门定期检定。公司进厂煤通过东门地中衡进行计量后存放在露天煤场。对Ⅱ级能源计量，通过甲乙转子秤计量（总共 2 台），公司每月定期对甲乙转子秤检定两次，以确保其准确。

（2）水计量：公司用水来自自备水井。有 1 个主水井，另有 1 个备用水井。共有 6 个计量水表，Ⅰ级计量仪表共 1 块，流量计计量总供水量。Ⅱ、Ⅲ级计量仪表各有 2 块和 4 块流量计。

（3）电计量：Ⅰ级计量仪表共 2 块。公司共有 1 条 35kV 供电线路，4 座 10kV 的车间配电室，每条线路各有一块电能表计量电量；Ⅱ级计量仪表共 17 块；Ⅲ级计量仪表共 22 块，公司对高压电动机及各低压变压器进行了计量。

此外，公司还编制了《计量器具控制程序》《计量管理制度》《计量数据统计分析制度》以及《计量人员岗位责任制》等规章制度。

可见，公司能源计量器具配置符合 GB 17167—2006 要求（表 2-21），能源计量器具的管理制度也比较完善。

表 2-21　能源计量器具汇总表

序号	能源计量类别	进出用能单位				进出主要次级用能单位				主要用能设备				综合	
		应装数/台	安装数/台	配备率/%	完好率/%	应装数/台	安装数/台	配备率/%	完好率/%	应装数/台	安装数/台	配备率/%	完好率/%	配备率/%	完好率/%
1	电	2	2	100	100	17	17	100	100	22	22	100	100	100	100
2	原煤	3	3	100	100	2	2	100	100						
3	水	2	2	100	100	2	2	100	100	5	4	80	100	88. 9	100

5. 落后产能及淘汰设备

通过能源评审，识别了企业的落后产能及淘汰设备。依据《高耗能落后机电设备（产品）淘汰目录》和《产业结构调整指导目录（2011 年本）》，对企业目前在用的耗能设备进行逐一排查，通过比对，发现本企业目前没有落后的产能及淘汰的机电设备。

6. 节能潜力分析

在生产过程中通过加强中控员操作，在满足熟料煅烧温度的情况下，尽量减少喂煤量，最大程度地利用二次风和三次风等，这些都是影响能耗指标的因素。

目前，对主要用电设备进行无功就地补偿能够有效提高配电系统的功率因数。但公司主要采用电容在总降、车间电力室集中补偿的方式，尚没有对车间的主要用电设备（水泥磨的主电机）安装无功补偿装置，致使配电系统功率因数保持在 0.95～0.96 之间，若对原有水泥磨的两台主电机安装就地补偿装置，可使配电系统功率因数达到 0.97 以上。

7. 编制能源评审报告

评审小组全部完成预先确定的评审范围和内容，对收集到的数据信息进行分析汇总，编制初始能源评审报告，并提出了改进能源管理的建议，特别是目前能源管理中存在的问题，提出改进机会和改进的建议，确定能源管理方案。

四、实施效果

严格认真的初始能源评审，使公司对自身的能源管理状况有了彻底的认识和了解，清晰地识别了公司与同行业在能源管理方面的差距，为科学制定今后的能源目标、指标，编制能源管理实施方案，实现能源绩效改进提供了良好的基础。

（一）确定能源基准并制定能源目标、指标

公司依据能源评审收集的数据信息，将 2013 年公司实际的能耗指标作为能源基准（表 2-22）。

表 2-22　能源基准一览表

项　　目	能源基准（2013 年实际能耗）	项　　目	能源基准（2013 年实际能耗）
可比熟料煤耗/kgce·t^{-1}	108	可比水泥电耗/kW·h·t^{-1}	69
可比熟料电耗/kW·h·t^{-1}	59.8	可比水泥能耗/kgce·t^{-1}	77
可比熟料能耗/kgce·t^{-1}	115		

参考《水泥单位产品能源消耗限额》（GB 16780—2012），在充分考虑公司能源管理现状、生产经营状况，并开展市场预测的基础上，公司确定了如下的能源目标指标：

（1）2014 年能源目标为节约 1000 吨标准煤；

（2）2014 年公司的能源指标如下：

1）能源计量器具校验合格率 100%，全员节能降耗，力争在提前完成“十二五”规划要求公司完成的 5000 吨标准煤节能量的基础上，进一步挖掘节能潜力；

2）对窑系统、水泥磨系统、工业余热利用分别制定能源指标见表 2-23。

表 2-23 能源指标一览表

实际完成及预计完成	可比熟料综合煤耗/kgce · t^{-1}	可比熟料综合电耗/kW · h · t^{-1}	可比熟料综合能耗/kgce · t^{-1}	可比水泥综合电耗/kW · h · t^{-1}	可比水泥综合能耗/kgce · t^{-1}	吨熟料发电量/kW · h · t^{-1}
2013 年	110	60	116	69	77	27.6
2014 年	109.5	59.5	115.5	68.5	76.5	27.8
2015 年	109	59	115	68	76	27.9

（二）编制能源管理实施方案

公司编制了 16 项能源管理实施方案（表 2-24），提高了能源管理的针对性，突出了重点，有效地促进了企业能源利用水平的提升。

表 2-24 能源管理方案汇总表

序号	能源种类	主要能源使用	改进建议	预期绩效
1	原煤	水泥窑燃料消耗	调整出磨生料三个率值的控制范围，规定熟料石灰石饱和系数在 0.89 ± 0.1 范围内，硅酸率值在 2.7 ± 0.1 范围内，铝氧率值在 1.5 ~ 1.6 之间，提高生料易烧性	提高易烧性，降低煤耗
2			封堵窑系统漏风：每次检修后对预热器各级人孔门，使用耐火砖和浇注料进行封堵；各级闪动阀采用黄油的方法进行封堵；对不经常打开的捅灰孔用浇注料进行封堵；日常巡检时发现有漏风点及时封堵	提高系统热效率，降低煤耗
3			将鹅颈管在分解炉出口与 C5 入口处实施短接，减少鹅颈管段 400m^2 热耗损失	减少热损失，降低煤耗
4			建原煤堆场堆棚，减少原煤储存损失	减少原煤储存损失
5			利用回转窑处置生活垃圾及废塑料，替代部分燃料，降低能源消耗	年可节原煤 4000t
6	电	原料磨动力消耗	原料磨入磨皮带安装皮带密封条，减小磨头漏风	节约用电
7			原料磨入磨皮带尾轮收尘器与入磨皮带建立连锁点，减少收尘器风机空转电耗	节约用电
8		窑系统动力消耗	建立篦冷机电机转速自动调节点，稳定冷却机料层厚度，稳定二次风温	节约用电
9			窑头收尘器下两个拉链机安装时间继电器控制回路，改连续运转为间歇式运转，降低空驶电耗	节约用电
10			窑头排风机电机转速建立自动调节连锁点，使排风机电机通过在窑头布袋收尘器冷却塔入口测压点的压力高低来改变转速	节约用电
11			窑烧成带筒体冷却用风，可由一台高压罗茨风机替代原有 10 台轴流风机，改变送风方式	节约用电
12			将五室风机电机改用 Y225M-4，功率 45kW，额定转速 1470r/min，可降低电耗	节约用电

续表 2-24

序号	能源种类	主要能源使用	改进建议	预期绩效
13	电	水泥磨动力消耗	水泥磨收尘器循环风机、主排风机变频改造	年节电 20×10^4kW·h
14			将现有水泥圈流磨系统改造为带辊压机的联合粉磨系统，实施后可使水泥磨台时提高 30% 以上，水泥粉磨电耗可下降 10kW·h/t	年节电 700×10^4kW·h
15		办公及生活用电	认真执行《非生产用能管理制度》，办公室空调温度夏季设定为 26℃ 以上； 冬季利用窑筒体罩收集余热加热循环水供暖，禁止开启空调	年节电 1×10^4kW·h
16			加强现场照明用电管理以及各车间办公室、更衣室、楼道等区域的照明，以及电脑、饮水机等用电设施人走关闭电源； 现场照明在光线满足条件，可保证安全情况下尽量不开照明设施	年节电 2×10^4kW·h

五、案例点评

该案例较好地体现出了水泥行业能源评审的工作思路，以工艺流程为主线实施能源评审，确保了能源评审内容的完整性，同时案例还通过程序规定使能源评审工作得以制度化、规范化，工作职责明确，工作程序清晰流畅，为制定企业能源基准、能源目标、指标提供了较为充足的信息。

但案例未对与主要能源使用有关的相关变量进行识别，对今后实施有针对性的能源管理难以发挥支持作用。

第三章 能源管理体系策划

策划是建立、实施、保持和持续改进能源管理体系的基础，也是保证能源管理体系有效运行的基础。能源管理体系的策划主要包括建立能源基准、确定能源绩效参数、建立能源目标指标，策划建立为完成能源目标指标的能源管理实施方案。这些共同组成了策划的输出，并成为能源管理体系运行控制和监测、分析与评价的重点。

GB/T 23331—2012 标准对于能源基准、能源绩效参数、能源目标指标及能源管理实施方案的规定如下：

4.4.4 能源基准

组织应使用初始能源评审的信息，并考虑与组织能源使用和能源消耗特点相适应的时段，建立能源基准。组织应通过与能源基准的对比测量能源绩效的变化。

当出现以下一种或多种情况时，应对能源基准进行调整：

a）能源绩效参数不再能够反映组织能源使用和能源消耗情况时；

b）用能过程、运行方式或用能系统发生重大变化时；

c）其他预先规定的情况。

组织应保持并记录能源基准。

4.4.5 能源绩效参数

组织应识别适用于对能源绩效进行监视和测量的能源绩效参数。确定和更新能源绩效参数的方法学应予以记录，并定期评审此方法学的有效性。

组织应对能源绩效参数进行评审，适用时，与能源基准进行比较。

4.4.6 能源目标、指标与能源管理实施方案

组织应建立、实施和保持能源目标和指标，覆盖相关职能、层次、过程或设施等层面，并形成文件。组织应制定实现能源目标和指标的时间进度要求。

能源目标和指标应与能源方针保持一致，能源指标应与能源目标保持一致。

建立和评审能源目标和指标时，组织应考虑能源评审中识别出的法律法规和其他要求、主要能源使用以及改进能源绩效的机会。同时也应考虑财务、运行、经营条件、可选择的技术以及相关方的意见。

由此可见，选择、确定策划的方法是重点。本章案例结合化工、建材等行业企业的实际情况，展示了他们在建立能源基准、能源绩效参数和能源目标指标方面的具体做法。

第一节　以法规、标准为依据，策划建立能源基准及目标指标

一、案例背景

能源基准是指用作比较能源绩效的定量参考依据，其反映的是特定时间段的能源利用状况，可用作能源绩效改进方案实施前后的参照来计算节能量。但企业在实际工作中由于对能源基准的概念不理解，导致建立的能源基准仅限于公司层面，而没有在各相关职能部门及主要耗能设备层面建立能源基准，同时公司建立的目标、指标体系与能源基准之间也没有相应的关联关系，因而无法评价各职能部门及主要耗能设备的能源绩效水平。

二、企业简介

某玻纤有限公司是中美合资的公司，注册资金2650万美元，现有职工650余人。该公司生产的玻璃钢管道用直接无捻粗纱以及风力发电叶片用直接无捻粗纱达到了世界先进水平，产品销往欧美和东南亚各大玻璃钢生产企业，是山东省高新技术企业。

公司主要采用硼钙石、叶蜡石、石灰石等为主要原料，通过融化、拉丝、烘干、冷却等工序制成短切毡、直接纱、喷射纱、方格布SMC纱等，年产能达到6万吨，是我国池窑玻璃纤维行业中的骨干企业之一。

公司用电全部从国家电网采购，通过公司的变配电室输送至各个制造部、用能部门和区域，主要用电区域为窑炉、通道、拉丝机、烘干机、空压站、制冷站等，主要耗电设备为制冷机、风机、空压机、冷却泵等；天然气购自当地某燃气公司，经公司调压站输送至短切毡、一线窑炉、一线通路、二线窑炉、二线通路等使用区域和主要耗气设备；蒸汽购自企业临近的热电公司，经公司热交换站转换后输送至一、二线烘干炉；水一部分来自市政水务公司的黄河水，一部分为公司自备的地下水，主要用于一、二线隔板冲洗、制冷站、浸润剂、循环水补水、澡堂热水等，主要耗水设备为拉丝机、循环水站软化水罐、一二线隔板冲洗机、澡堂等。

2014年产量61940. 87t，年度综合能耗39336. 26吨标准煤，单位产品综合能耗0. 635吨标准煤/吨，万元产值综合能耗1. 23吨标准煤/万元。2014年公司能源消费结构如表3-1所示。

表3-1　2014年能源消费结构

序　号	能源种类	实物能源消费		折标煤/tce	占比/%
		单位	消费量		
1	天然气	m^3	2435.5×10^4	29574. 63	74. 93
2	电	kW·h	4350×10^4	5346. 18	13. 54
3	蒸　汽	t	46900×10^4	4416. 19	11. 19
4	水	t	52.1×10^4	133. 9	0. 34
5	合　计	—	—	39470. 9	100

三、案例介绍

(一) 标准要求

GB/T 23331—2012 标准要求，企业在建立能源管理体系时，应使用初始能源评审的信息，并考虑与组织能源使用和能源消耗特点相适应的时段，建立能源基准。

企业应建立、实施和保持能源目标和指标，覆盖相关职能、层次、过程或设施等层面，并形成文件。能源目标和指标应与能源方针保持一致，能源指标应与能源目标保持一致。

建立和评审能源目标和指标时，企业应考虑能源评审中识别出的法律法规和其他要求、主要能源使用以及改进能源绩效的机会。同时也应考虑财务、运行、经营条件、可选择的技术以及相关方的意见。

(二) 确定能源基准的方法

1. 基准年能评数据

公司有完善的能源管理体系，严格按照 GB 17167—2006 的要求，根据不同的能源种类分别配备能源计量器具（详见附件），确保了各类能源统计数据的准确可靠。

为了彻底摸清公司的能源消耗情况，领导层决定对 2009 ~ 2013 年的能耗数据进行汇总统计、分析，通过分析了解到 2009 ~ 2012 年有不满负荷运转的情况、停产检修的情况，随着窑炉的使用年限的增长，综合能耗逐年增加。为了真实反映公司目前的能耗状况，最后决定以 2013 年度为基准年，以 2013 年（扣除不正常生产的 2 月份、8 月份的数据）中的相关能耗数据为基准。

通过评审对公司 2013 年能源消耗及相关数据进行了统计分析，结果见表 3-2。

表 3-2 2013 年能源消耗及相关数据统计表

序 号	部 门	指 标 名 称	指 标 数 据
1	公 司	产品产量/t	58073.63
2	公 司	综合能耗/吨标准煤	38261.25
3	公 司	总产值/万元	36978.09
4	车 间	产品产量/t	58073.63
		电耗/kW·h	4301.10×10^4
		蒸汽消耗/t	159505.50
		天然气耗/m^3	2307.30×10^4
		水耗/t	348461.00
5	窑 炉	产量/t	58960.77
		电耗/kW·h	2597.30×10^4
		天然气消耗/m^3	2307.30×10^4
⋮	⋮	⋮	⋮

2. 确定能源基准

确定能源基准项目时，考虑的因素如下：

（1）根据《玻璃纤维单位产品能源消耗限额》（GB 29450—2012）里规定的能耗指标将其作为公司及相应层面的能源基准项目，如单位产品综合能耗、制球工序单位产品综合能耗等。

（2）根据主要耗能设备的经济运行标准里规定的主要指标作为设备层面的能源基准项目，如窑炉的热效率，变压器的功率因数、日负载率等。

（3）根据各车间消耗的能源种类和消耗量、产品产量，结合同行业惯例作为车间层面的能源基准项目，如拉丝车间单位产品电耗、单位产品综合能耗等。

（4）根据节能主管部门下达的节能任务所使用的指标作为公司及相应层面的能源基准项目，如2014年当地政府下达的节能目标是节能2000吨标准煤，则取2013年公司的综合能耗作为能源基准项目。

根据上述因素，公司最终确定的能源基准见表3-3。

表3-3 能源基准一览表（部分）

序号	管理层级	能源基准项目	能源基准值	备注
1	公司	综合能耗/tce	38261.25	
		玻璃纤维单位产品综合能耗/kgce·t^{-1}	658.84	限额≤700
		短切毡单位产品综合能耗/kgce·t^{-1}	831.00	限额≤900
		万元产值综合能耗（吨标准煤/万元）	1.04	
2	车间	单位产品电耗/kW·h·t^{-1}	74.06	
		单位产品蒸汽消耗/t·t^{-1}	2.75	
		单位产品天然气消耗/m^3·t^{-1}	39.70	
		单位产品水耗/t·t^{-1}	6.00	
3	窑炉	单位产品电耗/kW·h·t^{-1}	44.05	
		单位产品天然气消耗/m^3·t^{-1}	39.10	
		窑炉热效率/%	≥76	
⋮	⋮	⋮	⋮	⋮

（三）制定能源目标、指标

公司制定目标指标时考虑了以下因素：

（1）能源基准；

（2）能源计量器具的配备情况；

（3）当地政府下达的节能任务；

（4）产品能耗限额标准；

（5）各车间、主要用能区域的主要能源使用；

（6）主要耗能设备（通用设备、专用设备）的经济运行标准；

（7）节能检测标准。

根据上述因素，确定了公司的能源目标、指标体系（部分）详见表3-4。

表 3-4 能源目标、指标（部分）

管理层面	能源目标	能源指标	单位	能源基准	能源目标/指标值	备注
公司层面	年节能量	—	tce	3000	3500	根据当地政府“十二五”规划要求
	万元产值综合能耗	—	tce/万元	1.04	1.00	
生产部	玻璃纤维单位产品综合能耗	—	kgce/t	658.84	655.00	《玻璃纤维单位产品能源消耗限额》（GB 29450—2012）规定的不大于700kgce/t的要求
		玻璃纤维单位产品电耗	kW·h/t	74.06	73.50	根据初始能源评审对各个车间各种单一能耗的统计数据确定
		玻璃纤维单位产品蒸汽消耗	t/t	2.75	2.60	
		玻璃纤维单位产品天然气消耗	m^3/t	39.70	38.20	
		玻璃纤维单位产品综合水耗	t/t	6.0	5.90	
	短切毡单位产品综合能耗		kgce/t	831	829	《玻璃纤维单位产品能源消耗限额》（GB 29450—2012）规定的不大于900 kgce/t的要求
		短切毡单位产品电耗	kW·h/t	16.3	16.00	
		短切毡单位产品蒸汽消耗	t/t	1.19	1.15	
		短切毡单位产品天然气消耗	m^3/t	17.6	17.00	
		短切毡单位产品综合水耗	t/t	3.91	3.50	
拉丝车间		单位产品电耗	kW·h/t	127.6	125.0	根据初始能源评审对各个车间各种单一能耗的统计数据确定
		单位产品蒸汽消耗	t/t	3.1	3.0	
		单位产品天然气消耗	m^3/t	1.23	1.20	
		单位产品水耗	t/t	3.6	3.5	
制冷站		电耗/吨冷却水	kW·h/t	89.7	88.0	考虑DB37/T1156、GB/T 17981的规定和要求
		补水量/吨产品	t/t	0.36	0.35	
		机组运行效率	%	4.50	4.49	
循环水站		电耗/吨水	kW·h/t	23.9	23.5	
		补水量/吨产品	t/t	0.26	0.25	
风机		电机负载率	%	49	50	GB/T 13470、GB/T 15913的要求
		电机电能利用率	%	69	71	
空压站		压缩机组电耗	$kW·h/m^3$	0.115	0.115	GB/T 13466、GB/T 16665的要求
变压器		线损	%	6.8	6.6	GB/T 13462、DB37/T103的要求
		功率因数		0.92	0.95	
		日负荷率	%	91	91.6	
漏板		单位产品电耗	kW·h/t	56.7	55.0	
		单位产品水耗	t/t	1.79	1.75	
拉丝机		单位产品电耗	kW·h/t	317.9	315.0	
烘干炉	单位产品综合能耗	—	kgce/t	121.36	120.00	
		单位产品电耗	kW·h/t	789.51	787.00	
		单位产品蒸汽消耗	t/t	196.33	191.60	

续表 3-4

管理层面	能源目标	能源指标	单位	能源基准	能源目标/指标值	备注
窑炉	单位产品综合能耗	—	kgce/t	269.65	265.00	
		单位产品电耗	kW·h/t	439.66	435.00	
		单位产品天然气消耗	m^3/t	162.33	159.05	
通路		单位产品电耗	kW·h/t	279.47	277.00	
		单位产品天然气消耗	m^3/t	89.81	88.15	
⋮	⋮	⋮	⋮	⋮	⋮	

注：应企业要求，部分数据不是企业真实数据，仅提供思路。

四、实施效果

在实施初始能源评审的基础上策划能源基准、目标指标，使公司的能源工作团队对标准有了进一步的理解，能够通过能源评审掌握真实的能耗数据，正确确定能源基准、有效策划适宜的能源目标、指标，确保了能源目标指标更加适合公司能源管理实际，强化了能源目标指标的可操作性、针对性，将公司的节能压力有效传达到各部门、车间、工序及岗位，提高了公司全员的节能意识。

五、案例点评

公司在能源管理体系建立的初始阶段，利用能源评审的结果确定能源基准，进而确定公司及各相关职能和层次的能源目标、指标，既符合标准要求，也与企业能源管理的实际结合得更加紧密，具有较高的推广价值。

但通过审核发现该公司的能源计量器具配置率还不够齐全，导致对部分工序、岗位的能源消耗无法计量，能源目标指标的可测量性需要进一步强化，以确保目标指标得到落实，实现企业能耗指标的优化提升。

附件：公司能源计量器具的配备情况

根据公司使用能源的种类和主要能源使用的分布情况，公司的能源计量器具主要分为蒸汽计量、电力计量、天然气计量及水的计量四类，其中电力、天然气及水的计量器具配备较为齐全，但蒸汽流量计的配备率严重不足，需要尽快加以完善。各类计量器具配备情况见表 a ~ 表 d。

表 a　蒸汽流量计的配备明细表

序号	器具名称	准确度	安装位置	分级	是否有计量表	是否检定
1	弯管流量计	1	大化纤	一	是	是
2			换热机组	三	否	否
3			制冷机	三	否	否
4			一线拉丝空调	三	否	否

续表 a

序 号	器具名称	准确度	安装位置	分级	是否有计量表	是否检定
5			二线拉丝空调	三	否	否
6			一线烘干炉	三	否	否
7	涡街流量计	1	二线6号炉	三	是	否
8	涡街流量计	1	二线1~5号炉	三	是	否
9			短切毡空调	三	否	否
10			一线制品空调	三	否	否
11			二线制品空调	三	否	否

表 b 电能表的配备明细表

序 号	规格型号	准确度	安装位置	分级	是否有计量表	是否检定
1	DSSD5(A)	有功0.5S	总进	一	是	是
2	DSSD5(A)	有功0.5S	总进	一	是	是
3	DS862-2	2级	1号电助熔	二	是	否
4	DS862-2	2级	4号制冷机	二	是	否
5	DD862-2	2级	制冷站1号	三	是	否
6	DT862-4	2级	1号冷却水泵	三	是	是
7	DD862-4	2级	1号空压机	三	是	否
8	DD862-2	2级	循环水1号	三	是	否
9	DD862-4	2级	窑炉配电	三	是	否
10	DD862-2	2级	窑壁冷却	三	是	否
11	DD862-2	2级	漏板1号	三	是	否
12	DD862-2	2级	拉丝机1号	三	是	否
13	DD862-2	2级	拉丝空调1号	三	是	否
14	DT862-2	0.5级	拉丝一线1号排湿风机	三	是	是
15	DT862-4	2级	在线短切	三	是	否
16	DD862-4	2级	隧道烘干炉	三	是	否
17	DD862-4	2级	间歇烘干炉	三	是	是
18	DD862-4	2级	短切毡空调	三	是	否
19	DD862-4	2级	制品空调	三	是	是
20	DT862-2	0.5级	一线制品空调风机	三	是	是
⋮	⋮	⋮	⋮	⋮	⋮	⋮

表 c 天然气流量计的配备明细表

序 号	器具名称	准确度	安装位置	分级	是否有计量表	是否检定
1	涡轮流量计	1.5	天然气总进	一	是	是
2	旋进旋涡流量计	1.5	天然气总进	一	是	是
3	罗茨气体流量计	1.5	短切毡	三	是	否
4	差压流量计	0.075	一线窑炉	三	是	否
5	差压流量计	0.075	二线窑炉	三	是	否
6	差压流量计	0.075	一线通路	三	是	否
7	差压流量计	0.075	二线通路	三	是	否

表 d　水表的配备明细表

序 号	规格型号	准确度	安装位置	分级	是否有计量表	是否检定
1	DN100	B	黄河水	一	是	是
2	DN100	B	深井 2 号	一	是	是
3	DN100	B	深井 3 号	一	是	是
4	DN40	B	食　堂	三	是	否
5	DN80	B	办公区	三	是	否
6	DN50	B	澡　堂	三	是	否
7	DN50	B	澡堂水箱	三	是	否
8	DN40	B	质检中心	三	是	否
9	DN100	B	一线拉丝隔板冲洗	三	是	否
10	DN100	B	二线拉丝隔板冲洗	三	是	否
11	DN100	B	循环水站 1 号	三	是	否
12	DN100	B	循环水站 2 号	三	是	否
13	DN50	B	循环水站 3 号	三	是	否
14	DN40	B	浸润剂	三	是	否
15	DN100	B	制冷站水塔补水	三	是	否
16	DN15	B	循环水池补水	三	是	否

第二节　针对改进机会策划能源管理实施方案

一、案例背景

企业在开展能源审计时，通过节能监测会发现一些重点用能设备、设施处于非经济运行状态，存在一定的能源浪费现象，迫于节能的压力，企业有时会针对这些重点设备设施采取相应的节能措施，实施节能技改项目。这种末端治理的被动节能模式，由于缺乏系统的节能规划，即便实施了节能改造，节能效果也比较有限。因此，实施系统的能源评审，全面掌握企业的能源利用状况，识别企业所有的能源绩效改进机会，结合企业自身的经济状况、节能技术的成熟度、实施周期等因素，确定能源绩效改进的先后次序，做好相应的改造规划，并根据规划编制实施能源管理实施方案，从而实现企业整体能源绩效的持续改进。

二、企业简介

济南圣泉集团股份有限公司是一家专注于各类植物秸秆研究、开发与综合利用的高科技、创新型的精细化工企业。公司涉足铸造材料、工业酚醛、生物质化工与能源、健康食品与生物医药、建筑节能新材料等五大产业。

公司多年来致力于发展生物质化工和生物质能源一体化综合利用，以煤炭、天然气、电力作为主要能源，生产呋喃树脂、酚醛树脂、糠醇等产品，已形成了五条综合利用植物秸秆的产业链：

（1）生物秸秆→水解液→糠醛→糠醇→呋喃树脂；

（2）生物秸秆→水解液→半纤维素→木糖液→木糖、阿拉伯糖→杂糖渣→有机肥返田；

（3）糠醛渣、木糖渣→锅炉燃料→蒸汽→发电；

（4）生物质秸秆→木质素→木质素改性（替代苯酚）→酚醛树脂各系列产品→节能阻燃型酚醛泡沫板建筑材料；

（5）生物质秸秆→水解液→木质素、纤维素。

良好的综合利用可持续发展循环经济产业链，为社会节约能源降低消耗做出了突出贡献。

济南圣泉集团股份有限公司于 2013 年 3 月取得能源管理体系认证证书，是山东省首批通过能源管理体系认证的十三家单位之一。2014 年集团公司实现工业总产值 719635 万元，综合能耗 88954 吨标准煤，万元产值能耗 123.61 千克标准煤。“十二五”期间，截止到 2014 年底已实现节能量 20533 吨标准煤，超额完成政府下达的“十二五”节能目标的 84.65%（“十二五”期间节能量进度目标是 11120 吨标准煤），同年被省政府认定为“山东省节能环保示范企业”。

三、案例实施

（一）实施能源评审，识别主要能源使用

按照《能源评审控制程序》的规定，济南圣泉集团股份有限公司每年组织各部门开展能源评审。通过能源评审，对公司各工序主要活动的能源使用、能源消耗、能源管理、能源的输入/转换/分配/最终使用等环节、能源消耗水平、节能管理制度、作业规范、控制措施等各方面的情况进行全面、细致的分析和诊断，全面掌握公司的能源使用及消耗情况。结合公司装备实际，将每小时耗电不小于 50kW · h、每小时消耗煤炭不小于 1t、每小时消耗天然气不小于 $100m^3$、每小时消耗蒸汽不小于 10t 的能源使用确定为主要能源使用。

2014 年开展能源评审时，全公司共识别能源使用 1301 项，识别主要能源使用 79 个。表 3-5 为 2014 年某分公司一车间能源评审记录表，其中该车间烧结工序将电窑炉识别为主要能源使用区域。

（二）确定绩效改进机会，制定并实施能源管理实施方案

济南圣泉集团股份有限公司根据能源评审的结果，组织项目部、设备工程部、安全环保部、生产技术部等职能部门对 79 个主要能源使用进行了评审，并通过《国家重点节能技术推广目录》等资料收集相关的节能技术和成功实践，与公司确定的重点改进项目相接合，共评审确定了 11 个优先改进能源绩效的机会，结合公司制定的能源目标、指标，制定并实施能源管理实施方案，取得了显著的节能效果。2014 年公司制定的能源管理实施方案见表 3-6，根据各车间评审出的主要能源使用区域进行排序，新建一条大型燃气窑炉，代替原有的推板窑电加热窑炉。

表 3-5 2014 年济南圣泉集团股份有限公司某分公司一车间能源评审记录表

工序	耗能设施/设备/系统/过程/人员	影响因素	能源消耗	能源管理和使用环节	能源来源	用量/单耗	是否主要能源使用	管理规定	控制措施
三效	泵/打料过程	电机润滑效果差	电力	能源消耗	配电室	5kW	否	设备检修规程	严格执行设备检修规程，及时加润滑油
	料液管道	管道、设备保温效果差	蒸汽	能源消耗	热电	2.5t/h	否	保温工程管理标准、管道管理标准	根据保温工程管理标准、管道管理标准更换保温材料，及时维护
	蒸汽管道	蒸汽管路、阀门泄漏		能源消耗	热电	2.5t/h	否	管道管理标准	根据管道管理标准加强巡检，发现泄漏及时修理
	冷凝器	冷凝器结垢换热效果差		能源消耗	热电	2.5t/h	否	工艺操作规程	发现效果差时及时清理冷凝器
	停车过程/三效装置	三效停车时，循环水未关闭	循环水	能源消耗	循环水泵	$50m^3/h$	否	技术操作规程	加强监督提高岗位人员节能意识
脱色	料液管道	电机润滑效果差	电力	能源消耗	配电室	5kW×8	否	设备检修规程	严格执行设备管理规定，及时加润滑油
	夜间照明	照明设施未及时关闭		能源消耗	配电室	1kW	否	节能管理制度	发现长明灯及时关闭
	水平过滤机	水平过滤器压力高		能源消耗	配电室	5kW	否	管道管理标准	及时拆除清洗滤网
离心	夜间照明	照明设施未及时关闭	电力	能源消耗	配电室	1kW	否	节能管理制度	发现长明灯及时关闭
	水管道	无离子水管路、阀门泄漏	无离子水	能源消耗	热电	—	否	设备检修规程	严格执行设备管理规定，及时检修
	离心机	离心机空转	电力	能源消耗	配电室	90kW×2	是	管道管理标准	使用变频电机
	离心过程	洗料蒸汽管道泄漏	蒸汽	能源消耗	热电	0.3t	否	管道管理标准	加强巡检，发现泄漏及时解决
结晶	结晶机	泵、搅拌电机润滑效果差	电力	能源消耗	配电室	3kW×11	否	设备检修规程，润滑管理标准	严格执行设备管理规定，及时加润滑油
	热水管道	热水管道保温效果差，热水管道、阀门泄漏	水	能源消耗	热电	$5m^3/h$	否	管道管理标准	根据管理规定做好日常维护；根据管道管理标准巡检，发现泄漏及时处理
	结晶过程	循环水不用时未关闭；循环水管道阀门泄漏		能源消耗	循环水泵	$20m^3/h$	否	岗位工艺操作规程/管道管理标准	按工艺操作规程严格执行/根据管道管理标准巡检，发现泄漏及时处理
	传送带	电机润滑效果差，设备空运转	电力	能源消耗	配电室	2kW×2	否	设备检修规程，润滑管理标准	严格执行设备管理规定，及时润滑
	流化床	干燥设备空转	电力，蒸汽	能源消耗	配电室	7.5kW	否	岗位工艺操作规程	按操作规程严格执行
	高效过滤器	加热管道、阀门泄漏	蒸汽	能源消耗	热电	1t/h	是	管道管理标准	按标准巡检，发现泄漏及时修理

续表 3-5

工序	耗能设施/设备/系统/过程/人员	影响因素	能源消耗	能源管理和使用环节	能源来源	用量/单耗	是否主要能源使用	管理规定	控制措施
切割	喷胶过程	压缩空气管道、阀门泄漏	压缩空气	能源消耗	空压机房	$5m^3/min$	否	管道管理标准	加强巡检，及时堵漏；安装总阀门，喷胶完毕立即关闭
	切割机	切割机空转、压力不合适、违规操作	电力	能源消耗	电气车间	40kW·h	否	岗位操作规程、设备检修规程	设备使用完毕立即关闭，严格遵守操作规程，严格执行设备点检记录
制浆	分散机	浆料降温差、循环水阀门泄漏、电机润滑效果差	循环水、电力	能源消耗	水泵房、电气车间	18.5kW·h×4	否	保温工程管理标准、设备检修规程	实现浆料罐体外循环，每日巡检、及时堵漏，及时加润滑油
涂挂	涂挂机	循环水阀门泄漏、浆料降温差、电机润滑效果差、微波空载	一次水、电力	能源消耗	水处理、电气车间	40kW·h×7	否	设备检修规程、岗位操作规程、保温工程管理标准	根据设备检修规程及时加润滑油，实现浆料罐体外循环，每日巡检、及时堵漏，杜绝空载
烧结	窑炉	保温效果差、管路漏油、传送链条打顿、温度不正常导致产品不合格	电力	能源消耗	电气车间	450kW·h	是	岗位操作规程、设备检修规程	每班巡检及时补漏；定期放置测温环对炉温进行测试；遵守岗位操作规程，落实责任人，发现链条松动等异常及时通知维修人员修理
		过度烧结、天然气阀门泄漏	天然气	能源消耗	天然气公司	—	否	岗位安全操作规程、设备检修规程	严格遵守操作规程，加强巡检、及时堵漏
检测	封箱机	设备空转、野蛮操作	电力	能源消耗	电气车间	2kW·h	否	岗位操作规程、设备检修规程	落实责任人，及时关机；定期巡检
维修	检修过程	电气焊工技术差，导致频次高	电力	能源消耗	—	—	否	人员培训程序	加强人员培训，持证上岗，提高操作技能
叉运	叉车	野蛮操作或技能差导致油耗高、空运转	柴油	能源消耗	仓库	—	否	人员培训程序	加强人员培训，持证上岗，提高操作技能
生活办公	办公人员	空调温度设置不合理、电脑待机时间长、照明灯开关不合理、水管路损坏、长流水、蒸汽管路损坏	电力、蒸汽、一次水	能源消耗	水处理、热动、电气车间	—	否	人员培训程序、节能管理制度	加强岗位培训，严格执行公司节能管理制度
相关方管理	外来施工方	设备空转、水资源浪费	电力、一次水	能源消耗	水处理、电气车间	—	否	人员培训程序、外来施工人员管理制度	加强外来人员培训，签订合同、施加影响，及时清理

表 3-6 2014 年能源管理实施方案一览表

序号	能源绩效改进机会	目标	指标	采取措施	责任单位	投资预算/万元	实施计划	每年可节能/tce	预计每年经济效益/万元
1	车间的烧结设备是电炉，单位产品电耗是 3500kW·h/m³ 产品，生产过程电消耗量大，造成电的浪费	改进加热方式，降低能源消耗	窑炉能耗天然气 250m³/m³ 产品	新建一条燃气式隧道窑，用天然气和沼气代替电	直孔过滤器车间	400	1. 2014 年 2～3 月完成技术方案洽谈及设备考察； 2. 2014 年 4 月招标并合同签订； 3. 2014 年 7 月电推板窑拆除施工； 4. 2014 年 8 月底前完成新窑炉的建设施工； 5. 2014 年 9 月开始点火调试	195.3	326
2	车间烧结是用电加热窑炉，生产过程电消耗量大，造成电能源的浪费	改进加热方式，降低能源消耗	每年节能 100 吨标准煤	新建一条大型燃气窑炉，代替原有的推板窑电加热窑炉	铸钢过滤器车间	1100	1. 2014 年 1 月技术方案洽谈及设备考察； 2. 2014 年 2 月招标并完成合同的签订； 3. 2014 年 5～6 月窑炉施工； 4. 2014 年 7 月燃气窑炉点火调试并试生产； 5. 2014 年 8 月产品正常生产	148.5	1383.04
3	车间生产不连续，疏水阀动作频繁，蒸汽消耗偏高	降低蒸汽消耗	蒸汽吨耗稳定在 5t/t 产品	1. 将车间生产由单一白班生产改为每周 4 天工作，每天 24h 连续工作； 2. 将用气量较大的工序设备一般疏水阀更换为节能疏水阀	环氧树脂车间	3	利用停产阶段更换疏水阀，在 6 月底前完成	306	64.2
4	玉米芯经粉碎机粉碎后蒸煮用	采用不粉碎玉米芯，减少动力消耗	每年节约电 58.5×10⁴kW·h	根据原料现状，改善工艺，省去粉碎环节	预处理车间	—	1. 2014 年 2 月底完成改造方案； 2. 2014 年 6 月 30 日前完成	72	46.8
5	料仓出料现用出料螺旋，年耗电 21.6 万元	靠玉米芯自重经斜料斗进出料皮带，减少动力消耗	每年节约电 27×10⁴ kW·h	增加斜料斗	预处理车间	0.3	1. 2014 年 2 月 10 日前完成改造方案的设计； 2. 2014 年 2 月 25 日前完成改造	33	21.6

续表 3-6

序号	能源绩效改进机会	目标	指标	采取措施	责任单位	投资预算/万元	实施计划	每年可节能/tce	预计每年经济效益/万元
6	与同行业相比，生产周期较长，天然气消耗量较大，成本偏高	在满足客户要求的前提下，进一步缩短反应周期，提高工作效率、降低生产成本	生产周期缩短 2h	对外来样品进行分析，与研发部沟通并联系外贸部，在满足客户使用要求的前提下，通过实验降低三醋酸甘油酯的含量	对甲苯磺酸、有机酯车间	—	1. 1 ~ 3 月份做好外来样品的分析，进行实验，整理数据； 2. 2014 年 3 月份通过实验数据分析，增加中控措施，缩短反应周期	33. 2	11. 5
7	冬季膜原料温度低，影响过滤速度	改变加热方式，降低能源消耗	全年节约标准煤 30t	增加管道，将酒精蒸汽冷凝水以及物料水接至膜系统的进料口换热器，给原料升温，从而实现换热器既能降温又可升温的功效	唐和唐二车间	2	1. 2014 年 1 月下旬提采购计划 2. 2014 年 2 月 15 日前开始预制管道； 3. 2014 年 3 月下旬根据生产合理安排停机，将预制好的管道与现有生产板式换热器对口； 4. 2014 年 4 月底前试水试漏，升温调试	40. 8	107. 8
8	130t 锅炉静电除尘采用单相工频电源，耗电量较大造成电能浪费	改进高压电场电源，降低能源消耗	在保证除尘效率的前提下，节电 40%	采用三相输入高频电源代替原单相工频电源	电气车间	此项目为合同能源管理项目	2014 年 4 月底完成设备的安装调试	23. 35	15. 2
9	废水处理过程蒸汽消耗量大，造成蒸汽能源的浪费	改进处理方式，降低能源消耗	年节蒸汽 19805. 76 t	用氢氧化钠及双氧水处理法代替蒸汽，实现节约蒸汽	呋喃树脂车间	0	1. 2014 年 3 月制定技术方案，进行试生产； 2. 2014 年 6 月建立专门车间进行处理	2019	210. 9
10	高温厌氧采用蒸汽加热方式进行废水加热，蒸汽耗用量大	减少蒸汽使用量，降低能源消耗	年节约标准煤 700 t	新建蒸汽冷凝水收集管路，换热器、热水泵等设备，用蒸汽冷凝水部分引入污水站，代替蒸汽加热	生物质污水站	50	1. 2014 年 2 月前完成技术方案； 2. 3 ~ 4 月开始施工； 3. 5 月份投入使用	734	100
11	蒸汽管道阀门泄漏较多	降低蒸汽泄漏		加强蒸汽管路巡检力度，及时处理泄漏点	设备部	—	1. 设备部修订蒸汽管路巡检标准； 2. 按照新标准巡检； 3. 生产部不定期进行抽检	50	3
12	合　计					1555. 3		3655. 15	2290. 04

注：1. 预计实现的节能量，需按照能源种类分别统计。
2. 预计每年实现的经济效益需注明电、蒸汽等各类能源核算单价。电价：0. 8 元/kW，蒸汽：200 元/t，天然气：4. 62 元/m^3。

从表3-6可以看出，济南圣泉集团股份有限公司制定和实施的能源管理实施方案基本可以分为四种类型：

一是管理节能型方案，即以改进和强化管理为主要手段来实现节能。如：针对蒸汽管道阀门泄漏较多的问题，采取的方案是加强蒸汽管路巡检力度，及时查找处理泄漏点。

二是设备改造节能型方案，即以设备改造为主要手段来实现节能。如：针对车间烧结设备为电炉，其生产的单位产品电耗是3500kW·h/m^3产品，生产过程中电力消耗量大，生产成本高，采取新建一条燃气式隧道窑，用天然气和沼气代替电力加热的节能技改方案，实现达到降低能源消耗的目的。针对130t/h锅炉的静电除尘采用单相工频电源，耗电量较大造成电能浪费的问题，采取的方案是采用三相输入的高频电源代替原单相工频电源，从而降低耗电量。

三是工艺优化节能型方案，即以优化生产工艺为手段来实现节能。如：针对公司个别产品与同行业相比，产品生产周期长、天然气消耗量大的问题，采取的方案是对外来样品进行分析、研发，在满足客户使用要求的前提下，通过实验降低三醋酸甘油酯的含量，从而缩短生产周期，降低天然气消耗。针对玉米芯需经粉碎机粉碎后才能蒸煮使用，在粉碎加工过程中要消耗大量电能的问题，采取的措施是通过研发，改进和优化工艺，减少粉碎加工环节，从而节省了该环节的电力消耗。

四是混合型节能方案，即以工艺、设备改造和改进管理相互结合为手段来实现节能。如：针对车间生产不连续，蒸汽管线的疏水阀动作频繁，蒸汽损耗偏高的问题，方案采取的措施是管理手段（将车间生产由单一白班生产改为每周四天工作，每天24h连续工作）和工艺设备改造手段（将漏气量偏大的工序设备普通疏水阀更换为节能型疏水阀）相结合的实施方案。

四、案例实施的效果

济南圣泉集团股份有限公司自2013年建立能源管理体系以来，通过建立、实施和保持能源管理实施方案以实现能源目标和指标。每年年初根据上一年确定的能源管理实施方案的完成情况，再结合能源评审时确定的能源绩效改进机会，确定新一年的能源管理实施方案，并加以实施，实现了对能源绩效改进机会的充分利用，从而实现能源绩效的持续改进。

本案例中所列的2014年的11个能源管理实施方案全部实施后，每年可节约标准煤3655.15t，实现经济效益2290.04万元，节能效果及经济效益均非常显著。2013~2014年，公司两年便实现节能量11781吨标准煤，占“十二五”进度目标的84.76%，实现了节能效益、环境效益、经济效益和社会效益的有机统一。

五、案例点评

该案例通过实施能源评审，识别出改进能源绩效机会，据此编制能源管理实施方案并有效实施，从而降低能源消耗、提高能源利用效率。其主要特点有：

（1）变局部节能为系统节能；

（2）变以技术节能为主为管理节能和技术节能并重；

（3）改变末端治理被动模式，形成主动源头控制系统管理机制。

该案例不足之处：对验证能源管理实施方案节能效果的方法有待于进一步完善。

本案例对于化工企业在能源管理实施方案的制定和实施等方面具有一定的指导价值。

第四章　能源管理实施方案

GB/T 23331—2012 标准对于能源管理方案是这样规定的：

组织应建立、实施和保持能源管理实施方案以实现能源目标和指标。能源管理实施方案应包括：

a）职责的明确；

b）达到每项指标的方法和时间进度；

c）验证能源绩效改进的方法；

d）验证结果的方法。

能源管理实施方案应形成文件，并定期更新。

可见，能源管理实施方案具有极强的针对性，就是针对如何保证能源目标指标的实现。

本章选择了化工、汽车制造、建材等行业的部分企业，从工艺优化、新技术应用、替代方案、设备改造等不同侧面介绍了各自策划、实施能源管理实施方案的情况，收到了良好的效果，能源绩效也有了不同程度的提高。

第一节　采用污水处理新技术，降低新鲜水的消耗

一、案例背景

根据 GB/T 23331—2012 标准的要求，在能源管理体系建立初期，需要对企业能源管理现状进行初始能源评审。通过能源评审，发现了很多节能改进机会，其中公司每年排放的污水高达 $86\times10^4m^3$，排放量大，水的重复利用率较低。针对这一问题，公司组织技术人员对循环水系统进行了深入调研，结合目前国内同行业先进的水处理技术，制定、实施了能源管理实施方案，方案主要内容是采用新的污水处理剂对公司的污水进行处理、净化，处理净化后的二次水作为循环水的补水，从而减少新鲜水的使用量。

企业在制定能源管理方案时，结合山东省对石化行业污水排放指标的新要求（2014 年 5 月 1 日起执行污水中的全盐含量不大于 3000mg/L，2016 年 1 月 1 日起执行污水中的全盐含量不大于 1600mg/L）进行整体策划。根据 2016 年新的排放指标要求，目前公司排放的污水中盐含量超标，需要做除盐处理，同时方案将汽提净化水作为循环水冷却系统的补水，减少新鲜水用量，提高循环水的重复利用率。

二、企业简介

某石油化工有限公司2014年实现销售收入144亿元，利税2.6亿元，柴、汽油年销量分别为92万吨、70万吨。近年来，公司重点围绕资源综合利用、产业链延伸、产品精分等战略部署，开展了多项技术开发改造项目，发展循环经济。

公司能源管理体系覆盖的范围是以重油、渣油为原料加工生产系统（包括150万吨/年、230万吨/年高等级道路沥青装置，65万吨/年催化裂化、200万吨/年催化裂化及配套装置，80万吨/年、100万吨/年延迟焦化装置，30万吨/年、80万吨/年汽柴油加氢精制装置，5000m³/h（标准状态）、15000m³/h（标准状态）、25000m³/h（标准状态）干气制氢装置，100万吨/年轻油改质制芳烃装置及配套设施，60万吨/年汽油加氢脱硫装置）及辅助、附属生产系统，公司的工艺流程如图4-1所示。

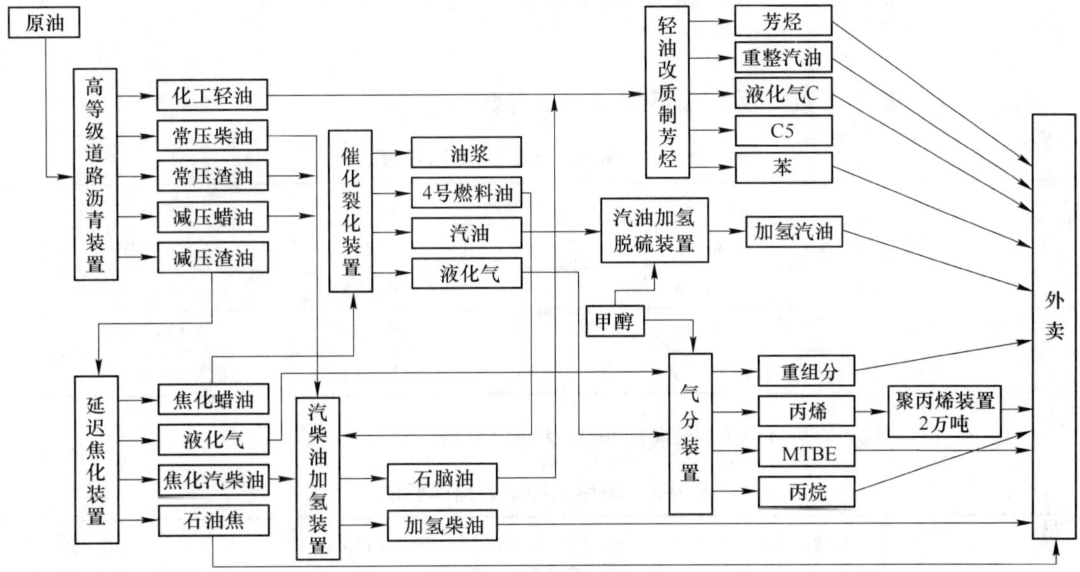

图4-1　生产流程图

公司消耗的能源主要包括电、蒸汽、水、原料油等，其中电来自热电公司，原料油外购，蒸汽来自热电公司，水来自自备水厂。2014年，公司共生产汽油90万吨，柴油140万吨，液化气17万吨，石油焦24.5万吨，实现产值144亿元，年度综合能耗为37.4万吨标准煤，加工吨原油综合能耗126.47千克标准煤，万元产值综合能耗200千克标准煤，能源消费结构见表4-1。

表4-1　能源消费结构表

序号	能源种类	实物消费		折标煤/tce	占比/%
		单位	消费量		
1	电	kW·h	27929.58×10^4	34325.00	1.12
2	原料油	t	212×10^4	2960000.00	96.92
3	蒸汽	t	57×10^4	59464.00	1.95
4	水	t	218×10^4	187.00	0.01
5	合计	—	—	3053976	100

三、案例实施

能源管理方案实施前，公司只是将污水经处理达标后直接排放，每小时排放量约为 $100m^3$，每年由此造成的水资源浪费高达 $86\times10^4m^3$，为了减少水资源的浪费，公司将污水进行汽提处理并添加普通缓蚀阻垢剂，使其达到循环使用的要求，但是在循环使用过程中极易结垢，并严重腐蚀设备，同时普通缓蚀阻垢剂还需要进行频繁置换（置换下来的水难以处理），仍然会造成水资源的浪费。

为了彻底解决这一问题，公司组织了专门的科研队伍，结合目前同行业所使用的新型缓蚀阻垢剂，在公司的污水处理系统进行了试验，发现这种新型处理剂比原来使用的普通缓蚀阻垢剂对水质的处理更加彻底，而且减轻了对设备的腐蚀程度。

（一）第一阶段：取水样做小试实验，出具药剂加注方案

1. 使用条件

循环水系统基本参数　循环水系统的基本参数见表4-2。

表 4-2　循环水系统的基本参数

序号	项　目	基本参数	序号	项　目	基本参数
1	循环水装置	$7000m^3$	5	上水压力	0.45MPa
2	保有水量	$4000m^3$	6	回水温度	冬：18℃；夏：40℃
3	循环量	$6000m^3/h$	7	回水压力	0.15～0.2MPa
4	上水温度	冬：12℃；夏：35℃	8	冷却方式	双曲线凉水塔自然通风

循环水补水指标　循环水的补水需满足表4-3的要求。

表 4-3　循环水补水的指标要求

水样＼项目	碱度/$mmol\cdot L^{-1}$	硬度/$mmol\cdot L^{-1}$	$Cl^-/mg\cdot L^{-1}$	浊度/度
汽提排水	≤10.0	≤30	≤1000	≤200

注：1. 废水指标中 Ca^{2+}、SO_4^{2-}、pH 值不作控制；
2. 碱度检测方法：酸碱滴定法；
3. 硬度检测方法：酸碱滴定法；
4. 氯离子检测方法：酸碱滴定法；
5. 浊度检测方法：分光光度法。

2. 性能保证

针对公司北区循环水系统进行方案设计，将酸性水、汽提净化水作为补水加入到循环水系统，并加入药剂，保证北区循环水系统能够正常运行，并且做到循环水系统长期使用不结垢、不腐蚀，通过调整加药量在运行中除掉系统的老垢，提高换热效率，$7000m^3$ 循环水系统运行达到零排放。

3. 药剂加注方案

根据污水水质和系统的换热量、循环量、保有水量、模拟多次实验数据等参数，确定药剂加注方案见表4-4。

表 4-4　药剂加注方案表

药剂名称	加注量	备　注
多功能阻垢缓蚀剂 AB—970	300kg/次	夏季增 20%，冬季降 20%（2015 年 2 月 10 日至 5 月 10 日为除垢期间，日用量为 600kg）
加强型缓蚀预膜剂 AB—801	250kg/次	需每周一、周四各投加一次
杀菌灭藻粘泥剥离剂 AB—957	1t/次	一年投加不超过 6 次，视菌藻生长情况投加
说　明	1. 多功能阻垢缓蚀剂 AB—970，将当天的药量连续 24h 滴至循环泵入口处； 2. 加强型缓蚀预膜剂 AB—801，冲击式投入循环泵入口处； 3. 杀菌灭藻粘泥剥离剂 AB—957，冲击式投入循环水泵入口处	

（二）第二阶段：药剂的腐蚀效果试验、评价

根据上述实验方案，实验人员将腐蚀挂片置入循环水系统，并按照规定的时间将挂片取出，通过观察挂片的腐蚀情况对药剂的腐蚀效果进行评价。

对 6 组试样不同材质的药剂挂片腐蚀情况进行检测，结果见表 4-5。

表 4-5　药剂挂片的腐蚀效果

序　号	试样分组	材　质	腐蚀速率/$mm \cdot a^{-1}$
1	第 1 组（170h）	碳钢 1	0.28
2		碳钢 2	0.31
3		不锈钢 1	0.0004
4		不锈钢 2	0.0006
5	第 2 组（330h）	碳钢 1	0.22
6		碳钢 2	0.17
7		不锈钢 1	0.0003
8		不锈钢 2	0.0006
9	第 3 组（763h）	碳钢 1	0.14
10		碳钢 2	0.17
11		不锈钢 1	0.00011
12		不锈钢 2	0.00014
13	第 4 组（1344h）	碳钢 1	0.14
14		碳钢 2	0.10
15		不锈钢 1	0.000067
16		不锈钢 2	0.000065
17	第 5 组（1680h）	碳钢 1	0.47
18		碳钢 2	0.31
19		不锈钢 1	0.00099
20		不锈钢 2	0.00059
21	第 6 组（2018h）	碳钢 1	0.11
22		碳钢 2	0.14
23		不锈钢 1	0.00004
24		不锈钢 2	0.0000091

实验人员又将 6 组挂片的腐蚀速率做了对比，制作了挂片腐蚀速率变化趋势图（图 4-2）。

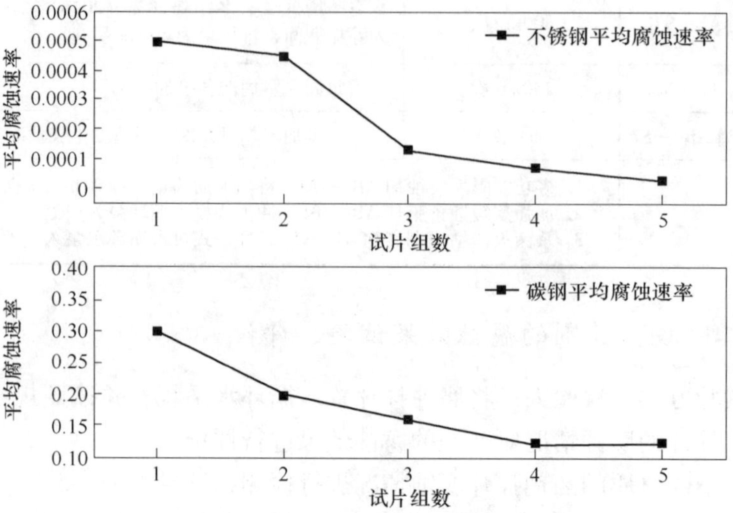

图 4-2　挂片腐蚀速率变化趋势图

从实验结果来看，由于循环系统的不断浓缩，第 5 组试片的腐蚀速率与第 1 组相比有所上升，但从前 4 组试片的实验结果来看，放入系统时间越长，预膜越充分，腐蚀速率越小。第 4 组、第 6 组试片分别是在“零排放”运行了 8 周、12 周的时间，从实验结果来看，试片的腐蚀速率已趋于稳定。

（三）第三阶段：投用特种药剂后，拆检水冷器查看腐蚀、结垢情况

实验人员将换热器管束使用药剂前的照片与使用药剂一个月、两个月后的照片进行了对比，结果如图 4-3 所示。可见，实用多功能阻垢缓蚀剂后，换热器的腐蚀、结垢情况大为减轻。

（四）第四阶段：试验结论

采用普通的缓蚀阻垢剂需要定期使用大量的新鲜水，以处理缓蚀阻垢剂，不仅补水用量大、浪费水资源，而且外排水的盐含量也超标（约 2000mg/L）。采用多功能阻垢缓蚀剂后，补水改为污水汽提净化水，减少了污水处理费用，同时还节约了新鲜水，更无须排放置换水，效益非常显著。

试验通过公司验收后开始全面实施，补水改为汽提净化水，并且不进行置换排水。

四、效果评价

本案例中的能源管理实施在对循环水系统进行系统分析的基础上，充分借鉴同行业先进的节水技术，实现了对污水的综合利用，每年可节约新鲜水 $25\times10^4m^3$，同时减少污水排放 $86\times10^4m^3$。方案自 2014 年 10 月份开始实施后，截至 2014 年底共补汽提净化水 $66092m^3$，节约 $66092m^3$ 新鲜水，实现经济效益 12 万元。预计全年可实现经济效益 50 余万元，达到既环保又节能的双效益。

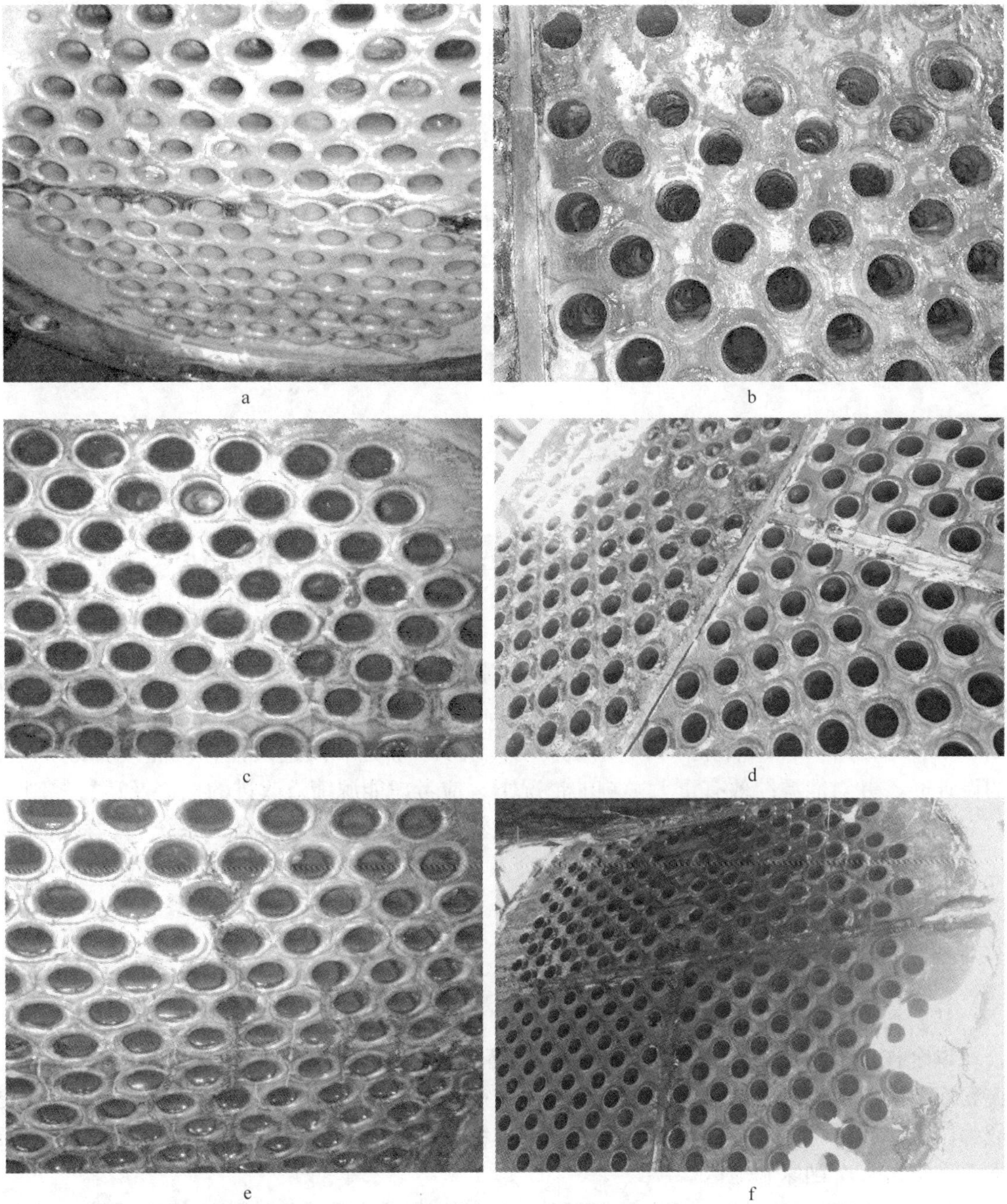

图4-3　换热器管束加药前（a，b）、加药一个月（c，d）、加药两个月后（e，f）图片

五、案例点评

本案例中的能源管理实施方案是通过污水回用来减少新鲜水消耗的成功实践，它具有以下特点：

（1）低能耗、低操作成本、低运行费用；

（2）确保污水达标排放；

（3）占地面积小，公用工程配套少，工程总投资少；

（4）运行平稳，自动化程度高；

（5）工艺简单，实用性强。

但同时，由于该方案投入运行的时间较短，结垢腐蚀问题是否能像实验结果那样理想还不得而知，需要进一步跟踪验证，以确保彻底解决目前污水回用方面存在的问题，确定是否可以在同行业进行推广使用。

第二节　利用二次水替代新水，实现节水减排

一、案例背景

当前我国大力提倡节约水资源、节能降耗，企业应牢固树立节约用水、合理用水、科学用水的理念，自觉遵守和执行《节约能源法》等法律法规和基本国策，建立健全节能目标责任制，将节能节水作为企业的一项重要工作。企业应以能源管理体系的建立和实施为契机，规范企业用能管理，降低水资源消耗，提高水资源利用效率，进一步加强用水的优化管理，有计划有步骤地开展节水减排工作，做到可持续发展。

GB/T 23331—2012 标准 4. 5. 6 条款要求：组织在新建和改进设施、设备、系统和过程的设计时，并对能源绩效有重大影响的情况下，应考虑能源绩效改进的机会及运行控制。

该条款旨在要求企业在针对影响能源绩效较为显著的设施、设备、系统和过程实施新建或改建时，应充分考虑能源绩效改进机会及其运行控制要求，并将其纳入设计方案中，以实现能源绩效的改进和优化。

二、企业简介

某公司是一家以从事多功能糖、淀粉糖、新能源、新材料研发为主的高新技术企业。公司以全株玉米深加工为主，具有年生产木糖醇 20000t、年生产低聚木糖 2000t、年生产淀粉 63200t、年生产结晶葡萄糖 10000t、年生产乙醇 58000t 的生产能力。近几年，公司已成为国内规模最大、市场占有率最高的低聚木糖、纤维乙醇生产企业，产品销往美国、日本、欧洲等多个国家和地区。

公司于 2013 年 2 月按照 GB/T 23331—2012 标准以及适用的法律法规等要求，建立、实施了能源管理体系。

因公司建设初期未对水资源使用情况进行整体规划，后期在水资源节约、保护和管理等方面投入不足，导致目前生产耗水浪费较大。

三、案例实施

2013 年初，公司组织开展了初始能源评审，发现主要耗水区域集中在木糖车间净化工

段，木糖车间净化工段现在每天运行耗费的离交柱为 12.96 根，每根离交柱平均淋洗时间 19h（前期 12h，后期 7h），流量为 $8m^3/h$，每天淋洗消耗水用量为 $1969.92m^3$，每年消耗水量约 $60\times10^4m^3$，消耗量极大。

（一）技改方案

为节约水资源用量，减少污水排放，该公司考虑对木糖工艺管网进行改造，对净化工段离交柱淋洗后期的出水进行回收再利用，即把回收淋洗的后期用水代替反洗用原水和淋洗的前期用水（目前这部分水是直接排至污水站）。

考虑到隔壁车间有母液储罐闲置，故管路改造采取从现有离交柱主管道上增加进出水管道，从离交柱东侧，连接至该闲置母液储罐。

改造方案中，进水管采用 DN80、DN65 的 ABS 管，回水管采用 DN100 的 ABS 管，同时新上离心泵（18.5kW）一台。该方案预算总投资成本费用为 16624.2 元，所需管材及配件费用详见表 4-6。

表 4-6　管材及配件费用一览表

物料名称	规格型号	单　位	数　量	金额/元
ABS 管	DN100	m	70	2957.5
	DN65	m	35	762.3
	DN80	m	35	1114.75
ABS 弯头	DN100	个	10	325
	DN65	个	25	178.75
ABS 三通	DN100	个	20	442
	DN65	个	10	91.5
	DN80	m	8	140.4
ABS 缩节	DN100/65	个	20	546
ABS 直接	DN65	个	20	91
	DN80	个	30	721.5
	DN100	个	20	650
ABS 隔膜阀	DN65	个	38	4446
	DN100	个	3	877.5
	DN80	个	3	780
角　铁	4×4	m	30	240
ABS 胶		桶	10	260
罐（闲置储罐利用）	100	个	1	0
离心泵	18.5kW	台	1	2000
费 用 合 计				16624.2

（二）方案投资效益分析

方案实施后，每天耗费离交柱根数不变，同时因淋洗前期 12h 的淋洗水杂质较多，无法重新利用，故该方案主要回收淋洗后期 7h 的出水，淋洗流量仍为 $8m^3/h$，那么预计该方案每天可回收淋洗水 $725.76m^3$，同样即少排污水 $725.76m^3$。这样在节约用水的同时，也减少了污水排放。

该部分回收水的用途分配如下：

（1）反洗。当前每根离交柱反洗 2h，消耗水 $20m^3$，那么 12.96 根离交柱共消耗原水 $259.2m^3$。

（2）前期淋洗。因前期进行大流量的淋洗迅速洗脱再生剂，后期淋洗用小流量，可以有效地缩短淋洗时间及用水量，故前期淋洗按 $15m^3/h$ 的流量计算，剩余的 $466.56m^3$ 淋洗水可供 12.96 根离交柱淋洗 2.4h。

技改前：每天用水量为 $1969.92m^3$，排污水 $1969.92m^3$。

技改后：预计每天可节约用水量为 $725.76m^3$。

四、实施效果

该方案由 2013 年 5 月 20 日开始实施，2013 年 11 月 12 日组织竣工验收。

通过对 8～10 月的耗水数据进行统计分析，统计期内平均每天耗费离交柱仍为 12.96 根（运行条件保持不变），实际平均每天水用量为 $1346.88m^3$，比方案实施前每天节约用水 $623.04m^3$，全年可实现经济效益 120 万元左右。

此外，通过验证发现，目前离交柱出水的 pH 值、电导率等指标明显好于原来反洗用水及淋洗前期时的出水指标。这样，节水的同时也有利于产品质量的提升。

五、案例点评

本案例针对木糖车间耗水较大、水成本较高的实际出发，利用能源管理体系的思路，组织技术人员深入实施调查研究，对净化工段用水管网进行改造，同时巧妙利用闲置设备，节约了用水，减少了污水排放，实现了水资源综合利用。

本案例立足于企业自身实际，以较小的资源投入，实现了较大的节水效益和环保效益，值得在同行业推广。

第三节　优化生产工艺，降低能源消耗

一、案例背景

某公司与德国 MAN 合作，成功引进 MC11 等发动机。作为 MC11 发动机核心部件的凸轮轴使用低碳合金进行钢渗碳热处理强化，此种凸轮轴具有硬度、疲劳强度高，耐磨性好等优点。但渗碳热处理工艺耗时长，能源消耗大，成本高，制约着渗碳凸轮轴的推广应用。

2014 年度公司为响应集团公司“降本增效”号召，经能源评审发现热处理工序为部门的“耗能大户”，决定以凸轮轴渗碳热处理线为切入点，将 MC11 渗碳凸轮轴工艺优化作为重点能源攻关项目。

二、企业简介

某公司是国内第一家从事汽车发动机生产和再制造的公司，主要从事发动机零部件加工、天然气发动机生产、发动机及零部件再制造等业务。

公司消耗的主要能源是电力、天然气、柴油和水，2014 年综合能耗为 2495 吨标准煤，单位产品综合能耗达到 34.15 千克标准煤/台套，万元产值综合能耗 20.68 千克标准煤/万元。公司能源消费结构如表 4-7 所示。

表 4-7 公司能源消费结构

序 号	能源种类	能源实物消费		折标煤/tce	占比/%	主要能源使用
		单位	消费量			
1	电	kW · h	9277993	1140.26	45.72	热处理、空压机、空调机组、清洗机等
2	天然气	m^3	83.82×10^4	1114.84	44.70	涂装线、试车、采暖等
3	柴 油	t	160.75	234.00	9.38	试车台架
4	水	t	2.04×10^4	5.00	0.20	循环水泵房及生活用水等
5	合 计	—	—	2494.1	100	

三、案例实施

（一）案例综述

渗碳热处理是化学热处理的一种，渗碳过程中渗碳介质通过高温分解产生活性碳原子，活性碳原子经过扩散渗入低碳钢或低碳合金钢工件表层，使其达到共析或略高于共析成分时的含碳量，工件淬火和低温回火后，其表层的硬度、强度特别是疲劳强度和耐磨性都比心部有显著的提高，而心部仍保持良好的韧性。渗碳热处理主要用于表面耐磨而承受冲击负荷的零件，用于处理低碳钢及低碳合金的零件，如重载卡车发动机的凸轮轴和齿轮等工件。

为满足重载卡车的需求，MC11 渗碳凸轮轴渗碳层深度技术要求为 2mm，采用原渗碳工艺要达到此深度，强渗和扩散时间长达 19h，每炉耗电约 3200kW · h，成本高、能耗高。

2014 年建立能源管理体系时，公司技术部、车间工艺员结合初始能源评审情况和渗碳热处理工艺，进行了多次工艺优化试验，采用高温渗碳、二次淬火等方式对工艺实施优化，成功将渗碳时间缩短至 13h，每炉节省渗碳时间 6h，电耗每炉减少约 1000kW · h，渗碳介质用量每炉减少 30%。

渗碳深度（δ）与渗碳速度因子（K）、渗碳时间（t）、扩散系数（D）、碳传递系数（β）之间存在如下关系：

$$d = Kt^{1/2} - D/\beta$$

经研究，碳传递系数（β）与渗碳气体种类、渗碳温度有关。表 4-8 给出了几种不同渗碳气体不同温度下的碳传递系数，图 4-4 则给出了 900℃时 β 值与渗碳气体组分之间的关系。

表 4-8　几种渗碳气体不同温度下碳传递系数 β

气　氛	880℃	1000℃
C_3H_8 制备的吸热式气氛	1.04	2.28
CH_4 制备的吸热式气氛	1.13	2.48
甲醇—乙酸乙酯滴注式渗碳气氛	2.43	5.53
$\varphi(N_2)30\%$（甲醇 + 乙酸乙酯）	0.30	0.67
$\varphi(N_2)20\%$（甲醇 + 乙酸乙酯）	0.13	0.29

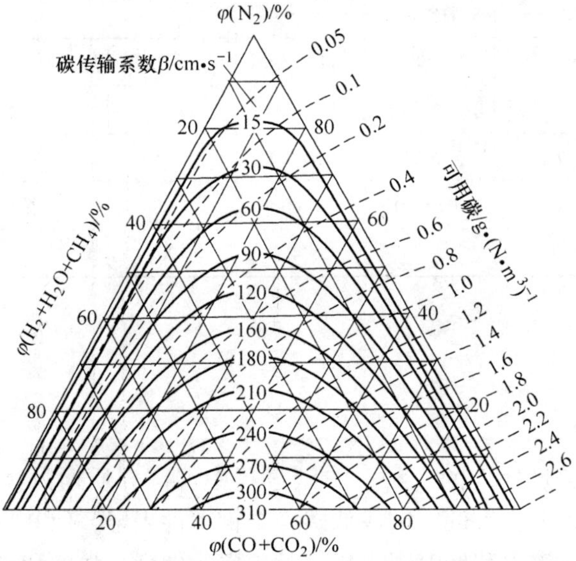

图 4-4　900℃时，β 值与渗碳气体组分的关系

从图 4-4 和表 4-8 的数据可以看出，渗碳速度因子与渗碳温度、碳势成正比，与心部含碳量成反比，与合金元素品种及含量有关。

由渗碳深度公式可以看出，渗碳深度随温度的提升呈指数增长，在一定范围内提高渗碳温度，将大幅缩短渗碳时间。

渗碳碳势提高同样可以有效提升碳原子的扩散速度。由于渗碳温度提高，相应的炭黑极限随之增加，增加强渗阶段的碳势将能明显增加活性碳原子的扩散速度，从而达到缩短渗碳节拍的目的。

提高渗碳温度后，材料在高温奥氏体状态下，晶粒有急剧长大的风险，因为在强渗阶段，随温度的增加，晶粒会克服奥氏体晶界的驱动力增加，晶粒会突破晶界束缚急剧长大，造成晶粒粗大，材料力学性能急剧降低，从而导致材料失效报废。为解决此问题，公司选用本质细晶粒钢作为渗碳凸轮轴材料，同时选用二次淬火工艺，既可以改善凸轮轴渗碳淬火后的变形，又可以有效防止材料晶粒度的粗大后的遗传倾向，从而保证工件在淬火后保证其力学性能。

（二）工艺优化实施方案简述

2014 年渗碳节拍缩短共分为五个阶段：

第一阶段：各阶段的工艺实践的探索。

优化排气阶段、淬火、淋油阶段的时间：

（1）在原来的 60min 的基础上降低至 40min，减少 20min；

（2）保温阶段在原来的 60min 的基础上降低至 50min，减少 10min；

（3）淬火阶段在原来的 50min 的基础上降低至 40min，减少 10min；

（4）工件淋油在原来的 40min 的基础上降低至 20min，减少 20min。

第二阶段：在保证晶粒不长大和设备不积碳的前提下，在渗碳强渗阶段对渗碳温度与渗碳碳势调整试验，而高温渗碳试验阶段，通过提高强渗阶段温度 5℃，强渗碳势提高 0.1，有效提高渗碳的扩散速度，使总工艺时间在第一阶段基础上缩短 5h。实验后力学性能、金相组织、硬度等均可满足要求。

第三阶段：批量验证试验阶段。工艺优化后进行了多炉批次的生产、验证，对部分参数进行了微调，使产品性能更趋于优质。试验结果均满足技术要求。

第四阶段：工艺文件定稿阶段。多炉次试生产、验证产品性能满足要求后，由技术部根据试验阶段的优化参数相关工艺文件进行了更新，新工艺中规定了检测周期、检测项目、检验项目、检测周期、抽样量等，并按照文件控制的要求将原有文件进行了收回，新文件予以发放，车间对操作工进行了新工艺文件的培训，使岗位人员均掌握了新工艺的要求。针对新工艺文件的要求，更新了现场的监控记录和过程检验记录。

第五阶段：实施及监督检查阶段。按照新的工艺进行生产，由生产人员、跟班质检员按规定对相关参数进行监控、对过程产品质量进行抽样测试；技术部、制造部人员定期检查工艺执行情况，质量部定期抽查过程产品的检验情况。截至目前，未发现违规操作、产品不合格的情况。

四、实施效果

通过上述研究和实验，公司的渗碳工艺节拍缩短 6h，每炉可以节约电能 1000kW·h，工艺气体消耗（甲醇等）减少 30%。按照设计产能年产 100000 件计算（约 660 炉次），每年共计节约电能 66×10^4kW·h，约 66 万元；渗碳介质节省约合 25 万元，共计节约资金 91 万元，效益十分显著。

缩短了工艺节拍，提高了渗碳效率和生产能力，每年可提高产能 30%。

根据这次工艺优化所带来的巨大节能效益的启示，技术部将和各加工制造部对其他能耗高的工序进行进一步的探讨，寻找优化机会，进一步降低公司能源消耗。

五、案例点评

通过能源管理体系建设，在确保产品的力学性能、金相组织均满足技术要求的前提下，实施工艺优化方案，显著缩短了生产加工时间、降低了能源消耗，这是一个典型的工艺节能型能源管理方案，值得相关行业借鉴。

第四节　多措并举降低水泥熟料烧成煤耗

一、案例背景

某水泥有限公司拥有一条日产1000t新型干法水泥旋窑生产线，配备ϕ3.2m×52m回转窑带有旋风预热器、窑外分解窑，因窑规格偏小，水泥熟料的烧成煤耗在同行业中偏高。该公司在实施能源管理体系的过程中，按照GB/T 23331—2012标准“4.4.6能源目标、指标与能源管理实施方案”条款的要求，对水泥回转窑实施了富氧煅烧管理方案，取得了预期的效果。

二、企业简介

某水泥有限公司始建于1965年，现有固定资产1.5亿元。公司拥有一条日产1000t新型干法水泥回转窑生产线，年设计生产能力为水泥120万吨，主要生产普通硅酸盐水泥52.5、42.5R、42.5和复合硅酸盐水泥，并具有120万吨特种水泥（硫铝酸钙改性硅酸盐水泥）生产能力，参与了该产品行业标准的起草和制定，成为国内极少数具有新产品开发、研制、标准制定能力的企业之一。公司本着“做优做强主业，前伸后延拉长产业链条”的企业发展战略，近几年取得较好的经济效益和社会效益，年销售收入2亿元，上交税金2000万元以上。

该公司生产线具有先进的工艺和检测设备，生产控制采用集散控制形式，技术装备达到了国内同行业先进水平，并先后通过了ISO9001质量管理体系认证、ISO14001环境管理体系认证和OHSMS18001职业健康安全管理体系认证，并荣获地方名牌产品荣誉称号。公司积极响应国家淘汰落后产能的政策，在2009年提前淘汰两条立窑生产线之后，又提前淘汰了两台水泥磨机，为节能减排工作做出了积极贡献。在淘汰落后产能的过程中，完成了水泥产业的升级。公司不断加大科技投入，在开发出油井熟料和缓凝水泥等新产品之后，与中国建材科学研究院合作生产出了改性硅酸盐水泥熟料，年可节约标准煤4000t。2013年公司与中国建材科学院共同承担了国家科技部富氧燃烧研究与应用项目，促进了公司的健康可持续发展。

公司生产用能主要是原煤、电力。其中，原煤主要用于烧成工段生料预热、分解、燃烧的主要燃料，以及水泥粉磨混合材物料的烘干；电力主要用于熟料生产线生料粉磨工段的石灰石破碎、生料磨主电机和烧成工段的回转窑电机、系统排风机、高温风机、空压机等设备上，水泥粉磨生产线水泥粉磨工段的水泥磨主电机、辊压机、磨系统风机、空压机等设备上。能源占总成本的比例高达55.6%，其中原煤占能源比例为88%，电力占能源比例为12%。

三、案例实施

（一）水泥生产工艺

该公司水泥生产工艺流程图见图4-5。工艺流程简述如下。

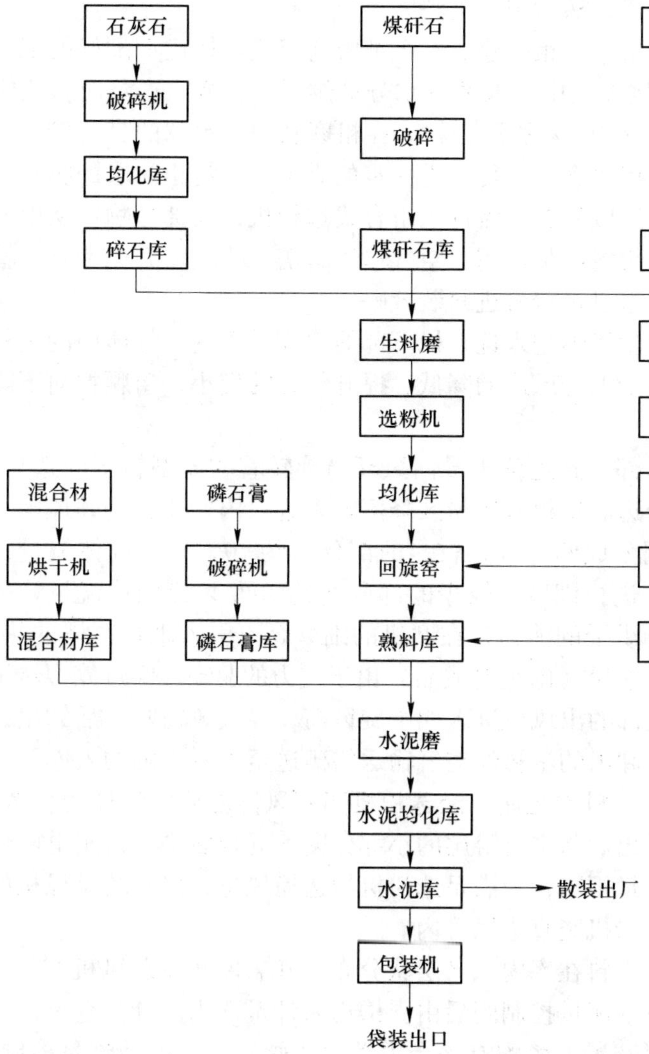

图 4-5　水泥生产工艺流程图

1. 熟料生产

供料系统　开采后的石灰石经自卸汽车运至原料车间石灰石料场，由装载机喂入石灰石破碎机收料斗，经板式给料机喂入破碎机内，破碎后的石灰石经胶带输送机送至石灰石预均化库内均化。均化后的石灰石经二次破碎后，通过胶带输送机及提升机送入石灰石配料库内。

废砂由汽车运至露天堆场，经装载机卸入喂料仓，经胶带输送机送入配料库内。钢渣由汽车运输进厂，堆存在料场经晾晒后，由装载机喂入喂料仓，经胶带输送机、提升机送入各自配料库内。

熟料烧成　原料配料：原料配料站设有石灰石配料库、废砂配料库、钢渣配料库、粉煤灰配料库各一座。储存于原料配料站的石灰石、废砂、粉煤灰、钢渣等四种原料，按质量控制系统自动或人工预先设定的配比，由各自的定量给料机从库中卸出，直接由胶带输送机将配好的混合料送入锁风喂料机，然后进入生料磨。

生料粉磨及废气处理：生料磨由一个粗磨仓、一个细磨仓组成。按比例配好的混合料进入生料磨机，在260℃左右的窑尾废气中，大部分水分被烘干。在额定产量时，用窑尾废气为烘干热源，可烘干粉磨初水分为5%的混合料。在粗磨仓中，钢球的直径较大，可以对物料进行粗粉磨。同时物料在粗磨仓中，得到进一步的烘干。经过粗粉磨的物料，再通过隔仓篦进入中卸仓，一小部分细颗粒随气流进入组合式选粉机，大部分物料从中卸仓经卸料装置排出磨外。排出磨外的物料经翻板阀、空气输送斜槽、斗式提升机和空气输送斜槽进入组合式选粉机。出磨物料通过选粉机进料装置喂入。

从生料磨中卸罩上方排出的含尘气体进入选粉机下部的立式风管内，气体中的物料在反击锥处受到碰撞作用而转向，由于上升风速的降低、提升气力的变小，粗颗粒向下降落并通过粗粉出口离开选粉机。

细颗粒由混合气体继续带到上部，到达位于导向风环与旋转着的笼型转子间选粉区，汇合上部进料装置喂入物料一并分选。粗粉从选粉区降落下来进入内锥体，经锁风阀、溜子泻出，然后通过一个电动分料阀分成两部分，较多的部分（约70%）经固体流量计计量、锁风阀锁风后进入磨尾细磨仓进行细磨。较少的部分（约30%）经固体流量计由磨头喂料装置喂入。为了提高粉磨和烘干的能力，在磨机的细磨仓也引入来自窑尾的热风，对物料进行进一步的烘干和风扫。细粉（即生料成品）由于气力的驱动，穿过笼型转子上的笼条从位于选粉机顶部的壳体上部的出风口进入四个旋风筒，经旋风筒收集后卸出，四个旋风筒的卸料采用帘式锁风阀。卸出的生料经空气输送斜槽送至生料库侧的入库斗式提升机，再由提升机及库顶斜槽送入生料均化库。经选粉机四旋风筒之后的气体含尘浓度、温度已经较低，通过系统排风机引出后与来自窑尾的小部分废气混合后进入窑尾电收尘器进行除尘净化，根据原料水分、产量不同，为满足选粉机的选粉风量，出系统排风机的部分气体还可以通过循环风管回到选粉机竖直进风管内。

熟料烧成：进入生料均化库的生料在库内水平层状分布，开启库底罗茨风机充气，从库内卸出的生料经手动截止阀、电动流量控制阀后由斜槽送入计量仓内。计量仓有两套卸料装置，其中一套备用，每套出料装置上各配有一台手动截止阀和一台电动流量控制阀，计量仓及其卸料装置由罗茨风机充气卸料，生料由计量仓通过卸料装置卸出后由斜槽送至入窑斗式提升机，最后经斜槽送入窑尾预热器。在斜槽与斗式提升机之间设有固体流量计计量出仓生料量。中控操作员给定生料喂料量，固体流量计按给定值控制仓下电动流量阀的开度，使卸出量与给定值一致。

烧成窑尾系统由五级旋风筒和连接旋风筒的气体管道、下料管以及分解炉构成。生料粉经计量后由入窑斗式提升机送入二级旋风筒气体出口管道，在气流作用下立即分散、悬浮在气流中，并进入一级旋风筒。气料分离后，料粉通过重锤翻板阀转到三级旋风筒气体出口管道，并随气流进入二级旋风筒。这样经过四次热交换后，生料粉得到了充分预热，然后物料进入分解炉内。与来自窑头罩的三次风、窑尾热风及喂入的煤粉在喷腾状态下进行煅烧分解。预分解后的生料随气流进入五级旋风筒，经分离后喂入窑内；而废气沿着逐级旋风筒及气体出口管道上升，最后由一级旋风筒出风管排出，经增湿塔和高温风机送往原料粉磨和废气处理系统。

预热分解后的料粉喂入回转窑的进料端，并借助窑的斜度和旋转，慢慢地向窑头运动，在烧成带用窑头提供的燃烧热将其烧结成水泥熟料。烧结后的高温熟料出窑落入推动篦式冷却机的篦床上，篦床速度可根据篦下压力调节以保持一定的熟料层厚度，篦下风室各配有单独的风机，各室间隔密封，风量风压均可单独调节，从而确保冷风能克服相应区段的篦板及料层，使篦床上熟料得到有效的冷却。出窑熟料温度为1350℃，冷却后出冷却机熟料温度可降至100℃以下。熟料通过篦板的往复推动，部分小颗粒通过篦孔落入风室，落至熟料链斗输送机尾端；而大颗粒则进入冷却机尾部的锤式破碎机，经破碎后落入熟料链斗输送机上，送入熟料库内。

通过物料层后的气体可作为二次风直接入窑，用作三次风送往窑尾分解炉，以及作为煤磨系统的烘干热源。多余废气（约180～250℃）将通过窑头电收尘净化后，由离心锅炉引风机排入大气。熟料电收尘器捕集的粉尘也卸入熟料链斗输送机，一起送至熟料库内。

煤粉制备　储存在长形原煤预均化堆场的原煤，经取料机由胶带输送机送入煤粉制备车间的原煤仓。原煤经定量给料机、电动双翻板阀喂入磨机。

原煤在煤磨中被来自篦冷机的热风烘干，然后经过粉磨。出磨气体夹带着煤粉经选粉机除去粗粉，入煤磨袋收尘器，而分离下来的粗粉经锥形锁风阀、拉链机返回磨头入磨。从选粉机出来的废气夹带着所有细度合格的煤粉进入煤磨袋收尘器进行净化除尘，达到国家排放标准后，由离心风机排入大气。由煤磨袋收尘器收下的煤粉经星形卸灰阀卸入拉链机，由拉链机将煤粉送入煤粉仓贮存。

为防止袋收尘器、煤粉仓发生着火爆燃事故，每一处都设置有消防栓。此外拉链机开有废料出口，将袋收尘器灰斗已自燃的煤粉排至系统之外，但要注意打开单向螺旋闸门。

2. 水泥粉磨

辅助原料的储存及调配　生产水泥用的原材料主要有熟料、石膏和矿渣、石子、粉煤灰等混合材。

石膏由汽车运输进厂，采用复摆细颚式破碎机破碎后，经提升机、胶带输送机送入石膏储存库内。粉煤灰通过罐装汽车运输进厂，通过专用管道直接输入粉煤灰库内。

石子由汽车运输进厂，用提升机、胶带输送机送入圆库储存。矿渣由汽车运输进厂后，通过烘干机烘干或者露天晾晒后通过皮带机输送到库侧提升机内提升入库。

以上配料库下均设有定量给料机，由质量控制系统控制各种原料的配比和喂料量，与熟料混合后经胶带输送机送至水泥磨系统。

水泥粉磨系统　水泥粉磨是粉磨企业的核心部分，目前水泥粉磨系统为开路和闭路系统两种。

被粉磨的物料通过磨机一次性粉磨，即可达到要求细度的合格产品，这种粉磨流程称开路粉磨。熟料、石膏和石子、矿渣、粉煤灰等混合材在库底通过定量给料机配料后，由胶带输送机喂入辊压机挤压，出辊压机的物料进入选粉装置分选，细粉喂入球磨机进一步粉磨，粗料再返回辊压机重新挤压。进入磨内的细粉经过水泥磨粉磨出磨后即是成品，直接通过输送设备输送入水泥库。

水泥储存及散装　出磨水泥由提升机和空气输送斜槽送至水泥连续均化库内储存，库内设有空气充气箱进行均化，库侧均设汽车散装机，水泥库下均设有库底卸料装置，由输送斜槽送至包装车间包装。

包装及站台发货 来自水泥库的水泥通过提升机提升入料仓内，然后入包装机内包装，包装过程产生的扬尘通过收尘器收下后进入提升机内继续循环，袋装水泥由皮带机送至水泥成品库储存，由发货站台向外发货。

（二）公司主要设备

该水泥公司的主要生产设备配备情况见表4-9。

表4-9 某水泥有限公司主要生产设备一览表

序号	名 称	规格型号	数量	完好状态	使用场所	生产厂家	生产日期
1	单段锤式破碎机	TKPC14. 12-1	1	完好	烧成车间	常熟冶金矿山机械厂	2000. 4
2	高效细碎机	PCF-100 Ⅱ	1	完好		郑州鼎盛工程公司	2002. 11
3	微机配料装置	FC0451	6	完好		合肥金山自动化研究所	1999
4	生料磨机	$\phi3.2\times10$	1	完好		唐山水泥机械厂	1999. 7
5	生料均化库	$\phi12\times30$	1	完好		自建	1999. 7
6	预热器		1	完好		邯郸	2000. 7
7	旋 窑	$\phi3.2\times52$	1	完好		唐山水泥机械厂	2002
8	篦式冷却机	TC-838	1	完好		沈阳水泥机械厂	2002
9	熟料库		5	完好		自建	1998
10	混材库		6	完好	制成车间	自建	1998
11	水泥磨	$\phi3.5\times11$	1	完好		章丘汇丰集团	2011
12	水泥磨	$\phi3\times11$	1	完好		焦作矿山机械厂	2004
13	辊压机	HFC120/45	2	完好		合肥水泥设计院	2002
14	微机配料装置	TDG	9	完好		滁州七星电子公司	2004
15	水泥仓	$\phi8\times20$	6	完好		自建	1998
16	水泥仓	$\phi12\times30$	4	完好		自建	2004
17	水泥仓	$\phi18\times28$	1	完好		自建	2007
18	烘干机	$\phi3.6\times8$	1	完好		江苏盐城成功公司	2012
19	包装机	BX-C-8	1	完好	包装车间	山东安丘富邦公司	2012
20	包装机	BX-C-8	1	完好		唐山任氏公司	2004
21	水 泵		1	完好	循环水	德州亚太集团	2005. 1

（三）公司能源管理体系建立情况

该公司于2013年3月按GB/T 2331—2012标准建立了能源管理体系，能源管理体系覆盖的范围和边界是日产1000t熟料生产线及水泥辅助附属生产系统。

公司制定了能源管理方针，实施了能源评审，制定了目标指标及管理方案，明确了组织结构和各部门的职责和权限，编制发布了能源管理手册、程序文件和能源管理制度等三个层次的能源管理体系文件，并对公司全体员工进行了宣贯。

1. 能源方针

公司的能源方针是“以守法为底线，以创新为驱动，以技术先进为基础，以持续改进为手段，做水泥行业节能减排、低碳发展的先行者”。

能源方针的基本含义是，公司自觉遵守节能法律法规及标准要求，通过在公司内部贯彻执行能源管理体系，严格按照能源管理体系文件的要求，科学管理各部门的工作；不断采用新工艺、新技术、新设备对高能耗工艺设备进行技术改进或替代，持续改进能源管理，实现节能减排、资源综合利用，降低成本，增加效益，积极探索水泥行业绿色低碳发展之路。

2. 能源评审情况

该公司于2013年7月组织各部门进行了能源评审，明确了公司的主要能源使用、主要耗能设备、存在的主要问题，明确了优先改进的机会，并制定了主要改进措施。

能源基准　在统计分析2010年实际完成单位产品能耗的基础上，考虑《水泥单位产品能源消耗限额》（GB 16780—2012）要求，确定本公司的能源基准，见表4-10。

表4-10　公司能源基准

项　目	可比熟料综合煤耗/kgce·t^{-1}	可比熟料综合电耗/kW·h·t^{-1}	可比水泥综合电耗/kW·h·t^{-1}	可比熟料综合能耗/kgce·t^{-1}	可比水泥综合能耗/kgce·t^{-1}
限额标准	≤123	≤69	≤105	≤130	≤108
2010年（基准）	114.6	65.8	90.6	122.7	103.68

能源目标指标　依据当地政府下达的“十二五”规划节能量的要求和《水泥单位产品能源消耗限额》（GB 16780—2012）中准入值的要求，确定能源目标和指标（表4-11），并在此基础上对公司单位产品能耗指标进行了分解（表4-12）。

表4-11　公司能源目标、指标一览表

项　目	2011年		2012年		2013年	2014年	2015年	总　计
	节能量/tce		节能量/tce		节能量/tce	节能量/tce	节能量/tce	
	计划	完成	计划	完成	计划	计划	计划	计划
公司合计	1160	345.83	1160	2528.74	1160	1160	1160	5800
烧成车间	800		800		800	800	800	4000
制成车间	200		200		200	200	200	1000
物料办	200		200		200	200	200	1000

表4-12　单位产品能耗指标分解表

项　目	2010年（基准）		2011年		2012年		2013年			2014年	2015年
	限额标准	实际完成	限额标准	实际完成	限额标准	实际完成	准入值	目标值	实际完成（3~9月）	计划	计划
可比熟料综合煤耗/kgce·t^{-1}	≤123	114.6	≤123	113	≤117	112.6	≤112	111	111.27	110	109
可比熟料综合电耗/kW·h·t^{-1}	≤69	65.8	≤69	67.9	≤65	67	≤64	63	63.73	64	63
可比水泥综合电耗/kW·h·t^{-1}	≤105	90.6	≤105	95.5	≤99	94.7	≤90	88	88.79	88	87
可比熟料综合能耗/kgce·t^{-1}	≤130	122.7	≤130	122	≤123	120.9	≤120	119	119.1	118	116
可比水泥综合能耗/kgce·t^{-1}	≤108	103.7	≤108	103	≤103	102.8	≤98	98	97.97	97	96

为了更好地实现公司2014年及2015年的能源目标、指标，公司制定了4项能源管理实施方案，明确了方法措施、责任部门、时间进度和资金预算，其中投资最大的是水泥窑富氧燃烧节能技术的使用。

（四）富氧燃烧技术的实施情况

该公司为适应“十二五”环境保护、节约能源的新要求，对回转水泥窑进行富氧助燃技术改造。富氧助燃是一种新型节能环保技术，随着环保要求的不断提高以及节约能源的需要，近十几年来，富氧燃烧作为一种新兴的燃烧技术在世界各国蓬勃发展，富氧燃烧即增加助燃空气中的氧气含量完成的燃烧过程，简称OEC，它是一项节能高效的燃烧技术。该技术是利用空气中各组分透过膜时的渗透速率不同，在压力差驱动下使空气中的氧气优先通过得到富氧空气，富氧空气浓度为28%～30%。采用富氧燃烧新技术，节能率为4%～20%，并能从根本上消除大气污染。该项目总投资800万元，每年节约标准煤2670t，年效益354万元，投资回收期2.25年。节能效果非常显著，社会经济效益巨大。

1. 改善燃烧特性

富氧燃烧的节能原理　通常将氧气含量大于21%的空气称为富氧空气，富氧燃烧技术是一项新型的适用于各种工业窑炉的节能集成技术。富氧燃烧对所有燃料（包括气体、液体和固体）和工业锅炉均适用，既能提高劣质燃料的应用范围，又能充分发挥优质燃料的性能，广义上讲用空气参与反应的均可用富氧替代。

对着火的影响　着火是由缓慢的氧化状态转变到反应能自动加速到高速燃烧状态的瞬间过程，相对应的温度称为着火温度，它反映了煤粉着火的难易程度。随着助燃气体氧浓度的提高，各煤样的着火温度均大幅下降。

但是，不同的煤种，对加入富氧后的变化不一样。其中低挥发分煤种在着火方面对富氧条件的改善更为敏感，即富氧条件的改善可减弱煤种间着火性能方面的差异性。上述研究成果为富氧条件下采用劣质煤燃烧提供了实验基础。

对燃烧速度的影响　利用热天平对煤样在不同氧浓度条件下的燃烧失重曲线进行研究，结果表明提高富氧浓度可改善煤种可燃质的整体分解及燃烧速率，缩短燃烧时间，使煤的反应活性得到改善。

对燃料燃烬的影响　燃烬温度是煤样基本燃尽的温度，燃烬温度越低，表明燃烬时间越短，煤样越容易燃烧，残炭中的可燃剩余量就越少。不同氧浓度条件下煤粉的燃烬温度的变化趋势，随着氧浓度的增加，煤粉燃烧的着火温度和燃烬温度均呈下降趋势，说明富氧可使煤粉的着火提前燃烧充分。当氧浓度大于40%时，这种趋势变缓。

研究不同氧浓度对煤粉燃烧时间和燃烬率的影响，当氧浓度从20%～40%变化时，燃烧时间减少。当氧浓度增加，燃料的未燃烬率明显下降，但这种趋势在氧浓度大于40%时变得不是十分明显。

对火焰形状的影响　火焰形状对回转窑熟料燃烧的稳定具有十分重要的作用。一般来说，良好的火焰形状应保持合适的长度，均匀地充满整个窑截面、近料而不触料，在端面上保持圆形、纵向剖面保持“棒槌形”。研究表明，合理提高燃烧气氛的富氧浓度，能显著改善煤粉的燃烧特性，特别是改善劣质煤的燃烧特性，为回转窑保持火焰形状提供了最基础的保证。

2. 降低空气过剩系数，提高烟气温度和传热效率

回转窑的操作要求保持窑内的微氧化氛围。在保证相同氧浓度的情况下，由于采用了富氧空气，则可降低空气的过剩系数，不仅能减少排放烟气，也可减少带入的 N_2，提高燃烧烟气温度。同时，由于燃烧烟气中 N_2 含量的减少，相对的烟气中的 CO_2 含量则会增加，总体来说，增加了烟气中三原子气体的含量。由于在火焰中能发生强大辐射作用的只有 H_2O 和 CO_2 等三原子气体，故火焰温度和火焰的黑度均随着燃烧空气中氧气比例的增加而显著提高，进而提高了窑内气氛的辐射传热能力，即强化了窑内总体传热效率，所以用富氧燃烧能显著节约能源。

3. 节能途径

综合上述研究表明，由于富氧氛围可明显改善燃烧特性、提高传热效率，因此在保持水泥生产线其他条件不变的情况下，采用劣质煤代替较高品质的煤种，由于两者之间的价格差而实现节能。

同时，由于富氧燃烧氛围下的燃烧速度增大，提高了系统的热力强度，因此可提高原生产线的处理能力。由于产能提高，从而熟料单耗下降。上述两方面都可实现回转窑的节能。

在保持其他条件不变的情况下，适量提高煤粉的细度也可达到原来不使用富氧的燃烧效果。因此，在富氧条件下，可适当降低煤粉细度，从而减少煤磨的电耗而实现节能。

更进一步地说，由于富氧氛围下燃料燃烧特性的改善，可在水泥生产工业中适当掺加部分工业废弃物作为燃料燃烧，节能效果更加明显。

该公司富氧燃烧节能技术改造项目，可降低燃煤8%，年可节约燃煤3800t，年可降低烟气排放量（标准状态）$3104\times10^4m^3$，年可降低二氧化碳排量13000t，年减少 SO_2 排放120t，NO_x 减少500t，烟尘减少600t。该项目符合《省级环境保护专项资金使用管理办法》的文件精神，既可节约煤、电能源，又可减少二氧化碳、二氧化硫、氮氧化物等污染物的排放，能够取得良好的环境效益、社会效益和经济效益。

水泥窑富氧燃烧节能项目，经过国内科研中心十多年的不断创新、完善，并通过实际运行证明，其技术已经成熟、可行，而且现场实施改造和运行比较简单。

通过国家建材院的专家现场指导和该公司富氧燃烧节能项目实际试运行来看，该项目的实施对改善窑况、提高水泥窑的燃烧温度，效果比较明显，投入富氧后，可明显观察到窑内火焰的变化，并可使用劣质煤，台时产量不变的情况下，降低燃煤用量在6%左右，同样的用煤量可提高台时3t，能够显著提高能源利用效率，降低熟料能耗，为节能减排工作作出更大的贡献，使公司的经济效益提高再上一个新的台阶。

四、案例实施的效果

2014年5月1日至2015年1月31日，该公司的可比熟料综合煤耗107.68kgce/t，可比熟料综合电耗62.94kW·h/t，可比熟料综合能耗115.42kgce/t，可比水泥综合电耗88.93kW·h/t，可比水泥综合能耗93.95kgce/t，完成了公司制定的能源目标指标的要求，见表4-13。

表 4-13 能源目标指标完成情况

项 目	2010 年（基准）		2011 年		2012 年		2013 年			2014 年	2014 年 5 月 1 日至 2015 年 1 月 31 日
	限额标准	实际完成	限额标准	实际完成	限额标准	实际完成	准入值	目标值	实际完成（3～9 月）	计划	完成
可比熟料综合煤耗 /kgce · t⁻¹	≤123	114.6	≤123	113	≤117	112.6	≤112	111	111.27	110	107.68
可比熟料综合电耗 /kW · h · t⁻¹	≤69	65.8	≤69	67.9	≤65	67	≤64	63	63.73	64	62.94
可比水泥综合电耗 /kW · h · t⁻¹	≤105	90.6	≤105	95.5	≤99	94.7	≤90	88	88.79	88	87.93
可比熟料综合能耗 /kgce · t⁻¹	≤130	122.7	≤130	122	≤123	120.9	≤120	119	119.1	118	115.42
可比水泥综合能耗 /kgce · t⁻¹	≤108	103.7	≤108	103	≤103	102.8	≤98	98	97.97	97	93.95

五、案例点评

目前，各企业在实施能源管理体系过程中普遍存在的问题是对管理方案的要求理解不到位，基本采用执行能源管理制度的方法来代替管理方案的内容，在管理方案的实施过程中与标准的要求出现了偏差，使管理方案没有新意，不能确保能源目标指标的实现，也体现不出能源管理中持续改进的内容。

该水泥企业根据自身烧成设备规格偏小，能耗偏高的特点，在建立实施能源管理体系的过程中，能够应用能源评审的结果，针对能源目标指标的实现，制定了能源管理方案，投资 800 万元在水泥煅烧系统中采用比较先进的富氧燃烧技术。

该方案直接针对能源目标指标的实现来制定，选题合理，针对性强，适合该公司窑小煤耗高等实际情况。富氧燃烧技术虽然在水泥行业应用较少，但在玻璃等行业应用比较成熟，技术上有一定的先进性和可操作性。

该案例彻底改变了目前普遍存在的“以制度代方案”的做法，是典型的成功案例。

第五节 引入最佳节能实践，应用 MVR 浓缩技术降低能耗

一、案例背景

对于初次建立能源管理体系的企业来说，实施初始能源评审是基于能源数据和其他信息，确定组织的能源绩效水平，识别改进机会的一项工作。同时为实现能源目标和指标，综合考虑主要能源使用、技术成熟程度、经济可行性、财务状况等因素，制定合理的能源管理实施方案。由此可见，制定能源管理实施方案是企业在建立能源管理体系时一个绕不开的工作，有必要认真加以研究。

企业制定能源管理实施方案时普遍存在以下问题：

（1）制定的能源管理实施方案缺乏系统性。在制定能源管理实施方案时，没有进行能源评审，未识别和评价企业的主要能源使用区域，制定能源管理实施方案的随意性大，缺少系统策划。

（2）能源管理实施方案的相关职责不明确。未明确实施部门、责任人员，或虽然明确了部门和责任人员，但未明确其权限及职责，增大了方案制定和实施过程中的协调难度，实施进度受到影响，或者实施效果不佳。

（3）没有明确对能源管理实施方案的实施结果进行验证的方法，甚至没有进行实施效果验证，无法正确评价能源管理实施方案带来的效果。

上述问题都是在能源管理实施方案的设计、制定环节出现的，并将会对后期方案实施甚至公司能源总绩效产生重大影响，因此能源管理实施方案的设计、制定尤为重要。

二、企业简介

某公司是全国最大的阿胶及其系列产品生产企业，主要生产中成药、生物制剂、保健品、药用辅料、医疗器械等 6 大产业门类的百余种产品，年生产能力 18000t，阿胶年产量、出口量分别占全国 75% 和 90% 以上。

公司下设大制造部（包括一、二、三分厂，原料管理，仓储管理，现场管理，安全办公室和设备保障部）、总裁办公室、战略管理部、建设工程管理部、研究院、质量管理部、信息管理部、审计监察部、人力资源部、生产成本管理部、运营会计部、招标办公室等部室。其中设备保障部是企业能源利用过程、能源使用识别与评价的归口管理部门，负责对能源利用全过程进行识别和管理。

企业主要使用的能源有蒸汽、电力、燃料油（汽油和柴油）、水等。其中：

蒸汽：主要供给公司各车间蒸球化皮、夹层锅加热、浓缩罐浓缩，产品煮制浓缩、消毒，也用于分厂车间及办公场合的供暖用，溴化锂机组制冷等。

电力：主要供应各个分厂车间及办公的动力和照明使用，以及水处理车间生产纯水和制冷。

燃料油：柴油主要供应公司内部货物运输车辆使用，汽油主要供应公司巡查车辆使用。

2013 年公司年实现产量 10360t、产值 386555 万元，综合能耗 12293. 54 吨标准煤。其中电力消耗为 1854.20×10^4kW · h、蒸汽消耗为 10. 48 万吨、燃料油 21. 68t。能源成本占总体成本比重为 3. 92%，万元产值综合能耗为 31. 8 千克标准煤/万元。

三、案例实施

（一）开展初始能源评审

2014 年 2 月，公司对中高层管理人员及部分骨干员工实施了能源管理体系宣贯培训，并启动了初始能源评审。评审工作由公司副总裁担任总负责人，设备保障部作为主管部门，明确了能源评审的范围及边界，编制了评审进度计划表。公司将所有参加能源评审的人员分成三个评审小组，分析了汽油、蒸汽、电为主要能源消耗的企业能源消耗结构，识别、确定了涉及一、二、三分厂和空调系统的8个工序为主要能源使用区域，评审、发现了7个能源绩效改进机会，并对其进行详细分析。评审前后共持续了15天，最终形成了初始能源评审报告。

（二）制定能源管理实施方案

结合政府要求，公司确定2014年的节能目标为2000吨标准煤。

为了确保完成公司确定的能源目标，利用初始能源评审识别的节能机会，结合行业及相关工艺技术，公司组织制定了7个能源管理实施方案（包括技术方案和管理方案），详见表4-14。

表4-14 公司2014年能源管理方案一览表

管理方案	实施日期	项目总负责人	预计投入/万元	预期效益
将一分厂、二分厂三效浓缩工序改为MVR浓缩工艺，减少能源消耗	5~11月	温某某	200	年节约标准煤1727t
制定能源消耗定额，并将定额进行逐级分解、考核到责任班组	6~12月	秦某某	0	
百亿阿胶生物科技产业项目建设太阳能光伏电站	5~12月	温某某	3000	年发电 360×10^4kW·h，折标准煤1188t
参观走廊使用LOW-E节能玻璃	5~10月	李某某	1000	较使用普通玻璃节能40%以上
阿胶金丝枣生产采用真空浸渍罐代替原有敞口基层锅	5~7月	温某某	0	改善车间环境，年节约蒸汽322t，折标准煤32.2t
蒸汽凝结水（工艺蒸汽、空调蒸汽）回用供暖系统改造	10~12月	温某某	合同能源管理项目	余热利用，年节约蒸汽3210t，折标准煤321t
一分厂制冷站在3~4月份和10~11月份开制冷机组用于凉胶区降温，能耗较高，现将一分厂制冷站冷却塔冷却水直接用于空调机组进行降温	3~4月	温某某	1.2	减少春夏换季及秋冬换季时冷水机组的用电消耗，年节约电力 16.8×10^4kW·h，折标准煤55.44t

下面详细介绍“三效浓缩工艺改造为MVR浓缩技术实施方案”设计、制定的全过程。

1. 分析技术可行性

公司有四套三效浓缩工艺，一、二分厂各两套，浓缩工序的主要能源使用为蒸汽，现浓缩工序主要是用三效浓缩蒸发器蒸发药液中的水分（药液密度由1.025提升至1.060），设备保障部跟踪行业先进技术，特别是相关工序的节能经验，并通过市场调研和到相关企业实地考察，发现机械式蒸汽再压缩蒸发器（简称MVR技术）与现有工艺的能耗基准相比，可以大大减少蒸汽消耗，具有较强的可行性。

为了确保方案实施成功，2014年公司与设备生产厂家对MVR技术工艺的可行性进行了探讨，并结合公司现场实际制定了技术方案，绘制了MVR技术工艺流程图，如图4-6所示。

2014年4月，公司在二分厂三效浓缩工序（一分厂浓缩与其蒸发工序及工艺参数基本相同）进行了现场试验。选用现有三效浓缩蒸发器与MVR-500型实验机与一家正在使

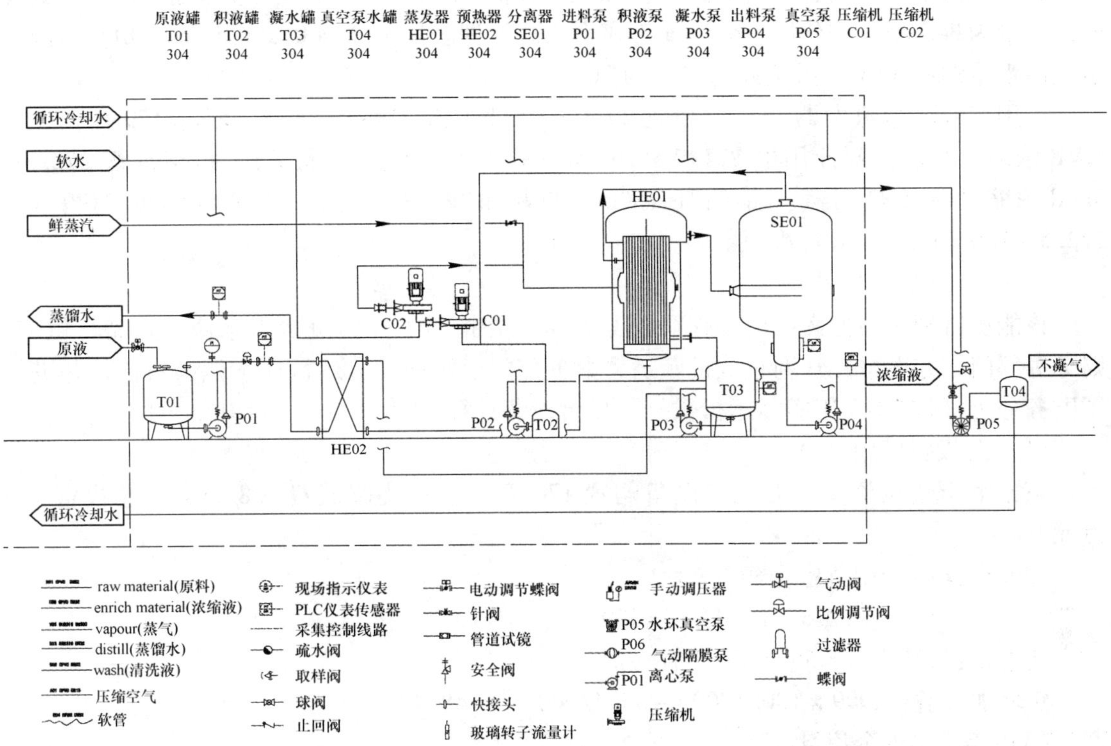

图4-6　MVR技术工艺流程图

用MVR技术的标杆公司进行对比，实验选用三天的数据，形成了《关于机械式蒸汽再压缩蒸发器（MVR）技术可行性分析报告》，三效浓缩蒸发器与MVR-500型实验机能耗对比数据见表4-15。

表4-15　公司现用三效技术与MVR技术能耗对比

参数 \ 类型	现用三效浓缩（测试）	MVR试验机（测试）	MVR（理论）	MVR（承诺）	MVR（某公司）
产能/$t \cdot h^{-1}$	3	0.5	3	3	2
热　源	蒸汽	电能	电能	电能	电能
能耗(吨汽/吨水)或(千瓦·时/吨水)	0.56	80	40	60	45
耗能折标/kgce	56	9.83	4.92	7.37	5.53
节能效率(与现用三效对比)	基准	82.44	91.21	86.84	90.13
蒸发效率/%	67.3	90	90~95	90~95	90~95
运行成本(元/吨水)	100.88	60	30	45	33.75
节约成本(与现用三效对比)	基准	40.52%	70.26%	55.39%	66.54%
每批用时/h	6.5			4.5	

注：吨蒸汽折标系数为0.1吨标准煤，万千瓦·时折标为1.229吨标准煤，蒸汽180元/t，电力0.75元/(kW·h)。MVR设备在开始运行时需要蒸汽加热，需用量很少，正常运行后不需要蒸汽加热，本次实验蒸汽忽略不计。

通过查阅生产数据、三次测试数据和现场分析，2013 年二分厂三效浓缩工序全年处理药液总量为 34588t，一分厂三效浓缩工序全年总处理胶液为 27000t，总计 61588t，料液中蒸发的水量约占 60%，需蒸发水量约为 36953t。

应用三效浓缩蒸发器工艺，企业 2013 年共耗蒸汽 21796t，折标准煤 2179.6t，应用 MVR 浓缩工艺后，预计用电 221.7×10^4kW · h（按生产厂家承诺），折标准煤 272.5t，MVR 浓缩设备预热用蒸汽年约耗 1800t，折标准煤 180t，预计年节约能源 2179.6 - 272.5 - 180 = 1727.1 吨标准煤。

2. 分析经济可行性

该能源管理实施方案由设备保障部总负责，并指明了专门负责人来协调设备、供应、财务等部门，方案报分管副总裁批示后，财务部门对两种技术运行成本做了对比，并进行了财务分析（按 2013 年实际运行数据、单台设备计算）：

（1）总投资费用（I）。

该方案土建投资 1.2 万元，设备购置 170 万元，安装调试费 1.8 万元，总投资 173 万元。

（2）年运行费用节省金额（P）。

年节约蒸汽：$(21796 - 1800)/4 = 4999$t；

耗电量：$221.7/4 = 55.42$ 万千瓦 · 时；

年增加效益：$4999 \times 180/10000 - 55.42 \times 0.75 = 48.42$ 万元。

（3）年增加现金流量（F）。

折旧期（n）：10 年，税率：25%；

折旧费（D）$= I/n = 173/10 = 17.3$ 万元；

应税利润（T）$= P - D = 48.42 - 17.3 = 31.1$ 万元；

净利润 $= T \times (1 - 25\%) = 31.1 \times (1 - 25\%) = 23.3$ 万元；

年增加现金流量：$F = T \times (1 - 25\%) + D = 23.3 + 17.3 = 40.6$ 万元。

（4）投资偿还期（N）。

$N = I/F = 173/40.6 = 4.3$ 年。

根据上述内容形成了《可行性研究报告》报副总裁批示。公司资金运转良好，项目可以实施。

（三）方案实施

公司与生产设备厂家根据企业现场情况，制定了施工方案，明确了施工方法、施工进度及施工中注意的问题。

设备保障部作为节能主管部门，为该项目的责任部门，负责方案的调度协调，该方案由王副总裁提出，由设备保障部部长温某某负责，设备保障部技术工程师王某某具体调度，由副总裁召集各相关部门和车间人员，进行了分工，明确了各部门的职责和权限，规定了每项指标的方法和时间进度。

（四）验证方案结果的方法

公司 MVR 技术实施过程要根据施工方案严格进行，与生产设备厂家应签订合同，对供货、设备安装调试及试运行等应进行规定。并在合同中规定按照原设计测算的验证方法，确保每批生产效率提高至 4.5h，且 1t 水耗电不高于 8 千克标准煤。

施工完成后，双方应根据现场安装的仪器仪表对节能效果进行验收，达到合同要求后，支付最终尾款作为约束。

至此，“三效浓缩工艺改造为 MVR 浓缩技术实施方案”经过程序化的立项、技术可行性分析、实际能源绩效改进分析、资金回报可行性分析、确定明确的验证方法、签订明确责任的合同、制定合适的负责部门及负责人，最终得以立项实施，2014 年 11 月方案实施完成。

注：该公司其余能源管理实施方案的设计同上，不一一解释。

四、实施效果

公司上述 7 个方案实施后，一分厂 MVR 浓缩工段药液蒸发 1t 水达到 24kW · h，耗蒸汽 0.05t，共折标准煤 7.95kg，而原药液蒸发 1t 水为标准煤 56kg，节能量达到 85.80%。二分厂 MVR 浓缩工段药液蒸发 1t 水达到 22kW · h，耗蒸汽 0.04t，共折标准煤 6.70kg，节能量达到 88.04%，平均节能 86.92%。根据 2013 年能耗量，仅一、二分厂浓缩工序，年节能量就达到 1894.51 吨标准煤。据统计仅列出的 7 项能源管理实施方案（太阳能发电项目采用的是合同能源管理）节能就达到了 2334 余吨标准煤，圆满完成年初制订节约 2000 吨标准煤的任务。

五、案例点评

只有通过建立实施完善的能源管理体系，对企业当前的能源管理和能源利用现状进行详细的评审，寻找能源管理的漏洞和薄弱环节，找出节能改进的机会，并针对企业现状及行业自身特点，参考行业内的最佳节能实践，进行详细的分析，寻找到最适合、最经济的改进方案，并确保其结果可以验证，同时考虑企业本身财务承担能力，才能设计制定出符合本企业的能源管理实施方案，以实现能源目标和指标。

本案例就是严格遵照上述程序成功实施能源管理实施方案的典型，具有很强的示范作用。

第六节　利用 PDCA 方法管理能源管理实施方案

一、案例背景

“十二五”以来，公司开展了能效对标、能源审计、清洁生产等多项节能减排方面的工作，但是由于管理方法不明确、系统性不强，没有形成一个有效的识别现状、提出问题、分析问题、解决问题的能源管理机制，对于企业现存的需要深度挖掘的改进机会并未做到识别、评价与实施，影响了企业节能目标的实现以及能源方针的贯彻实施。能源评审作为企业建立能源管理体系的基础，是企业对其本身的能源管理行为及能源利用状况进行全面、综合的调查与分析的过程，同时也是了解能源管理现状、能源利用水平的过程，为下一步识别主要能源使用、发现改进机会，进而制定能源管理实施方案提供基础。

某公司运用PDCA(策划—实施—检查—改进)的管理方法，在能源管理方案的策划、实施、效果验证及实现能源绩效改进的过程中，以能源评审为其策划的输入、按照标准要求明确管理实施方案的各项要求，建立了监督机制对方案的实施过程进行控制，并组织对方案的实施效果进行了评价验证，达到了能源绩效改进的目的，确保了能源目标的实现。

二、企业简介

公司主要以生产高档涂布白板纸、牛皮卡纸、牛皮箱板纸为主，三条造纸生产线和一座年产6万吨的重钙研磨加工厂，同时配套建设了4.8万千瓦自备热电站和日处理能力3万立方的污水处理厂；2013年生产各种成品纸19.6万吨，其中涂布白板纸11.3万吨，牛皮卡纸8.3万吨，发电14813万千瓦·时，全年能耗总量9.98万吨标准煤。

公司现有主要生产系统分为制浆系统和造纸系统两部分，其中制浆系统又分为面浆系统、衬浆系统、芯浆系统和底浆系统四部分。主要耗能工序有废纸碎解、除渣筛选、制浆、抄底、完成、重钙研磨、锅炉运行、汽机运行、化水运行等；主要用能设备有鼓式碎浆机、面网成型辊、双盘磨、面冲浆泵、施胶机搅拌器、干损纸搅拌器、浆泵、变压器、磨煤机、空压机等，还包括5台燃煤锅炉及138台烘缸。

公司为全面贯彻落实科学发展观，把节能减排工作作为调整经济结构、转变发展方式的突破口和重要抓手，严格按照省、市、区节能减排工作的总体部署和要求，采取了一系列促进节能减排的决策部署。公司于2014年开始策划建立能源管理体系，利用3个月的时间先后进行了初始能源评审、体系文件策划编写等方面的工作，体系于3月15日开始试运行，在此期间开展了监视测量、内部审核、管理评审等工作，于2014年底通过了能源管理体系认证，获得认证证书。

三、案例实施

公司通过能源管理体系建设，利用能源管理体系系统的管理方法，开展了初始能源评审，深层剖析公司能源管理现状，寻找节能空间，建立了能源基准、目标指标体系。

2014年初，公司通过召开节能会议，现场调研、能效对标及能源监测等方式，识别能源改进项目50余项，其中优先改进项目11项。针对公司制定的节能目标，结合识别的11项优先改进项目，建立能源管理实施方案11项，这些管理方案全部完成后，取得了预期效果。该公司以能源评审为基础，建立方案节能目标为抓手的能源管理实施方案推进方式，取得了很好的节能效益。

（一）能源管理实施方案的策划

在能源管理实施方案策划阶段，公司开展的主要工作包括：

（1）在公司内部建立以能源管理负责人（副总级）为领导的“能源评审小组”，明确能源评审小组职责，赋予权限，按照公司《能源评审控制程序》要求，每年组织一次能源评审。

（2）利用能源需求分析、能量平衡、标杆对比、节能监测、专家诊断、头脑风暴等工具，从法律法规层面、管理制度层面、能效指标层面、设施设备等层面，深入剖析公司能源管理现状，识别改进机会，确定公司的能源基准、目标指标。

（3）公司将识别的改进机会纳入“能源评审项目库”，以能源目标指标为指导，在平衡节能与生产关系的前提下，由能源评审小组组织评审，筛选重点节能项目，寻找最佳节能方案，并由最高管理者组织召开节能项目专题评审会议，结合项目难度、工期、技术攻关、资金等方面，确定优先开展的能源管理实施方案（表 4-16 为该公司 2014 年度能源管理实施方案策划的结果）。

表 4-16　2014 年度能源管理实施方案策划结果

序号	能源种类	方案名称	场所	系统/设施/设备/过程	计划/日期	改进控制措施
1	电力	淘汰高耗能电机	PM3 制浆车间	Y 系列电机更换	2014 年底逐步实施完毕	1. 拟定采购合同，新购 Y355 号以下约 161 台节能电机； 2. 2014 年底，逐步更换完毕并投入使用
2	蒸汽	蒸汽回收项目	PM3	烘干部改造	2014 年 4 月	1. 制定改进方案，对闪蒸罐、射流器、机泵进行改造； 2. 制定运行控制措施，确保运行有效，并计划于 2014 年 4 月底投入运行
3	蒸汽	蒸汽管道保温项目	厂内	各车间外蒸汽输送管道	2014 年 5 月	1. 拟定采购合同，采购保温硅酸铝、铝板等保温材料； 2. 制订工作计划，并确保 2014 年 5 月份投入使用
4	蒸汽	余热利用	PM5	排风桶、闸板	2014 年 4 月	1. 新增 10m 排风管一根，转身封板两个； 2. 制定运行控制措施，主要针对冬季车间内取暖
5	新鲜水	干网清洗项目	PM5	在线清洗系统	2014 年 6 月	1. 制定改进方案：新增一拖四泵站一套，清洗头四套，真空泵站一套； 2. 制定运行控制方案，确定工艺参数确保在线清洗系统运行有效，实现节水目标
6	蒸汽	热泵供汽改造项目	PM5	干燥部	2014 年 4 月	1. 制定改进方案：更换 DN100 口径热泵四套，新增蒸汽管道 200m； 2. 制定运行控制方案，确定工艺参数，确保运行有效
7	电力	稀释水改造	制浆车间	底衬浆流程	2014 年 4 月	1. 制定改进方案：底浆流程在开机时启用大泵，在 PM2 开机使用稀释水时启用小泵；衬浆流程稀释水停用 75kW 电机，改用 11kW 电机，达到节能目的； 2. 制定运行控制措施，确定工艺参数，确保运行有效
8	蒸汽	真空箱改造	PM3	网压部	2014 年 5 月	1. 制定改造方案：在一压下毛布增加一道单缝真空吸水箱；衬网使用一道高真空吸水箱替代原一道水腿箱；底网增加一道高真空吸水箱； 2. 制定运行控制措施，确定工艺参数，确保运行有效

续表 4-16

序号	能源种类	方案名称	场所	系统/设施/设备/过程	计划/日期	改进控制措施
9	电力	循环水泵叶轮改造	热电厂	循环水系统	2014 年 4 月	制定改进方案，委托外协厂家对叶轮车削改造，降低厂用电量
10	柴油	点油枪改造	热电厂	锅炉燃油系统	2014 年 4 月	制定改进方案，使用小油枪替代大油枪，减少燃油使用量
11	原煤	厌氧沼气燃烧	热电厂	锅炉燃烧系统	2014 年 5 月	1. 制定改进方案，引厌氧沼气进行锅炉燃烧系统减少燃煤使用量； 2. 制定运行控制措施，确定工艺参数，确保运行有效

（二）能源管理实施方案的实施

在能源管理实施方案的实施方面，公司开展的工作主要有：

（1）加强实施过程的调度。对确定优先开展的能源管理实施方案，由工程部制订《投资申请书》，包括投资内容、现状、投资额、目标、投资效果分析等项目，并制定《节能项目管理方案》，详细说明节能措施、时间进度、职责权限等要求，并要求对每个时间节点，由项目负责人组织开展进度会议，跟进完成情况。

（2）严格实施全程监督。公司赋予“能源评审小组”新职能，建立监督机制，全程监督落实，摆脱能源管理有头无尾的现状，确保按照时间进度达成节能目标（表 4-17 为该公司实施方案——“蒸汽冷凝水系统节能改造项目”实施控制过程）。

表 4-17　能源管理实施方案——蒸汽冷凝水系统节能改造项目实施过程

管理项目	蒸汽冷凝水系统节能改造				
管理目标	节约蒸汽用量，降低外排蒸汽余量（目标吨纸节约 8.61 元，每年按 12 万吨纸计算，年节约 103.56 万元）				
主管部门	工程部	监督部门	生产部	方案总负责人	提文彦
实施方案的职责和权限	1. 财务部负责财务预算的审批。 2. 方案总负责人负责组织本方案的策划、制定及本方案的批准和修订后的重新批准。 3. 工程部负责整个工程的过程控制，包括方案设计讨论、技术协议及设备的鉴定、设备采购、安装调试使用。 4. 能源负责人组织能源评审小组负责改造后的运行调试验收，并提供实施后的节能效果评估				
主要技术措施	1. 1 号～4 号烘缸回水进 1 号汽水分离器，增加 1 台汽水分离器及 1 台冷凝水泵供 5 号～12 号烘缸排水。 2. 72 号～88 号烘缸排水改至 8 号汽水分离器。 3. 1 号～3 号冷凝水泵进出口管道更换加粗，进高位箱。 4. 1 号～68 号烘缸增加 1 台射流器，减少六、七、八组缸散蒸汽排放。 5. 更换 1 号～3 号冷凝水泵（流量增至 $20m^3/h$）。 6. 4 号热回收风机及风管腐蚀损坏，更换修复				

续表 4-17

阶　段	措施计划	完成期限
方案实施	1. 2014 年 1 月 22 日至 2 月 23 日完成汽水分离器、一台冷凝水泵、一组缸新增汽水分离罐的安装	2014 年 2 月底
	2. 2 月 16 日后段尾汽继续增加真空发生器完成，计划下次开机时投入使用	2014 年 2 月底
	3. 2 月 26 日全部投入运行调试	2014 年 2 月底
	4. 3 月 18 日至 3 月 20 日作进一步的完善改造，3 月 25 日 PM3 开机调试，各个改造部位分批调试运行	2014 年 3 月底

（3）认真实施效果验证。节能项目完成后，由能源评审小组对项目实施前后收集的数据进行分析，对节能项目进行效果验证，做出客观公正的评价（表 4-18 为该公司实施方案——“蒸汽冷凝水系统节能改造项目”进行效果验收的记录）。

表 4-18　能源管理实施方案——蒸汽冷凝水系统节能改造项目验收过程

项目名称	蒸汽冷凝水节能系统改造	项目实施时间	2014. 1. 20
项目编号	160686	投入使用时间	2014. 3. 25
提出部门	工程部	改善目的	●成本○品质○操作●运行效率●节能○环保
改善部门	工程部	改善投资	
评审时间	2014 年 11 月 11 日		
评审人员	曹申、靳明利、提文彦、王士宝、李锋、杜海峰、李前		
收益比较	预期目标	实际效果	
	节约蒸汽用量，降低外排蒸汽余量（目标吨纸节约 8. 61 元，每年按 12 万吨纸计算，年节约 103. 56 万元）	1. 大大减少了一组缸处负荷不稳造成的断纸概率，平均每月至少减少两次（过去平均每月在一组缸断纸最少不低于四次）； 2. 蒸汽吨纸平均用量节约 0. 1t	
评估总结	1. 此技术成果在 PM3 的实施应用，有效地节约了蒸汽的耗量，吨纸节约 0. 1t，其车速每分钟提升 10m；每月减少一次断纸的概率，每年减少断纸 12 次，每年按 12 万吨纸计算，年节约 103. 56 万元； 2. 经过近一年的生产运行来看，此工艺改良的效果非常明显，一组缸的负荷明显下降，运行平稳，同时一组缸的进汽压力降低，缸面纸毛减少，完全实现了节能降耗，高效提产的目的		

（三）能源管理实施方案的改进

公司根据能源管理实施方案实施过程的监督控制情况，及时协调相关责任部门，必要时调整资源的配置，确保了方案按照预定的计划顺利实施。

四、案例实施的效果

通过能源管理体系建设，公司将 PDCA 的管理方法应用于能源管理体系的各个环节，特别是在能源管理实施方案策划、实施、效果验证等方面形成了良好的管理机制，策划阶段通过定期的小组评审及日常的“合理化建议”等形式确保改进机会得到挖掘，确保管理方案制定的针对性。实施过程明确进度及主管部门，确保方案落实；效果验证阶段组织评审小组对方案实施进行了评审，重点关注节能效果的实现情况及节能收益。

公司通过能源管理体系建设，形成了每年开展一次的能源评审，结合日常员工合理化建议、节能专题会议、能源平衡图、节能监测四种方式相结合的能源评审长效机制，深入挖掘节能潜力，确立优先改进机会；明确了职责权限，设立方案目标，分项目制订推进计划，形成了剖析现状—改进机会—建立方案—效果评价的能源管理方案 PDCA 全过程管理。

2014 年度公司确定了优先改进机会 11 个，制定并实施了《淘汰高耗能电机及推广高效节能电机项目管理方案》《小油枪改造节能管理方案》《蒸汽回收项目管理方案》等能源管理实施方案，方案总投资 460 余万元，实现节能量 3057 吨标准煤。2014 年度累计实现节能量 11344 吨标准煤（来自节能系统网站数据），超额完成政府下达的年节约标准煤 3057 吨标准煤任务，能源管理体系推进效果突显。

五、案例点评

将 PDCA 的管理方法应用到能源管理方案的识别、策划、实施及效果验证工作中，确保了能源管理实施方案的可行性、实施过程的有效性和效率，结果验证的严谨性，收到了明显的节能和经济效益，为企业提升社会影响力，增强行业竞争力提供了良好的保障。案例具有较强的借鉴和推广价值。

第五章　人力资源管理

《能源管理体系要求》（GB/T 23331—2012）4.5.2 要求：

组织应确保与主要能源使用相关的人员具有基于相应教育、培训、技能或经验的能力，无论这些人员是为组织或代表组织工作。组织应识别与主要能源使用及与能源管理体系运行控制有关的培训需求，并提供培训或采取其他措施来满足这些需求。组织应保持适当的记录。

从上述要求可以看出，确保员工具备履行本职工作的能力是能源管理体系中对人力资源管理的核心内容。

本章选择了两家企业在员工能力确定与提升方面案例，他们从标准要求、企业要求出发，将不同岗位员工的能力进行了具体化，将提升不同岗位员工能力的方法也进行了具体化，收到了良好的效果。

第一节　员工能力的确定与培训提升

一、案例背景

在实际工作中，很多企业往往只是笼统地界定工作内容，对能力的描述往往过于简单、宽泛，导致员工配置时较为随意，或者凭管理者的个人主观意志进行安排，实际上岗员工并不能完全胜任岗位工作，影响工作的规范性和能源绩效。同时，也有很多企业在实施员工培训时，没有认真评审培训需求，存在“为了培训而培训”的现象，对培训过程也缺乏足够的监控，导致培训效果不理想，员工接受培训和不接受培训没有区别，培训工作没有发挥在员工能力提升方面应有的作用，成为一种形式。

二、企业简介

某集团公司下属第三工厂（以下简称集团三厂）拥有 20 万吨丁辛醇装置、20 万吨辛醇异丁醛装置、15 万立方米/小时的气体联合装置（煤气化）等 3 套大型现代化装置，主导产品为丁醇、辛醇、丁醛和氢气，主要消耗能源为蒸汽、电力、原煤、压缩空气、氮气、水等，年耗能总量约 10 万吨标油。

人力资源部是集团三厂的人力资源归口管理部门，负责建立、实施并保持人力资源管理制度，规定能源管理体系覆盖人员的岗位任职资格要求、人员配置和培训等工作，确保与主要能源使用相关的人员具备相应能力并胜任本职工作。

三、案例介绍

（一）能力要求

人力资源工作是企业管理的重要的基础性工作内容之一，确保员工能力能够满足岗位需要是人力资源管理的核心任务。确立员工履行岗位职能所需的能力则需要从科学确立公司的组织架构开始，并在此基础上做好员工定员，从而再确定岗位能力与资格。

1. 确立组织架构

企业组织架构是表明组织各部分排列顺序、空间位置、聚散状态、联系方式以及各要素之间相互关系的一种模式，是整个管理系统的“框架”，也是如何分工、协作，如何划分权限的方式，其本质是为实现组织战略目标而采取的一种分工协作体系。

根据企业生产工艺流程、装备的特点，结合集团公司关于企业组织架构配置要求，以及企业自身管理、文化特点，确定了集团三厂的组织架构（图5-1）。

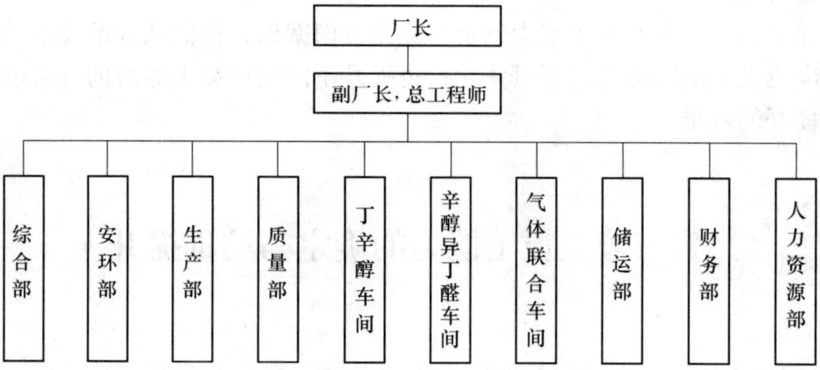

图5-1　集团三厂组织架构图

根据集团公司的专业化管理要求，各生产工厂均只有生产车间，机修、电修、仪表、供水、供气等辅助生产单位由集团公司的专业单位承担。

2. 劳动定员

基于工作分析实施劳动定员，这是确保人力资源合理利用的基本方式。集团三厂根据集团公司有关劳动定员的规定，确定了本厂各职能部门、生产装置的劳动定员方案。如20万吨丁辛醇装置的定员方案见表5-1。

3. 确立员工任职资格

员工任职资格主要包括对学历（教育）、专业技术资格（培训）、实际操作能力（技能）及相关工作经历（经验）等四个方面的要求，与岗位职责、工作标准等内容一起，以岗位说明书的形式体现。以丁辛醇车间操作人员为例（表5-2），这份岗位说明书对标准所要求的教育、培训、技能和经验进行了细化和具体化，以知识要求和能力要求的形式进行了描述。

表 5-1　20 万吨丁辛醇装置的定员方案

序　号	岗位名称	定员/人	
		单　班	合　计
1	班　长	1	4
2	醛内操	2	8
3	醛外操	3	12
4	醇内操	2	8
5	醇外操	2	8
合　计		10	40

表 5-2　丁辛醇车间操作岗位说明书

岗位名称	丁辛醇车间操作岗位	岗位编号	略
所属部门	丁辛醇车间	直接上级	丁辛醇车间班长
岗位职责	1. 执行长调度或车间、班长下达的有关指令，按照工艺规程和操作法完成本岗位的生产任务； 2. 负责本岗位的开停车及正常生产，精心操作，认真记录，及时处理生产中出现异常波动或事故，并向班长汇报； 3. 负责本岗位所属设备的维护保养和区域卫生； 4. 执行安全规程和环保、节能有关规定，做好安全、消防、环保和节能工作； 5. 执行车间下达的其他规定，认真完成各项工作	工作标准	1. 按生产要求，严格遵守操作规程，保证装置正常生产和产品质量； 2. 发现问题，联系调度及时处理，并向班长汇报； 3. 严格生产秩序，严格管理，做到“自我管理信得过”，树立安全意识，保证安全生产； 4. 熟练掌握设备维护“十字作业法”，熟悉“一平、二净、三见、四无、五不缺”的现场管理要求
任职条件			
知识要求	1. 专业知识：熟悉本岗位工艺流程生产原理；掌握各种化学品物理、化学性质对工艺的影响；掌握物料平衡计算和热量平衡计算知识；熟悉传热、传质、流体输送的基本原理；熟悉本岗位上下工序间的衔接关系；掌握本岗位的操作条件对各项经济技术指标的影响。 2. 设备（工量具）知识：熟悉各设备的结构、工作原理及性能；能看懂设备简图和工艺管道施工图；熟悉主要耗能设备的经济运行条件；熟悉装置设备维护的“十字工作法”和“一平、二净、三见、四无、五不缺”的现场管理要求。 3. 相关技术知识：掌握本岗位温度、压力、流量、液位及分析仪表的测点位置和仪表控制方案，懂得一般故障分析；掌握本岗位安全、连锁装置的设定值和连锁的动作关系，及连锁发生后的处理步骤；掌握安全用电知识，熟悉本岗位现场各用电器开关的安装部位和使用方法。 4. QHSE 及 En 管理体系知识：掌握本岗位进料及出料的质量指标；熟悉质量波动的影响因素，及对其他工序和整个装置的危害；掌握全面质量管理的有关概念及基本数理统计方法；掌握装置能耗及工序能耗的核算方法，各类能源折算方法；掌握 GB/T 19001、GB/T 24001、GB/T 28001、GB/T 23331 等管理体系知识，并能够按照贯彻执行体系各项活动，确保体系有效运行	能力要求	1. 技能操作能力：能按照工艺技术规程和操作法，正确熟练地进行岗位开停车及正常操作；能正确使用岗位仪表；能正确调整和处理工艺异常；能对工艺、设备、安全、环保，以及能源等各类事故做出迅速反应并正确处理；能熟练使用本岗位配置的安全、消防、气防等救护器材；能够根据运行工况，合理调整设备运行，确保其处于经济运行状态。 2. 设备维护保养能力：能对本岗位的设备进行正确的维护保养；能根据本岗位设备运行中出现的问题，提出检修项目和意见；能配合现场设备管道检修、试车及竣工验收。 3. 质量分析控制能力：能按物料平衡和热平衡知识对本岗位各质量指标进行调整和控制；能对出现的质量问题提出分析意见和调整建议；能根据原料变化情况进行负荷调整。 4. 有较强的技术革新能力，有效提高设备及工序效率、产品合格品率、能源效率，降低能源消耗及生产成本

（二）能力评价

集团三厂根据员工退休、离职等原因导致的岗位空缺及时进行调配补充。员工调配时，人力资源部在全厂范围内公开岗位说明书及调配员工数量，由员工主动选择报名参加。对所有参加报名的人员按照岗位说明书要求的任职资格进行评价，将最符合要求的人员调配到相应的岗位，上岗前对其进行必要的转岗培训，考评合格后上岗。

每年年底，人力资源部下达员工能力评价通知，按照岗位说明书的要求，从职责、工作标准、知识及能力要求等四个方面编制员工能力评价表（表5-3），由各部门、车间分别对本单位的员工进行能力评价，厂领导负责对各部门、车间的负责人进行评价。评价结果作为评选先进工作者的依据之一，同时也是进行薪酬调整的依据之一。

表 5-3　员工能力评价表

单　位：　　　　　　　　　　　　年　月　日

姓　名	评价项目	职责履行情况	工作标准达标情况	知识要求的满足情况	能力要求的符合情况	综合得分
	分　值	20	20	30	30	100

部门负责人：　　　　　　　　制　表：

（三）员工培训

集团三厂的员工培训需求主要来自：

（1）集团公司年度培训计划；

（2）本厂上年度员工评价结果；

（3）《节约能源法》等法律法规要求需开展的培训；

（4）企业 QHSE 及 En 管理体系运行的要求；

（5）本厂对员工技能及知识持续提升的要求。

集团公司的员工培训遵循“统一管理、分级负责、分层实施”的原则，分为 A、B、C 三类，其中，A 类培训（集团公司层面的培训，即到车间主任、班组长的培训）由培训学院牵头实施，B 类培训（集团公司各职能部门组织的培训）由集团公司各职能部门负责，C 类培训由各生产厂自己组织实施。

每年 10 月份，集团三厂人力资源部向各部门、生产车间发放培训需求调查表，将各单位反馈的调查结果进行汇总，按照培训类别编制形成本厂的培训计划，报请分管副厂长批准后发布。

（1）操作工年度业务培训是每年都要实施的培训，如操作工年度业务培训安排（表 5-4）。

表 5-4　丁辛醇车间操作工年度业务培训安排表

序号	培训班名称	参加人员	培训时间	责任单位
1	煤造气装置关键岗位操作培训班	气体联合车间操作工	一季度	气体联合车间
2	QHSE 及 En 管理体系培训班	气体联合车间操作工	一、二季度	气体联合车间
3	职业技能鉴定仿真模拟培训班	气体联合车间操作工	三季度	气体联合车间
4	设备综合知识培训班	气体联合车间操作工	四季度	气体联合车间
5	丁辛醇装置关键岗位操作培训班	丁辛醇车间操作工	一季度	丁辛醇车间
6	采制样岗位培训班	采制样岗位人员	一季度	原料车间
7	技能鉴定考前培训班（燃料值班员）	参加技能鉴定人员	三季度	原料车间
8	管廊巡检岗位培训班	管网岗位人员	四季度	原料车间
⋮	⋮	⋮	⋮	⋮

（2）导师带徒是岗位业务提高的保证。根据车间指定或师徒双向选择的方式确立师徒关系，签订师徒协议，明确师徒双方职责，确定各阶段学习内容、应知、应会和具体实施方法，每季度导师应组织徒弟进行一次应知应会考试，人力资源部用“导师带徒笔记本”的方式，检查学习进度及质量。

（3）岗位人员的资格认证。集团三厂的特殊工种主要包括电工、司炉工、起重工、厂内机动车驾驶员、压力容器操作工等，根据各类资格证的有效期，本厂都会安排考前培训，以确保这些人员能够保持相应的职业资格。

本厂为了保证培训效果，提高员工参与培训的积极性，制定了一系列激励政策，包括：

（1）将培训工作作为员工年度综合评价的重要依据；

（2）以考试次月月度奖金的 10% ~20% 作为岗位培训练兵考试考核的奖励，依照员工成绩分档次发放；

（3）将参加培训的情况作为评选技术标兵、技术能手的重要依据，并给予一次性的物质奖励；

（4）将培训作为员工评先评优、专业技术人员优先评聘技术职称和技能操作人员优先参加职业技能鉴定的重要依据；

（5）优先组织安排培训练兵先进个人外出参加高层次的培训学习；

（6）将培训作为员工竞聘上岗和人力资源优化工作的重要依据。

四、实施效果

按照能源管理体系建设要求，加强人力资源管理，能够有效调动员工参与培训、提升自身业务技术素质的积极性和创造性，持续更新员工的专业知识和技能，有利于全面推动企业的可持续发展。

集团三厂能源管理体系运行一年多以来，三套主要生产装置的能源绩效有了显著改善（表 5-5），取得了显著的节能效果。

表 5-5　主要生产装置的单位产品燃动能耗　(kgEO/t)

序 号	装置名称	EnMS 建立前	EnMS 建立后	指标变化情况
1	丁辛醇装置	322.57	280.29	降低 13.1%
2	辛醇异丁醛装置	200.54	175.19	降低 12.6%
3	气体联合装置	104.85	97.40	降低 7.1%

(1) 提升了员工业务技术素质。通过加强人力资源管理，使员工的业务技术素质得到了有效提升，培养了一批“一岗多能”和“一专多能”的员工，具备跨岗位、跨专业流动的条件，从很大程度上缓解了装置规模不断扩大与人手相对不足的矛盾。

(2) 科技创新取得长足进步，全面提升了企业效益。人力资源管理的不断加强，增强了员工的责任感、压力感和爱岗敬业意识，提高了员工的工作积极性、主动性和创造性。体系运行以来，涌现出了大批技术骨干和管理人才，在节能技术创新和管理创新方面发挥了重要的作用，企业能源绩效指标有了新的提升，取得了显著的经济效益。

(3) 提高了全厂性能源事故的快速反应能力。能源管理体系的建立、实施，进一步完善了能源信息采集系统，使调度人员能够实时掌握系统运行情况：系统运行的是否正常、运行状态是否安全稳定、能源调度分配是否合理等，并能在需要时及时采取调度措施，使系统尽可能运行在最佳状态。尤其是发生异常和事故时，能够使调度人员及时采取有效的应对措施，迅速恢复和保持煤气、氧气、蒸汽等系统的平衡，限制故障范围的进一步扩大，并有效恢复系统的正常运行。

五、案例点评

案例将 GB/T 23331—2012 标准 4.5.2 的要求与集团三厂人力资源管理的特点相结合，介绍了与主要能源使用相关的人员的任职资格确定、培训计划的制定与实施，取得了显著的效果。

案例对相关行业企业实施人力资源管理具有较强的借鉴意义。

第二节　以考工晋级为抓手提高员工技术能力

一、案例背景

无论是能源管理体系还是其他管理体系对人力资源管理思路都是相近的。GB/T 23331—2013 标准要求：组织应确保与主要能源使用相关的人员具有基于相应教育、培训、技能或经验的能力，无论这些人员是为组织或代表组织工作。组织应识别与主要能源使用及与能源管理体系运行控制有关的培训需求，并提供培训或采取其他措施来满足这些需求。

在实际管理中，如何确定各岗位的要求？对同一个岗位不同能力的员工如何鉴别？各岗位、各级别员工如何流动？采用什么方式提高相关人员应具备的各项能力？如何将能源管理有关要求直接融入到一线员工的实际操作中，让体系的运行更接地气？这些都是困扰企业尤其是大型生产型集团企业的问题。

二、企业简介

某公司始建于1987年，是山东省重点国有大型企业之一，现有员工5000多人，总资产11.3亿元，其中固定资产7亿元，占地面积100万平方米。公司主导产品有高标准汽油、柴油、石油液化气、混合芳烃、丙烷、丙烯、沥青、石油焦、烧碱、盐酸、次氯酸钠、液氯、电力等。

该公司下设14个管理部、11个二级单位，各二级单位又设10多个对应部门。鉴于公司庞大人力资源工作的需求，公司一直探索适合自己的人力资源管理改革。经过近两年的调查、学习与研究，公司于2013年连续下发《任职资格控制程序》及《员工岗位晋级管理标准》《员工岗位晋级任职资格管理标准》《员工考工晋级管理标准》等配套标准文件，正式启动"员工岗位、考工晋级管理模式"。该案例通过介绍该管理模式，有效解决了上述提到的问题，为实际一线员工的人力资源管理提供了思路。

三、案例实施

任何一个企业的岗位大致都可以分为直接从事生产技术管理及一线操作人员（一线工作岗）和内部管理岗两大类。本案例重点介绍针对一线工作岗的员工实施的员工考工晋级管理模式。

员工考工晋级管理，即是企业管理者对本企业生产、维修、建筑、安装、防腐、服务类（开票、司机等）等工种技术等级考试、考评与鉴定的过程。

（一）确定工种及相关级别

根据公司实际情况，将涉及的工种进行合理分类，最终确定了39个工种类别，例如制氢装置操作工、加氢装置操作工、焦化装置操作工、常减压装置操作工、催化装置操作工、气分装置操作工、聚丙烯装置操作工、MTBE装置操作工、液化气站操作工等，每工种均分为6个能力等级，并规定由该工种主管单位或部门编制工作标准。

（二）制定各操作工工种技术等级分级标准

结合各相关法规及标准要求，根据各工种实际工作中的要求，制定了详细的技术等级分级标准（表5-6为制氢装置操作工工种技术等级分级标准），明确不同级别对技能及知识要求的提高，确保具有很强的操作性和参考性。该部分内容是考工晋级管理模式的核心。

表5-6　制氢装置操作工工种技术等级分级标准

1. 初级工标准			
职业功能	工作内容	技能要求	相关知识
工艺操作	准备开车	（1）能根据指令执行简单开车流程； （2）能使用开车所需工器具； （3）能使用蒸汽、氮气、水和风等介质； （4）能完成排污、脱水等操作，能配合油品采样； （5）能协助完成装置气密、吹扫、加热炉点火等操作； （6）能投用蒸汽伴热线； （7）能增、减火嘴数量，调节炉温、炉膛负压、烟气氧含量	（1）装置流程； （2）原料、产品及公用工程介质的物理、化学性质； （3）岗位操作法； （4）装置开车吹扫、气密方案； （5）油品及烟气采样注意事项； （6）加热炉火嘴的类型和结构

续表 5-6

1. 初级工标准

职业功能	工作内容	技能要求	相关知识
工艺操作	开车操作	(1) 能改通开车冷氮循环流程； (2) 能完成除转化炉外各反应器的催化剂装卸； (3) 能完成装置一般化学药剂的加入操作； (4) 能切换真空泵	(1) 炉膛内测温点的分布； (2) 装置一般化学药剂的名称和作用
	正常操作	(1) 能完成日常的巡回检查； (2) 能规范填写相关记录； (3) 能改动常用工艺流程； (4) 能发现异常工况并汇报处理； (5) 能检查核对现场压力、温度、液（界）位、阀位等； (6) 能改控制阀副线； (7) 能投用炉管除灰系统设施	(1) 巡检内容及制度； (2) 工艺指标； (3) 加热炉除灰系统操作步骤
	停车操作	(1) 能按指令吹扫简单的工艺系统； (2) 能停运简单动、静设备； (3) 能灭加热炉火嘴； (4) 能够使用装置配备的各类安全防护器材	(1) 安全、环保、消防器材使用知识； (2) 吹扫方案； (3)"三废"排放标准
设备使用与维护	使用设备	(1) 能根据工艺要求调节阀门开度； (2) 能开、停离心泵等简单动设备； (3) 能操作空冷器等冷换设备； (4) 能投用液位计、安全阀、压力表等； (5) 能看懂设备铭牌； (6) 能使用硫化氢、可燃气体报警仪； (7) 能投用疏水器； (8) 能合理调节加热炉油门、气门、风门和烟道； (9) 能操作溶液过滤器； (10) 能维护转化炉火嘴； (11) 能操作鼓风机、引风机	(1) 不同型号阀门结构、性能、特点； (2) 泵的类型结构、原理、性能； (3) 液位计、安全阀、压力表等的使用知识； (4) 硫化氢、可燃气体报警仪操作说明； (5) 机械过滤器原理； (6) 火嘴维护常识
	维护设备	(1) 能完成机、泵的盘车操作； (2) 能添加和更换机、泵的润滑油、润滑脂； (3) 能完成设备、管线日常检修的监护工作； (4) 能做好机泵、管线的防冻防凝工作； (5) 能更换阀门盘根； (6) 能确认机泵检修的隔离和动火条件； (7) 能更换压力表、温度计和液位计等	(1) 设备常用润滑油（脂）的规格、品种和使用规定； (2) 机泵的润滑知识； (3) 机泵盘车规定； (4) 防冻防凝方案
事故判断与处理	判断事故	(1) 能判断现场机泵、管线、法兰泄漏等一般事故； (2) 能发现主要运行设备超温、超压、超电流等异常现象	(1) 设备运行参数； (2) 装置生产特点及危害性
	处理事故	(1) 能使用消防器材扑灭初起火灾； (2) 能使用气防器材进行急救和自救； (3) 能处理简单跑、冒、滴、漏事故； (4) 能报火警，打急救电话； (5) 能协助处理装置停原料、水、蒸汽、电、风、燃料等各类突发事故，能处理普通离心泵的抽空、泄漏事故； (6) 能处理界位、液位等仪表指示失灵事故； (7) 能处理转化炉火嘴回火事故； (8) 能处理加药泵抽空事故	(1) 跑、冒、滴、漏事故处理方法； (2) 消防、气防知识； (3) 消防、气防报警程序； (4) 现场急救知识； (5) 机泵密封知识； (6) 液位计、界位计测量原理； (7) 燃烧的基本原理； (8) 计量泵原理

续表 5-6

1. 初级工标准

职业功能	工作内容	技能要求	相关知识
绘图与计算	绘图	（1）能绘制本岗位工艺流程图和装置原则流程图； （2）识读设备简图	绘图方法
	计算	（1）能完成常用单位的换算； （2）能计算化工助剂的加入量	常用单位换算知识

2. 中级工标准

职业功能	工作内容	技能要求	相关知识
工艺操作	准备开车	（1）能引水、汽、风等介质进装置； （2）能改开车流程； （3）能做好系统隔离操作； （4）能完成加热炉点火操作； （5）能配合仪表工对连锁、控制阀阀位进行确认； （6）能看懂化验单内容； （7）能投用空气预热器，开、停鼓风机、引风机	（1）全装置工艺流程； （2）开车方案； （3）系统隔离注意事项； （4）一般工艺、设备连锁知识； （5）空气预热器投用方法
	开车操作	（1）能装、卸转化催化剂； （2）能完成净化系统的动、静钝化操作（或完成氢提浓系统的开车操作）； （3）能完成废热锅炉系统的上水与排空操作； （4）能改通装置各种催化剂还原流程	（1）转化催化剂的装填规定； （2）净化系统的腐蚀、防腐机理； （3）氢提浓原理； （4）废热锅炉系统流程； （5）催化剂还原流程
	正常操作	（1）能配制与加入常用助剂； （2）能完成产品质量的调节； （3）能运用常规仪表、DCS 操作站对工艺参数进行常规调节	（1）常规仪表知识； （2）DCS 操作一般知识； （3）常用助剂的性质与作用
	停车操作	（1）能完成降温降量操作； （2）能停用大型机泵； （3）能停用加热炉； （4）能配合完成炉管烧焦的配风、配汽操作； （5）能置换、退净设备、管道内的物料并完成吹扫工作	（1）炉管烧焦原理及方案； （2）停车方案
设备使用与维护	使用设备	（1）能开、停、切换常用机泵等设备； （2）能使用测速、测振、测温等仪器； （3）能完成重油、热油泵的预热及相关操作； （4）能投用塔、罐、反应器、加热炉等设备； （5）能操作往复式压缩机； （6）能完成大型机组润滑油泵的切换操作； （7）能操作多级泵和溶液泵； （8）能操作计量泵； （9）能操作转化催化剂装填的相关设备	（1）机泵的操作方法； （2）机泵预热要点； （3）测速、测振、测温等仪器使用； （4）加热炉操作法； （5）大型机组润滑油泵切换注意事项； （6）往复式压缩机开停步骤； （7）机械密封水冲洗原理； （8）计量泵原理及操作法； （9）转化炉管压降测量原理及方法
	维护设备	（1）能完成一般的更换垫片、堵漏、拆装盲板等操作； （2）能完成机组检修前后的氮气置换操作； （3）能判断机泵运行故障并作相应的处理； （4）能做好设备的润滑工作； （5）能对机泵、加热炉、阀门等进行常规维护保养	（1）设备完好标准； （2）设备密封知识； （3）润滑油管理制度

续表 5-6

2. 中级工标准

职业功能	工作内容	技能要求	相关知识
事故判断与处理	判断事故	(1) 能现场判断阀门、机泵、加热炉等运行常见故障; (2) 能判断反应器、罐、冷换设备等压力容器的泄漏事故; (3) 能判断冲塔、窜油等常见故障; (4) 能判断一般性着火事故的原因; (5) 能判断一般产品质量事故	(1) 冷换设备等压力容器的结构及使用条件; (2) 阀门、机泵常见故障判断方法
	处理事故	(1) 能按指令处理装置停原料、水、电、气、风、蒸汽、燃料等突发事故; (2) 能处理加热炉、机泵等常见设备故障; (3) 能完成紧急停机、停炉操作; (4) 能处理冲塔、窜油等事故; (5) 能处理装置一般性着火事故; (6) 能处理 CO、H_2S 等中毒事故; (7) 能协助处理仪表、电气事故; (8) 能处理一般产品质量事故; (9) 能处理中压蒸汽系统事故; (10) 能处理氢气净化系统事故; (11) 能处理转化炉引风机故障引起的事故; (12) 能处理氢气轻微泄漏事故; (13) 能处理压缩机跳车事故	(1) CO、H_2S 中毒机理及救护知识; (2) 仪表、电气一般知识; (3) 紧急停车方案; (4) 锅炉、蒸汽包的工作原理
绘图与计算	绘图	(1) 能绘制装置工艺流程图; (2) 能识读设备结构简图; (3) 能绘制能流图	设备简图知识
	计算	(1) 能计算转化率、收率、空速、回流比等; (2) 能完成班组经济核算; (3) 能完成简单物料平衡计算	(1) 转化率、收率、空速、回流比等基本概念、意义; (2) 班组经济核算方法; (3) 物料平衡计算方法; (4) 设备经济运行分析

3. 高级工标准

职业功能	工作内容	技能要求	相关知识
工艺操作	准备开车	(1) 能引入燃料、原料等开车介质; (2) 能安排开车流程的更改; (3) 能完成装置开车吹扫、气密等操作; (4) 能投用和切除工艺连锁; (5) 能完成化工原材料的准备工作	(1) 工艺连锁操作法; (2) 清洁生产基本知识
	开车操作	(1) 能完成各种催化剂的还原操作; (2) 能对检修后的转化炉进行烘炉操作; (3) 能对废热锅炉系统进行煮炉操作; (4) 能完成投料操作	(1) 催化剂的还原条件及操作方法; (2) 烘炉、煮炉的操作方法; (3) 水碳比、水氢比、净化度的计算方法和控制原则; (4) 装置投料条件
	正常操作	(1) 能操作常规仪表、DCS 操作站; (2) 能根据原料性质的变化调节工艺参数; (3) 能根据分析结果控制产品质量; (4) 能处理各种扰动引起的工艺波动; (5) 能调节 P、I、D 参数; (6) 能投用连锁系统; (7) 能协调各岗位的操作	(1) DCS 操作知识; (2) 产品质量标准; (3) APC (先进过程控制) 基本知识; (4) 仪表 P、I、D 知识

续表 5-6

3. 高级工标准

职业功能	工作内容	技能要求	相关知识
工艺操作	停车操作	（1）能完成停车装置的吹扫工作； （2）能判断炉管结焦并能完成炉管烧焦操作； （3）能按标准验收已吹扫完毕的设备、管道； （4）能完成防硫化亚铁自燃的钝化操作； （5）能通过常规仪表、DCS 操作站控制停车速度	（1）炉管烧焦操作步骤； （2）硫化亚铁钝化原理
设备使用与维护	使用设备	（1）能运用三冲量调节系统对废热锅炉进行控制； （2）能调整转化炉的操作； （3）能操作离心式压缩机	（1）三冲量调节原理； （2）轻油或气体制氢转化反应机理； （3）离心式压缩机及结构原理
	维护设备	（1）能根据设备运行情况提出维护措施； （2）能配合验收检修后动、静设备； （3）能做好一般设备、管线交出检修前的安全确认工作	（1）设备维护保养制度； （2）关键设备特级维护制度要点； （3）设备验收知识
事故判断与处理	判断事故	（1）能根据操作参效、分析数据判断质量事故； （2）能判断大型机组运行故障； （3）能判断各类仪表故障； （4）能及时发现事故隐患； （5）能判断冷换设备故障	大型机组结构及故障产生原因
	处理事故	（1）能处理因仪表（包括 DCS）故障、连锁引起的事故； （2）能针对装置异常程度提出开、停建议； （3）能处理产品质量事故； （4）能提出消除事故隐患的建议； （5）能处理冷换设备内漏引起的事故； （6）能处理原料中断事故； （7）能处理固定床反应器床层飞温事故； （8）能处理配汽中断事故； （9）能处理催化剂失活事故； （10）能处理氢提浓程控阀故障	（1）工艺配管单线图知识； （2）仪表连锁图； （3）事故等级分类标准； （4）制氢装置事故处理原则
绘图与计算	绘图	（1）能识读仪表连锁图； （2）能绘制设备结构简图； （3）能绘制工艺配管单线图	（1）工艺配管单线图知识； （2）仪表连锁图知识
	计算	（1）能完成简单热量平衡计算； （2）能完成经济核算分析； （3）能查油品数据图表； （4）能源损失计算	（1）热量平衡计算方法； （2）对使用能源进行监测计算、经济运行分析
培训与指导		（1）能指导初、中级操作人员进行操作； （2）能协助培训初、中级操作人员	培训基础知识

4. 技师标准

职业功能	工作内容	技能要求	相关知识
工艺操作	准备开车	（1）能完成开车流程的确认工作； （2）能完成开车化工原材料的准备工作； （3）能按进度组织完成开车盲板的拆装操作； （4）能组织做好装置开车介质的引入工作； （5）能组织完成装置自修项目的验收； （6）能按开车网络计划要求，组织完成装置吹扫、试漏工作； （7）能参与装置开车条件的确认工作	（1）流程确认要求； （2）安全环保的有关制度

续表5-6

4. 技师标准

职业功能	工作内容	技能要求	相关知识
工艺操作	开车操作	能组织加氢催化剂的硫化、低变催化剂的还原操作	催化剂还原原理
	正常操作	(1) 能优化操作工况，降低装置物耗、能耗； (2) 能指导装置的日常操作； (3) 能独立处理和解决技术难题； (4) 能根据上下游装置重大工况变化提出本装置的处理方案	(1) 装置历年主要技术改造情况； (2) 工艺指标、产品质量指标的制定依据
	停车操作	(1) 能组织完成装置停车吹扫工作； (2) 能按进度组织完成停车盲板的拆装工作； (3) 能组织完成装置自修项目的验收； (4) 能控制并降低停车过程中的物耗、能耗	自修项目验收标准
设备使用与维护	使用设备	(1) 能处理复杂的设备故障； (2) 能组织设备的验收工作； (3) 能提出设备大修和改进意见； (4) 能落实设备的防冻防凝、防腐蚀等技术措施； (5) 能检查确认转化炉炉管安装情况； (6) 能检查确认废热锅炉系统内； (7) 能组织调试氢提浓系统	(1) 设备验收标准； (2) 设备检修内容、技术要求； (3) 转化炉的结构； (4) 废热锅炉系统的结构； (5) 氢提浓系统运行程序
	维护设备	(1) 能根据装置特点提出设备防腐措施； (2) 能根据设备运行中存在的问题提出大、中修项目及改进措施，并参与编制设备大修计划； (3) 能参与制定设备维护保养制度； (4) 能组织完成硫化亚铁钝化技术的实施工作； (5) 能检查确认紧急停车系统运行系统	(1) 设备大、中修规范； (2) 设备防腐知识； (3) 硫化亚铁钝化技术； (4) 紧急停车系统原理及操作法
事故判断与处理	判断事故	(1) 能判断复杂事故； (2) 能组织复杂事故应急预案的演练	反事故演习方案
	处理事故	(1) 能针对装置发生的各类事故分析原因，提出预防措施； (2) 能在紧急情况下采取果断措施，防止事故扩大； (3) 能指挥处理转化炉炉管结焦、破裂等复杂事故	转化炉事故处理原则
绘图与计算	绘图	(1) 能绘制技术改进简图； (2) 能试读一般零件图	(1) 装置设计资料； (2) 零件图知识
	计算	能完成一般的热量平衡和传质计算	(1) 用能设备能量平衡测算方法； (2) 独立开展企业能源审计
管理	质量控制	(1) 能组织QC小组开展质量攻关活动； (2) 能按质量管理体系要求指导生产	(1) 全面质量管理方法； (2) 质量管理体系运行要求
	生产管理	(1) 能组织、指导班组进行经济核算和经济活动分析； (2) 能应用统计技术对生产工况进行分析； (3) 参与装置的标定工作	(1) 工艺技术管理规定； (2) 统计基础知识； (3) 综合能耗计算及分析
	编写技术文件	(1) 能撰写生产技术总结； (2) 能参与编写装置开、停车方案	(1) 技术总结撰写方法； (2) 装置开、停车方案编写方法
	技术改进	能参与技措、技改项目的实施	国内同类装置常用技术应用信息
培训与指导		(1) 能培训初、中、高级操作人员； (2) 能传授特有的操作经验和技能	教案编写方法

续表 5-6

5. 高级技师标准

职业功能	工作内容	技能要求	相关知识
工艺操作	准备开车	（1）能编制、审核开车方案及网络计划； （2）能组织确定装置开车条件	开、停车网络计划及方案的编写、审核要求
	开车操作	（1）能指挥新装置开车； （2）能指导同类装置的试车、投产工作	
	正常操作	（1）能解决同类装置的工艺技术难题； （2）能对生产工况进行指导优化	
	停车操作	能指导同类装置停车检修计划	
设备使用与维护	使用设备	（1）能分析各类设备的使用情况并提出操作改进意见； （2）能对设备的安装、调试提出建议	（1）设备安装、调试的有关知识； （2）各类设备腐蚀机理及防腐措施
	维护设备	（1）能根据原料和工艺条件的变化提出装置防腐措施； （2）能完成重要设备、管线等工况安全的确认工作	
事故判断与处理	判断事故	（1）能判断并处理工艺、设备等疑难故障； （2）能对国内外同类装置的事故原因进行分析	同类装置事故典型案例
绘图与计算	绘图	能参与审定技术改造图	工艺设计规范
	计算	能完成较复杂的热量平衡和传质传热计算	
管理	质量控制	能提出产品质量的改进方案并组织实施	质量管理知识
	生产管理	（1）能组织实施节能降耗措施； （2）能参与装置经济活动分析	
	编写技术文件	（1）能撰写技术论文； （2）能参与制定各类生产方案； （3）能参与制定岗位操作法和工艺技术规程； （4）能参与编制装置标定方案； （5）能参与编制重大、复杂的事故处理预案	（1）技术论文撰写方法； （2）标定报告、技术规程等编写格式
	技术改进	（1）能组织技术改造和技术革新； （2）能参与重大技术改造方案的审定	国内外同类装置工艺、设备、自动化控制等方面的技术
培训与指导		（1）能系统讲授本职业相应模块的基本知识，并能指导学员的实际操作； （2）能制订本职业相应模块的培训班教学计划、大纲； （3）能合理安排教学内容，选择适当的教学方式	培训计划、大纲的编写方法

（三）规定所有考工任职要求及申报条件、晋级比例要求

公司对不同级别的员工都规定了相应的申报条件。

（1）初级工申报条件：

大专以上学历，在本工种岗位工作满 1 年；大专以下（含大专）学历，在本工种岗位工作满 2 年。

（2）中级工申报条件：

1）取得国家承认的本岗位中级技能证书（职业资格四级）、助理工程师职称证书或

获得国家级技能竞赛优秀奖以上名次，省级技能竞赛前三等奖的选手；大专以上学历，工作满 2 年，取得本工种《初级工技术等级证书》1 年以上。

2）大专（含大专）以下学历，工作年限需满 3 年，取得本工种《初级工技术等级证书》2 年以上。

3）需带出 2 名合格的初级工。

4）每个工种通过比例不高于 90%。

（3）高级工申报条件：

1）取得国家承认的本岗位高级技能证书（职业资格三级）或工程师职称证书。

2）大专以上学历，工作满 5 年以上，取得本工种《中级工技术等级证书》2 年以上；大专（含大专）以下学历，工作年限满 7 年，取得本工种《中级工技术等级证书》4 年以上。

3）需带出 2 名合格的中级工。

4）每个工种通过比例不高于 60%。

（4）技师申报条件：

1）本工种设有技师等级，需取得国家承认的本岗位技师技能证书（职业资格二级）或副高级工程师职称证书。

2）大专以上学历，工作年限满 10 年，取得《高级工技术等级证书》3 年以上；大专学历，工作年限满 15 年，取得《高级工技术等级证书》5 年以上；高中学历，工作年限满 20 年，取得《高级工技术等级证书》7 年以上。

3）2 万字以上本工种学术论文在石化类大学内部刊物发表或在石化大学大讲堂授课 10 课时并由石化大学评审合格。

4）带出 1 名合格的高级工。

5）每个工种通过比例不高于 20%。

6）取得市首席技师荣誉称号者并满足(3)可直接申报。

（5）高级技师申报条件：

1）取得国家承认的本岗位高级技师技能证书（职业资格一级）、高级工程师职称证书或省首席技师荣誉称号。

2）本工种设有高级技师等级，工作年限满 20 年，取得《技师资格证书》5 年以上。

3）3 万字以上本工种学术论文在石化大学内部刊物发表或在石化大学大讲堂授课 20 课时并由石化大学评议合格。

4）需带出 1 名合格的技师。

5）每年晋升不多于 2 人。

6）取得省首席技师荣誉称号者满足（3）与（4）可申请直接申报。

（四）制定考工晋级规划

人力资源部根据各级单位、各岗位需求，确定年度考试（考核）计划、考试（考核）工种、级别、时间，并通知集团有关人员。每年举行考试考核 1 次，每人每年只能申报 1 次。

（五）建立了工种分级试题库

试题库根据分级标准中的相关知识点、技能要求编写。理论知识试题库应包括行业、企业、职业通用理论试题（由专业管理部室和基层技术人员编写）和工种理论试题（工种所在基层单位负责编写）。分级建立理论知识试题库和实际操作技能试题库，技师（5级）和高级技师（6级）试题库可以合并，其他全部分别建库。考试分为理论考试、技能操作考试两项，均采用百分制。

（六）规范考工晋级考试流程管理

集团各单位根据集团考试计划，组织本单位人员报名。并对报名人员进行资格初审，符合条件者按规定格式编制成册并录入数据库，连同照片一起报人力资源部。

人力资源部安排所需考场、设备，签发准考证，提取或组织编写试题，制作试卷，组成临时考评组，对符合条件的报名人员进行考核（考试）。

人力资源部组织考评员、监考员，按标准实施考核，直接组织理论考试的监考、评分，以及实际操作考试的监考、评分、论文答辩等工作。

人力资源部对员工考工晋级结果登记、汇总、复查确认，报分管领导审核、总裁批准后公布。

（七）规定各级别工种对应的工资标准

初级工到高级技师之间，标准工资等级递增明显，部分岗位的高级工、技师等高级别技术人员工资可以与公司经理级持平。由于涉及企业隐私，本部分内容不予介绍。

（八）建立监督检查机制

中级工、高级工、技师、高级技师分别每3年、4年、5年、6年重新全部复核鉴定一次，每年进行鉴定时随机按照20%比例抽查复核，凡复核不合格者考工晋级等级降一级执行，同时监管部门对考核过程进行全过程监督，保证考核晋级的公正性，杜绝暗箱操作带来的腐败等现象。

（九）规定了其他细节，如考务人员资格、考务费、证书、申诉、记录等方面的管理，确保整个考评晋级体系顺利运转。

四、实施效果

建立并实施员工考工晋级管理后，公司人力资源管理更加合理规范，具体表现为：

（1）规划了员工技术成长路线。一线操作人员能力确认得到客观公正保障，具体操作要求得到贯彻实施，增加员工晋级的透明度，确保一线技术人员充沛。

（2）提高了一线员工对安全生产、经济运行、节能环保工作的重视程度，有利于从生产一线提高公司各项绩效。

（3）有效增加员工之间的技术交流。充分利用1带1的培训方式，高效提高培训效率，短时间提高相关的人员岗位所需的能力。

（4）全集团工薪结合较好，员工满意度普遍提高，员工流失率低于4%。

五、案例点评

因员工考工晋级管理实施时间短，集团公司不可能完全界定各个岗位、各工艺操作岗位的绝对绩效贡献值，因此部分操作工工种技术等级分级标准差距不合理或不鲜明，尚待改进。此外未考虑到特殊晋级的情况，例如提出管理改进建议并被采纳，为单位带来一定效益的员工，考虑破格提拔的可行性等。

第六章　运 行 控 制

运行控制是能源管理体系的核心要求之一。再好的策划如果没有高效的执行力作保证，结果必然是不理想的。GB/T 23331—2012 标准对运行控制的要求：

4.5.5　运行控制

组织应识别并策划与主要能源使用相关的运行和维护活动，使之与能源方针、目标、指标和能源管理实施方案一致，以确保其在规定条件下按下列方式运行：

a）建立和设置主要能源使用有效运行和维护的准则，防止因缺乏该准则而导致的能源绩效的严重偏离；

b）根据运行准则运行和维护设施、设备、系统和过程；

c）将运行控制准则适当地传达给为组织或代表组织工作的人员。

本章选择了提高锅炉燃煤锅炉热效率、降低设备故障两个案例，介绍了能源管理体系运行控制的方法，虽然方法不同，侧重点也不同，但最终的效果都还不错。

第一节　加强用能管理与控制，提高燃煤锅炉热效率

一、案例背景

公司目前使用的双锅筒水管锅炉共三台，其中 SHL10-25/400-A 型一台，SHL20-25/400-A 型二台，三台锅炉都是 20 世纪 90 年代投入使用的，至今已使用 20 余年，锅炉热效率较低，在一定程度上影响了企业的经济效益，需要采取措施加以提高。

二、企业概况

某轮胎公司始建于 1970 年，主要生产载重汽车轮胎、轻卡轮胎、农用轮胎、工程机械轮胎、特型轮胎等，目前已形成六大系列 400 多个品种规格，年产能力 120 余万套，产品畅销 70 多个国家和地区。

2013 年 12 月至 2014 年 2 月间，公司的综合能耗为 6063 吨标准煤，其中煤耗占综合能耗约 84%，电耗占综合能耗约 15%，其他能耗占综合能耗约 1%。期间实现工业总产值 29783.6 万元，产值综合能耗 203kgce/万元，能源成本占总成本比重 7.43%。

公司主要耗能种类有煤、电、水、蒸汽、氮气、过热水、压缩空气等，其中煤、电、氮气、水等能源外购，蒸汽、过热水、压缩空气等能源均为自产。

公司主要耗能设备有密炼机、压片机、挤出机、炼胶机、硫化罐、行车、开炼机、三辊压延机、锅炉、引风机等设备。主要能源使用区域有动力车间（主要消耗煤和电等）、炼胶车间（主要消耗电、循环水、蒸汽、压缩空气等）、压出车间（主要消耗电、循环水、蒸汽等）、硫化车间（主要消耗能源蒸汽、过热水、循环水、压缩空气等）。

三、案例实施

企业建立能源管理体系后，组织开展多次能源评审活动，通过评审发现锅炉热效率低，吨汽耗煤、耗电高等问题。为了解决这些问题，企业成立锅炉专业工作小组，小组成员包括原煤采购人员、储存管理人员、司炉工、设备管理人员、技术人员、生产副总等，工作小组从保证锅炉的燃煤质量、调整锅炉空气系数、合理调整运行锅炉、进行节能改造、减少汽水损失和散热损失等方面采取一系列运行控制措施，取得了较为明显的效果，锅炉热效率显著提高。

（一）保证锅炉的燃煤质量

在燃煤蒸汽锅炉运行过程中，燃烧是基础，产生蒸汽是目的，而燃烧的效果直接取决于燃煤的指标。公司确定的燃煤质量标准为低位发热量在21000kJ/kg以上、挥发分大于30%、灰熔点高于1250℃的弱黏结、颗粒适中的烟煤。为了保证采购的燃煤达到这一标准，企业制定了专门的煤炭采购程序，规范了燃煤采购过程。

（1）由供应公司制定对煤炭供应商进行评价和选择的方法，并严格按照该方法实施煤炭供应商的评价，在此基础上确定符合要求的煤炭供应商。

（2）供应公司通知初次纳入合格目录的供应商试送货，质检处按照煤炭抽样检验规则对每一批进厂的煤炭进行抽样，并送实验室进行化验，出具煤炭化验报告，按要求传递给有关部门。

（3）锅炉房将对供应商试送的煤炭进行试烧，以检查燃烧效果，试烧合格的列入正式的合格供应商名录；试烧不合格的，通知其不合格的原因，要求限期整改，整改达不到要求的供应商，将其从合格供方名单中剔除。

（4）按照公司内部每月的产品生产计划编制、下达锅炉用煤计划，计划明确燃煤的数量、质量要求（如灰分、水分、热值、含硫量等）。

（5）按照公司制定的招标采购程序和燃煤采购计划，实施招标采购。同中标的煤炭供应商签订煤炭采购合同，并按照合同要求分批进货。

（6）对入厂的燃煤进行严格计量，在燃煤的其他指标都符合的情况下，以低位发热量作为结算的依据，低位发热量能达到合同要求的按照招标价格定价结算；低位发热量能达不到合同要求的，按照一定比例降低结算价格。燃煤的其他指标，如含硫量、水分、灰分等达不到要求的，公司拒收。

（7）定期将供应商供应的煤炭数量和质量、产汽数量、用汽情况（包括总用汽量、每台锅炉产汽量、各时段用汽量等）、锅炉运行记录等进行统计、分析，检查有无异常，以确保供应、生产、使用各环节正常。

通过采取上述措施，公司采购的煤炭质量明显提高，煤炭管理、使用部门的工作量明显减小，吨煤产汽比稳步上升。

（二）合理调整锅炉运行参数

1. 合理调整锅炉的空气系数

公司采用变频器来控制鼓风机、引风机电机的转速，合理调整锅炉的空气系数，采取分段供风，合理分配供风量，炉排中间燃烧区应加大供风量，而炉排前端和后端适度减小供风量。

根据不同负荷和不同燃烧情况确定合理的供风配比，并形成一整套数据用于指导操作，保证了炉膛在一定负压的前提下，能有效延长高温烟气在炉膛中停留的时间，降低了排烟温度，提高了锅炉燃烧效率。

2. 确保锅炉处于经济运行状态

根据不同的煤质和用汽量的大小调节煤层厚度和炉排转速，使煤充分燃烧，降低灰渣中可燃物的含量。

加强锅炉的给水品质管理，保证锅炉的给水品质符合操作规范的要求，降低排污率。保持锅炉负荷、水位、汽压等参数稳定。

加强对锅炉出力率的控制（也是负荷率，控制范围70%～85%），杜绝锅炉长期满负荷或超负荷运行，从而达到节能的目的。

注：出力率是锅炉实测出力占锅炉设计出力的百分比，锅炉额定出力率是指锅炉在额定参数（压力、温度）和保证一定效率下的最大连续出力。对于蒸汽锅炉，额定出力率也称为额定蒸发量，单位为t/h；对于热水锅炉，额定出力率也就是额定产热量，单位为MW。控制锅炉出力率对能耗影响很大。研究发现新锅炉的出力率在80%～95%时，生产单位蒸汽的用煤量最少、运行成本最低；出力率在70%～85%时，用煤量相对减少，超出此范围的用煤量会相应增加；出力率在小于80%或大于95%时，用煤量会相应增加。

（三）加强锅炉维护

根据锅炉运行及使用煤质的变化情况定期清理、疏通省煤器和空气预热器，提高换热效率。

及时清理锅炉引风机风轮上的积灰，保证引风量。

提高汽水分离装置的安装和检修质量，提高汽水分离效果。

定期检查疏水门、排污门有无泄漏并及时处理，减少不必要的热量损失。

加强锅炉管道及本体保温层的维护和检修，降低锅炉的散热损失。

（四）节能改造

由于运行的3台锅炉都是燃煤链条炉排锅炉，为提高热效率，企业对给煤装置、控制系统进行了改造，并采用节能新设备对锅炉附机及相关部件进行节能改造，效果比较明显。

给煤装置改造是将斗式给煤装置改造成分层给煤装置，可以减少锅炉漏煤量，同时煤层厚度平整均匀，使炉排上方的煤充分燃烧，热效率提高。

控制系统改造包括两部分，一是采用适当的调速技术，按照锅炉负荷要求，实时调节给煤量、给水量、鼓风量、引风量等设备运行参数，大幅提高燃烧效率，降低空气系数，使锅炉长期处于良好的运行状态；二是将手动或半自动控制改造为全自动控制，对于公司负荷变化幅度比较大而且变化频繁的锅炉节能效果较好。

同时，为回收利用锅炉烟气热量，企业在锅炉烟道内安装气液热管换热器，利用烟气余热加热锅炉给水，可使锅炉烟气温度下降，给水温度上升，锅炉热效率提高。在锅炉房的外部安装一套 $140m^3$ 的蒸汽蓄热器，可在锅炉负荷减少时，将多余蒸汽导入蒸汽蓄热器内，使蒸汽在一定压力下成为高压饱和水；在供热负荷增加，锅炉蒸发量供不应求时，降低蓄热器中的压力，高压饱和水即分离为蒸汽和低压饱和水，产生的蒸汽供生产使用，能保持锅炉运行工况稳定，消除了负荷波动对锅炉燃烧和热效率的影响，热效率明显提高。

锅炉附机包括通风设备、给水与补水泵、热水循环泵、燃料处理与输送设备、出渣、除尘以及水处理设备等，这些附机的运行参数与锅炉的热效率和能耗直接相关。我们通过按照适宜的变频装置，按照锅炉的负荷需要调节鼓、引风量，维持锅炉运行在最佳状态，既可节约锅炉燃煤，又可节约风机耗电，节能效果明显。

四、实施效果

上述各项措施实施 6 个月后，经检测，锅炉的热效率提高了 6%，达到 76%；吨汽耗标准煤从原来的 182.9kgce/t 降低到 143.6kgce/t，降幅为 21.5%；吨汽耗电从原来的 15.4kW · h/t 降低到 10.63kW · h/t，降幅为 31%，详见表 6-1。

表 6-1　措施实施前后能源绩效的变化情况

序号	指　标	措施实施前	措施实施后	变化情况
1	锅炉热效率/%	70	76	+6
2	吨汽耗标准煤/kgce · t^{-1}	182.9	143.6	-39.3
3	吨汽耗电/kW · h · t^{-1}	15.4	10.63	-4.77

五、案例点评

该案例针对锅炉热效率低、吨汽耗煤、耗电量高的实际情况，结合 GB/T 23331—2012 中对于能源采购、能源管理方案、运行控制、监视和测量等要求，对锅炉进行全面的策划和规范管理，通过调整控制锅炉燃煤质量方法、优化锅炉运行参数、加强锅炉维护、实施节能改造等一系列措施，取得了明显的节能效果。

第二节　“开源 + 节流”双向驱动，增强运行有效性

一、案例背景

运行控制的有效性对于企业能源管理体系的运行效果至关重要。一般来说，运行控

制活动覆盖了企业从能源购入、贮存、加工转换、输配、使用到余能利用的全过程，需要识别和确定与主要能源使用有关的运行和维护活动（如生产线的运行、设备维护保养等），制定相应运行和维护的准则，并加以控制。但在实际工作中，按照运行和维护准则实施运行控制和维护，仍然无法避免问题的发生，给企业造成无法挽回的损失和能源浪费。

二、企业简介

某轮胎公司是一家专业的汽车轮胎研发制造企业，拥有先进的轮胎生产、研发、检测装备和专业化的技术、管理团队。公司主要使用天然橡胶、合成橡胶经过密炼、半成品部件生产、成型、硫化等工序，生产全钢载重子午线轮胎，年设计生产能力300万条。

2014年，公司能耗总量为40939tce，其中总耗电量11326×10^4kW·h，折13919tce，占年度综合能耗的34.06%；蒸汽消耗量20.93万吨，折27000tce，占年度综合能耗的65.89%；水消耗量23.11万吨，折19.87tce，占年度综合能耗的0.05%。

电力消耗工序主要是在密炼、半成品、成型、硫化、动力等，主要耗电设备是输配电设备和动力用电设备；蒸汽消耗工序主要是硫化工序，主要消耗蒸汽的设备是轮胎硫化机和除氧罐；水主要用于密炼机、挤出机、成型机、硫化机等生产设备冷却。

2014年，公司共生产轮胎285万套，产值45亿元，单位产品综合能耗235.91千克标准煤/吨轮胎，比《轮胎单位产品能源消耗限额》（GB 29449—2012）规定的全钢子午线轮胎单位产品综合能耗先进值还低17.22%。能源成本占总成本比重约为4.15%，居行业先进水平。

公司自2013年5月上旬开始建立、运行能源管理体系，先后识别能源管理方面的法律、法规和标准86项，制定能源目标、指标16项，培训体系内审员6名，识别关键能源绩效参数64项，实施重点节能项目4项，培训节能人员1000余人次。通过努力，2014年单位产品能耗较上一年度下降4.65%，实现节能2036吨标准煤。

三、案例实施

（一）完善主要能源使用有效运行和维护的准则

公司建立能源管理体系时，按照标准的要求组织实施了系统、详细的能源评审。根据能源评审发现的问题，公司能源管理团队对能源的购入、储存、加工转换、输送分配、使用、余能回用等各环节进行了重新的梳理，识别确定了与主要能源使用（包括设备、区域、实施、人员等）有关的运行和维护活动，并与公司现有的管理制度、操作规程进行了匹配。根据匹配结果，公司对采购、输入、输送、分配等缺乏制度/规程的环节，补充完善了11项制度/操作规程，同时明确了各环节的控制准则（要求）；对使用、余能回用环节19个不完善的制度进行了修订和补充，形成了完善的确保主要能源使用有效运行和维护活动的控制准则，消除了控制的空白领域和地带。

（二）推行设备设施的预知性维护

预知性维护是指对比较稳定的系统实施“过程”管理，使之不至“超出预期使用要求”而发生不必要的能源浪费，如突然停电、设备故障、跑冒滴漏等。公司从能源管理体系运行之初，就提出“改良是基础，检查是关键”的理念，这里的检查就是“过程检查”，即对正常运行和维护活动实施动态的监测、分析，从而发现问题苗头，并及时采取措施加以整改，将可能发生的问题消灭在萌芽状态。2013 年 5 月，公司设备保全部积极探索“预知性维护”，利用先进的监测设备，做好电器件热成像、压缩空气泄露、蒸汽疏水阀灵敏性等 3 项检查，做到了提前发现异常情况、及时采取措施加以解决，将能源浪费消灭在萌芽状态。

1. 电器件热成像检查

公司设备保全部安排两名设备技术员，每周利用福禄克 TI25 型热成像仪对用电设备电器件的温度进行检查，特别是对大功率设备的电缆接头、接触器等部位，各变电所配电柜、配电箱等部位、工序进行重点的、无盲点的检查，以便及时发现用电异常情况，保证用电安全，减少突然停电事故造成的能源浪费。图 6-1 是热成像监测效果图。

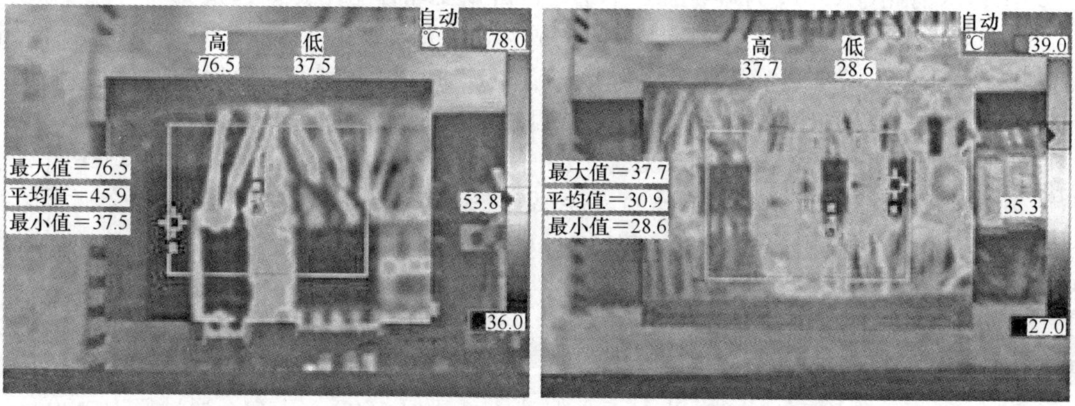

图 6-1　热成像监测效果图

因电器元件受其特殊用途的影响及安全需要，常规测温方法又不能使用，而热成像检查因采用红外技术，不与电器件直接接触，并且数据采集迅速，既安全又便捷。通过检查，能够及时发现异常点，做到提前整改、提前预防。表 6-2 是 2014 年 1 ~ 24 周的部分检测结果。

表 6-2　2014 年 1 ~ 24 周部分检测结果

检查周期	检测设备	故障位置	红外照片编号	检测温度/℃	状态描述	计划整改时间	完成时间
第 1 周	5 号挤出机	直流柜	TR003105	90.7	高	1 月 24 日	1 月 24 日
第 5 周	4 号挤出机	从机电源控制柜 B1	TR003160	71.3	中	2 月 7 日	2 月 7 日
第 10 周	12 号液压站	液压站中间继电器	IR003194	98.6	高	3 月 6 日	3 月 6 日
第 12 周	5 号挤出机	SSGJ-416 主控柜 KM3 出线	IR003724	103.2	高	3 月 25 日	3 月 24 日
第 16 周	5 号冷却架	冷却架除尘风机配电柜	IR004364	72.6	中	4 月 19 日	4 月 19 日
第 17 周	1 号挤出机	挤出机直流柜 KM2.1（R1A3）接线	IR004412	70.6	中	4 月 23 日	4 月 23 日

续表 6-2

检查周期	检测设备	故障位置	红外照片编号	检测温度/℃	状态描述	计划整改时间	完成时间
第 19 周	5 号挤出机	挤出机主控柜 2KM2. 2 出线	IR004464	108. 7	高	5 月 12 日	5 月 13 日
第 21 周	4 号密炼机	主机主控柜 A1，2KM4 进线 C 项	IR004538	76. 5	中	5 月 22 日	5 月 24 日
第 23 周	5 号冷却架	冷却架除尘风机接触器出线	IR004598	85. 9	高	6 月 15 日	6 月 11 日
第 23 周	4 号冷却架	冷却架除尘风机电源进线	IR004599	75. 7	中	6 月 15 日	6 月 11 日
第 24 周	7 号挤出机	挤出机直流柜 4Q3 风机进线中项温度	IR004632	81. 1	高	6 月 10 日	6 月 10 日

从监测结果看，电器元器件因老化、接触不良、负载过重等导致的温度偏高时有发生，而温度偏高又极易产生设备故障，影响生产正常进行和能源消耗。经统计，公司 2014 年共计检查出 555 项温度异常情况，其中重大隐患 114 项，由于及时发现了这些异常并采取了有效的预防措施，防止了设备停机、产品废品增多、能源消耗增加等现象，热成像检查的积极作用初步显现。

2. 压缩空气泄露检查

压缩空气是一种载能工质，其制作需要消耗大量电力，能源转换效率极低，且使用过程中浪费很难避免，使用效率低下等等这些都决定了压缩空气是一种“昂贵”的能源，想方设法对其进行节约，经济效益将更加明显。

公司设备保全部利用 ALS-200 型压缩空气泄漏检测仪（图 6-2），每周对不易看到、听到的压缩空气轻微泄露进行全面检查，达到节能的目的。

图 6-2 ALS-200 型压缩空气泄漏检测仪

2014 年，公司通过对压缩空气泄露检查，共计发现泄漏点 301 处，这些泄露点虽然微小，但由于大都在气动阀周围，且公司的压缩机 24h 不间断供气，长期下去泄露量惊人。而通过检查，由于发现及时，不仅及时堵住了泄漏，而且避免了泄漏的进一步扩大和不必要的能源损失，更为重要的是通过压缩空气泄漏检查，使用气车间养成“节约用气、自查自纠、杜绝浪费”的好习惯。通过近6个月的压缩空气泄漏检查，全厂压缩空气使用量下降6.5%以上，节约了大量电能。表6-3是公司2014年5月泄漏检查的部分记录。

表6-3　2014年5月压缩空气泄漏检查记录表

科室	第18周	第19周	第20周	第21周	5月累计整改完成项	累计遗留项
一科	1	2	1	0	3	（1）2号上料架手转阀无备件未整改
二科	1	2	1	1	4	1
三科	1	1	1	1	2	（2）20号成型机气缸整改不彻底
四科	2	3	2	1	7	1
五科	0	0	0	0	—	0
动力	0	0	0	0	—	0

3. 蒸汽疏水阀灵敏性检查

蒸汽疏水阀是蒸汽利用必备配件，其主要作用是对蒸汽和冷凝水起隔绝和疏通作用：在蒸汽变成冷凝水前，阀门是关闭的，起到防止蒸汽浪费的作用；在蒸汽冷凝成水并达到一定量时，阀门打开并排除多余水分，防止冷凝水堵塞管道，影响蒸汽使用。如果不能及时发现疏水阀的灵敏性状态，疏水阀就可能出现“常开”或“常闭”状态，前者造成蒸汽因过早排出而导致浪费，后者则因管路中的冷凝水积聚而使蒸汽流通受阻影响使用，导致轮胎成为废品，并同时导致能耗上升。

公司设备保全部安排设备管理人员，利用TLV疏水阀检测器每月一次对轮胎硫化机蒸汽疏水阀的灵敏性进行检查，及时检查疏水阀的工作状况，对“常闭”或“常开”的阀门及时进行维修更换，防止出现蒸汽浪费。

2014年，公司共计检查出9个阀门存在泄漏现象，由于采取了及时的整改措施，为公司节省了1000多吨蒸汽，经济效益非常明显。

四、实施效果

公司通过完善并严格执行运行和维护准则，积极推行设备设施的“预知性维护”，实现了公司能源管理“开源+节流”的双向驱动模式。自2013年5月公司能源管理体系实施以来，单位产品综合能耗持续下降，达到了创纪录的235.91千克标准煤/吨轮胎，较《轮胎单位产品能源能耗限额》（GB 29449—2012）规定的285千克标准煤/吨轮胎的先进值还低17.22%，实现了较好的经济效益和社会效益。

五、案例点评

运行控制的有效性直接关系到能源绩效，在完善并执行确保主要能源使用有效运行和维护准则的同时，积极推行预知性维护，利用先进的监测设备，对主要耗能设备、设施实施必要的检查，以便于更加方便、及时地发现问题萌芽，并在此基础上采取必要措施加以整改，形成了“开源+节流”的双向驱动模式，进一步强化了运行控制的有效性，并受到了良好的效果。

用能设备设施涉及的品种繁多，其工作环境也千差万别，预知性维护的应用范围还会受到诸多因素的影响，还需要相关专业人员不断加以研究和探索，使企业对主要能源使用运行和维护活动的控制更加科学、系统，持续提升能源管理的绩效。

第七章　从设计源头抓工业企业能效提高

GB/T 23331—2012 标准对于设计的要求是这样的：

4.5.6　设计

组织在新建和改进设施、设备、系统和过程的设计，并对能源绩效具有重大影响的情况下，应考虑能源绩效改进的机会及运行控制。

适当时，能源绩效评价的结果应纳入相关项目的规范、设计和采购活动中。

企业新建或改进设施、设备、系统及过程（简称为项目）时，如果这些新建及改进项目对企业能源绩效有重大影响，就应在设计过程中充分考虑能源绩效改进的机会，以及运行控制的要求（及其变化的要求）。换句话说，通过对这类项目设计环节的控制，积极应用最佳节能实践、节能技术，从而改进能源绩效。这是一种事半功倍的措施。

实际工作中，很多企业由于对设计环节不专业，往往会忽略利用设计来实现能源绩效的改进。本章选取一个煤化工企业利用设计提升能源绩效的案例，实现了显著的节能效益。

一、案例背景

在纳入全国万家企业名单的16078家重点用能单位中，工业企业占14641家，能源消耗占全国能源消费总量的60%左右，可见工业企业是节能的重点。近年来，随着国家各项节能法律、法规、政策和标准的出台，企业在节能方面的压力也越来越大，使得企业不得不研究和挖掘新的节能潜力，进行节能改造、技术革新，但是相对于已建成装置、系统的节能降耗工作，设计阶段能量平衡分析、节能技术应用往往被忽略。目前企业在项目设计方面基本执行上级有关项目设计规定，如原化工部制定的《化工建设项目初步设计审查管理办法》第十四条规定："要降低能耗，进行能量的分级和综合利用，实现能量有效转换。要节约用水，减少直流水用量，提高水的循环利用率。"在设计优化管理方面遵循着以下程序：

可研报告 → 初步设计 → 设计审查 → 设计变更 → 详细设计 → 施工图会审 → 项目施工

产品的工艺路线、装置的技术水平在设计阶段就已经确定下来了，这就意味着单位产品的能耗水平也基本确定，因此决定装置能源利用效率的关键在于设计。设计阶段，应进行充分的论证和评审，考虑现有技术条件、原材料保障等因素，优化解决各个环节资源、能源问题，可以最大限度实现资源能源节约，从源头减少能源消耗。

二、企业简介

某股份公司是发展中的现代煤化工企业，现有总资产111亿元，员工3550人，产品涉及化肥、化工、热电、气体四大系列。企业于2012年建立了能源管理体系，并于2013年6月通过了能源管理体系认证，体系覆盖范围为10万吨/年间歇造气工艺液体无水氨、170万吨/年水煤浆气化液体无水氨、180万吨/年尿素、1万吨/年工业三聚氰胺、38万吨/年工业用甲醇、26万吨/年工业用混甲胺、27万吨/年工业用二甲基甲酰胺（简称DMF）、50万吨/年工业用冰乙酸、2.8万吨/年工业乙酸酐生产系统及辅助附属生产系统。

公司以煤为源头，生产合成氨、甲醇以及一氧化碳等中间产品，然后以甲醇、氨、一氧化碳等为原料生产尿素、有机胺、二甲基甲酰胺、醋酸、醋酐等产品，形成一条产业链。

公司所耗能源及资源种类有：煤（烟煤、无烟煤、染料煤）、蒸汽（自产）、电（外购）、石油制品、水五大类。2013年主要消耗能源为电13.5亿千瓦时、蒸汽850万吨、水3200万吨，能源成本38亿元，能源成本占总成本的比重为48.3%。

公司的项目设计分为两类：一类是规模较小的项目，由本公司的设计院负责；另一类是规模较大的项目，委托有资质的大型设计院来完成。

公司对两类项目的可研报告、设计方案均要实施审查和评估，提出在能源绩效改进方面的意见、建议，在此基础上，项目设计单位再对可研报告、设计方案进行优化，以达到改进能源绩效的目的。

三、标准条款要求及理解

《能源管理体系要求》（GB/T 23331—2012）中的4.5.6设计规定：“组织在新建和改进设施、设备、系统和过程的设计时，并对能源绩效具有重大影响的情况下，应考虑能源绩效改进的机会及运行控制。”

标准的要求是，企业的设施、设备、系统和过程的新建、改建项目对能源绩效有重大影响时，要在设计阶段充分考虑利用改进能源绩效的机会，并对运行控制要求作出明确规定，以改进能源绩效。

2010年，国家发改委发布实施的《固定资产投资项目节能评估和审查暂行办法》，要求要根据节能法规、标准，对固定资产投资项目的能源利用是否科学合理进行分析评估，编制节能评估文件。节能评估的主要内容包括：项目是否符合国家法律、法规、产业政策、标准、节能技术政策大纲和行业节能设计规范及有关部门规定的其他内容；项目的用能总量及用能种类是否合理；项目是否采用先进节能技术，是否达到国内外能耗先进水平，是否严格执行国家明令淘汰的设备、产品目录；项目能耗指标分析；项目所采用的节能技术措施和预期达到的节能效果分析，以及项目经济效益分析等。

因此，在项目设计阶段充分考虑能源绩效改进机会，并充分加以利用是非常必要的，也是非常科学合理的。

四、案例实施

根据标准的要求，公司制定了《施工图交底和会审管理制度》（附件1）和《设计变更及变更设计管理制度》（附件 2）两项管理制度，规范了项目的节能设计，确保在设计环节充分利用能源绩效改进的机会，提高能源绩效。

（一）通过对以前类似项目的评价和分析，识别能源绩效改进机会，并在实施新项目设计时加以使用

公司建设的第一套大氮肥国产化装置，是以水煤浆为原料的大氮肥装置，设计综合能耗为 1614 千克标准煤/吨氨，但装置投入运行后，统计发现能耗高于原来的小氮肥装置能耗。经分析发现，其主要原因之一是大氮肥装置的机组都是用蒸汽来驱动的，而汽轮机的热效率并不高。后来在第二期装置的设计中，将机组由汽轮机驱动改为电机驱动，综合能耗下降到 1480 千克标准煤/吨氨。按照年产量 30 万吨合成氨计算，则每年可节约 4.02 万吨标准煤。

（二）严格设计审查，发现新的能源绩效改进机会并加以利用

在已二酸产品生产工艺中，存在没有反应完全的尾气，这种尾气主要成分是氢气和环己烷。原设计方案是将这些尾气送火炬燃烧，同时该项目还包括一台用来燃烧装置中排出的有机废碱液的废碱锅炉，其所用燃料为重油，国内十几套已二酸项目基本都是这种设计模式。

根据企业制定的《施工图交底和会审管理制度》，在例行的设计审查阶段，发现项目中废碱锅炉消耗的重油达 7000 吨/年。通过对尾气热值的核算、论证，最后确定用装置产生的可燃尾气代替重油作为废碱锅炉的燃料是完全可行的。这样，既解决了尾气送火炬燃烧带来的能源浪费问题，又避免了重油消耗，降低了能耗和生产成本，同时降低了环境污染。项目投入运行后废碱锅炉运行良好，实现了节约 10000 吨标准煤/年。

（三）新建项目选配高效节能电机

在新建项目的设计中，驱动电机的配置都是由设备加工单位来确定的。为了降低设备制造成本往往会配置能效为 3 级的老型号电机，甚至有的设备制造厂配置淘汰电机。为了防止在新建项目中出现低能效甚至淘汰电机，公司专门召开例会，要求项目建设和设备采购部门务必在设备采购合同中增加一条“本设备所用电机必须为符合国家标准的新型节能电机”。

在 2013 年公司新建的 12 万吨/年多元醇、5 万吨/年乙二醇等项目中，所使用的电机能效全部为能效 2 级以上的高效节能电机，电机容量为 15700kW。由以下公式可计算出高效电机的年节电量：

$$\Delta E = \left(\frac{1}{\eta_0} - \frac{1}{\eta_e}\right) P_{2N} H \beta$$

式中　η_0，η_e——一般电动机与高效电动机对应于负载率 β 时的效率；

P_{2N}——电动机额定功率；

H——年运行小时。

现以11kW、4极电动机为例，普通电动机的效率为0.88，高效率电动机的效率为0.91，年运行时间为4000h，负载率为0.75，于是由上式可得采用高效率电动机后，每年节电量为：

$$\Delta E = \left(\frac{1}{0.88} - \frac{1}{0.91}\right) \times 11 \times 4000 \times 0.75 = 1234\text{kW} \cdot \text{h}$$

则每千瓦电机每年可节约电能1234/11 = 112kW·h，两个新建项目每年节约电力为15700×112 = 175840kW·h。

同时根据我国《节约能源法》的相关规定，禁止使用列入国家高耗能落后机电设备（产品）淘汰目录的用能设备，否则由管理节能工作的部门责令停止使用，没收国家明令淘汰的用能设备；情节严重的，可以由管理节能工作的部门提出意见，报请本级人民政府按照国务院规定的权限责令停业整顿或者关闭。因此设计阶段选配高效电机才是最科学和明智的，如果等装置建成后再淘汰改造势必带来较大的经济损失。

（四）加强项目节能评估，改进项目设计

公司对60万吨/年硝酸项目、10万吨/年三聚氰胺项目两个项目实施了节能评估，并依据评估结果对项目的设计方案进行了调整，共实现节能量50000吨标准煤/年。

在对60万吨/年硝酸项目进行节能评估的基础上，公司对整个项目能源利用状况进行了平衡分析，做出两项重要改进，一是合成压缩机采用副产的中压蒸汽（2.5MPa）驱动，即节省了电耗，又解决了中压蒸汽富裕问题，二是采用高效节能的变频蒸发式空冷器替代传统水冷器，节水节电，这两项措施每年可节约标准煤达12000t。

在对10万吨/年三聚氰胺项目进行节能评估的基础上，公司实施了“采用热泵利用余热集中供暖”的技术改造项目，并投资5000余万元新上三台吸收式热泵，利用项目余热实现冬季供暖，每个供暖季实现节能38000吨标准煤，给企业带来很好的经济效益。

五、实施效果

通过建设运行能源管理体系，在新建和改进设施、设备、系统和过程的设计时，将考虑能源绩效改进的机会及运行控制的理念贯穿于整个设计过程，从项目可研报告、初步设计到设计审查、更改，以及项目的详细设计、施工图会审、项目实施和节能评估，各个环节都将能源绩效改进机会作为重要内容及审查标准，层层严格把关，并通过体系的运行形成节能设计的长效机制，为能源利用效率的提高从设计源头上提供了技术保障。

能源管理体系运行以来，通过对项目设计过程中有关节能机会的利用，仅2014年公司就实现了31.63万吨标准煤的节能量，取得了显著的节能及经济效益。

六、案例点评

根据《节能减排“十二五”规划》（国发〔2012〕40号），到2015年合成氨综合能耗指标要达到1350千克标准煤/吨氨。对于一套大型的合成氨自动化连续生产装置，一旦

装置设计完成并投入运行，对其实施的节能改造也只能是事倍功半，很难达到理想效果。而在设计阶段，如果能够将节能设计纳入其中，则可以达到事半功倍的效果。

因此，对照国内外各种先进成熟的节能技术，将高耗能产品的节能技术进行汇总、论证，完善设计标准和规范，融入到各大设计院的项目设计中，同时强化节能评估和审查制度，提高设计的质量和水平，避免出现对新建装置进行亡羊补牢式的节能改造，对提升工业企业的能效水平起到源头把关的作用，为工业企业今后的持续节能筑起强有力的技术支撑。

附件 1

《施工图交底和会审管理制度》

1　总则

1.1　为了使工程建设部与施工单位了解工程设计特点和设计意图，掌握工程关键部分的质量要求，保证施工质量，设计单位应依据设计合同以及设计开工会议纪要的规定，对提交业主的施工图进行系统的技术交底。

1.2　为了减少图纸的差错，将图纸中的质量隐患与问题消灭在施工之前，使施工图更符合施工现场的具体要求，避免返工浪费，在施工图设计技术交底的同时，应对设计图纸（包含设备图）进行会审。

1.3　图纸会审内容和会审程序以及问题处理原则：

（1）土建专业水泥混凝土基础施工前，设备专业应核对设备预埋地脚螺栓规格大小、露出长度、预留洞大小、定位尺寸是否与设备图纸一致。不一致的地方由设备专业向土建专业书面提出，由土建专业向设计落实后施工。

（2）成套设备订货后应及时向工艺、电气、仪表相关专业返回订货条件，有压力容器等辅机设备还需向非标设备专业返回订货图纸，以供审查。对返回的订货条件或图纸，应由反馈主导专业负责核实其准确性，即与实际订货设备的一致性，避免出开箱后才发现图纸、设备不一致的情况，为其他专业带来一系列变更。

（3）工艺专业订货时，应核对与设备接口的接管尺寸、法兰压力等级，不允许只核对管口方位图（管口方位图只是开口方向）。

（4）仪表专业订货时应核对与设备直连的压力表、温度表、液位计口的尺寸及法兰压力等级。

（5）电气专业订货时应核对电机功率大小，有电加热炉时也要复核其功率大小，以免大马拉小车，并控制柜超负荷。以上问题原则上后道工序遵循前道工序。即项目建设中，设备往往订货在前，管道、仪表接口一般要迁就和遵循设备接口尺寸大小，必须要更改时，应及时提出。未到货设备、工艺资料以相关专业返回的资料为核对依据，已到货设备、工艺资料以相关专业开箱资料或到货资料为核对依据。各专业分别对自己专业订货前后的图纸、资料一致性负责，核对技术规格书、技术协议、最终图纸或资料等各阶段图纸是否发生变动，对可能影响其他专业的资料、图纸变动部分，应及时书面汇总并写明原因，由项目经理或部门领导签字后转交相关专业，以便及时采取措施。

1.4 因为各项目的设计进度不同，各专业图纸资料的收到时间不一致，建议根据各专业的出图顺序，分专业分别推进分项专业图纸会审，会审时与其相关的专业设计人员也应审图，如相关专业暂时无图纸资料，需明确提出暂时无法提出修改意见，但是相关专业在收到自身的图纸资料后的第一时间就应与原会审专业核对相关问题，联系出具必要的设计变更。

2 设计技术交底与图纸会审的前提条件

2.1 以每“单位工程”为一项（设备专业建议以台/套定义），设计单位应提交完整的正式施工图纸；对急需的重要的分项专业图纸必要时也可提前交底与会审。

2.2 工程建设部在收到图纸资料后，应及时通知监理、施工单位以及业主（生产部门）前来领取。

2.3 在技术交底与图纸会审之前，工程建设部、生产部门、施工单位和监理单位必须事先指定主管该项目的工程技术人员对图纸进行初步审查，进行必要的核对和计算工作，必须提出书面意见（如没有意见也需书面提出），交工程建设部汇总提前一周提交设计院。

2.4 技术交底与图纸会审时，设计单位必须派负责该项目的主要设计人或了解设计情况的工地代表出席。技术交底与图纸会审由工程建设部项目经理主持，必须在项目开始施工之前完成。

3 设计技术交底与图纸会审会议组织

设计技术交底与图纸会审开会时间由工程建设部决定并通知；参加的单位及人员：工程建设部、生产部门、设计单位、设计接口单位、监理单位、施工单位的专业技术人员（分项专业图纸会审时如需要其他专业技术人员参加，需请项目经理提前通知）。

4 设计技术交底与图纸会审程序

4.1 先由设计单位介绍设计意图、工艺布置与结构设计特点、工艺要求、技术要求和有关注意事项。

4.2 各有关单位提出图纸中的疑问、存在的问题和需要解决的问题。

4.3 设计单位答疑。

4.4 针对具体问题进行研究与协商，确定解决的方案。

4.5 写出会审纪要，并经各方代表签字。

4.6 如设计人员因故无法到施工现场进行设计交底时，必要时设计院以传真回复的形式进行答复确认。

5 图纸会审重点内容

5.1 设计图纸是否经过设计单位按图纸划分等级，经各级人员正式签署。

5.2 设计图纸与说明书是否齐全，图纸内容、表达深度是否满足施工需要；设计文件所列各种标准图册是否齐全。

5.3 施工图与设备、特殊材料的技术要求是否一致；主要材料来源有无保证、能否代换；

新材料的应用是否落实。

5.4　土建结构布置与设计是否合理，是否与工程地质条件紧密结合，是否符合抗震设计要求。

5.5　制造厂和设计单位设计的图纸之间有无相互矛盾，接口是否正确；各专业之间、平面立面剖面之间、总图与分图之间有无矛盾；预埋件、预留孔洞是否齐全、准确；各类管沟、支吊架（墩）等专业间是否协调统一。

5.6　施工图的几何尺寸、平面位置、标高等是否与总平面一致。

5.7　图纸技术要求与规程要求是否一致；设计方案、设计标准是否符合初步设计审定的原则。

5.8　设计是否满足生产要求和检修需要。新、老系统的衔接是否相吻合，施工过渡是否可行。

5.9　施工安全、环境卫生有无保证。

5.10　消防设计是否满足有关规程要求。

5.11　各专业图纸审核的注意事项详见附件 1 和附件 2（需陆续补充完善）。

6　设备制造厂家的图纸会审

6.1　由设计院出施工图的，收到图之后厂家可书面提出意见，经审核后转设计公司，此工作应在评标工作之前完成。

6.2　由设计部门出工程图，制造单位完成施工图设计的，应在施工单位设计完成后（设计、校核、审核签字确认后），由设计部门，施工部门审核其底图，确认无误后由设备制造单位晒蓝图。

6.3　对成套设备，应通知设备使用单位参加会审，以便核对设计方案是否操作方便，便于检修，节能降耗措施是否合理等。

7　图纸会审的记录与存档

图纸会审应由专业技术人员做出详细记录。会议记录由工程建设部专业技术人员负责形成，经与会各方签字同意后，该纪要即被视为设计文件组成部分存入交工档案，发监理、施工单位、生产车间、工程建设部。

8　图纸会审中对设计修改的处理

对会审中出现的设计修改，必须符合已批准的初步设计原则和国家、部、设计院所颁发的有关设计标准、规程、规范；当通过协商各方意见不能统一时，一般性问题，由工程建设部做出决定，重大问题则应报请有关上级批准。

9　设计修改的程序

对会审中已决定进行设计修改的，必须由原设计单位按设计变更的形式提出修改设计，不得在施工图上直接涂改。在施工图上所做的涂改不作为设计修改，不作为施工的依据。

10　图纸会审纪要包括的内容

为了体现设计技术交底作用，在施工图会审纪要中应包括设计答疑方面的有关内容和条文。如经会审，对设计没有提出任何问题的工程项目，也应做出会审纪要，以示对该设计的认可。

11　图纸会审的确认形式

施工单位拟开始的一切工程项目设计图纸，必须经过图纸会审，未经会审的施工图不得据以施工；已经会审的施工图以监理单位下达会审纪要的形式作为确认，各单位收到会审纪要后，自行在已领到的图纸上加盖“供使用”章。

附件2

《设计变更及变更设计管理制度》

1　设计变更及变更设计

1.1　设计变更

1.1.1　设计院根据图纸会审或业主的意见提出的设计变更或升版图，升版图由工程建设部资料室按正式图纸处理程序下发，新版代替旧版，旧版收回销毁；设计变更由工程建设部审查后由专业技术人员编号（编号原则在项目开工前统一编制），由资料室统一下发。

1.1.2　设计院提供的设计变更必须有两份盖红章的原件

1.1.3　各级别人员的职责

工程部项目经理：受理设计变更请求，负责审核签发；负责对设计变更进行审核；负责组织相关专业技术人员对设计变更进行会审。

工程监理：负责监督检查施工单位执行设计变更的情况；负责会同建设单位工程部及造价部对已施工项目的设计变更所发生的费用及时办理现场签证。

工程部专业技术人员：负责将变更与原建筑、结构施工图相应部位进行核实，提出变更可行性意见。负责草拟、传递《设计变更联络函》或《工程变更联系单》，说明变更的原因和要求；对监理公司和项目公司按公司工程管理程序会审、认可后的设计变更进行登记建档，由工程部主管经理签字确认后交原设计单位，由原设计单位出具《变更通知单》或会签的《工程变更联系单》；负责接收、确认并登记设计单位提出的设计《变更通知单》或会签的《工程变更联系单》；负责传递《变更通知单》或会签的《工程变更联系单》，经本部门经理（如需要：公司总工）签字后交工程部资料员。

工程部资料员：负责接收保管《变更通知单》或会签的《工程变更联系单》，并及时传递给施工单位、监理部、工程部、造价部及相关部门。

1.2　变更设计程序

1.2.1　工程建设部提出的设计变更申请，原则上经设计单位确认或提出正式设计变更通知单后，由专业技术人员编号后资料室统一下发。

1.2.2　对监理提出的设计变更申请，经工程建设部审核，原则经设计单位确认或提出正式设计变更通知单后，由专业技术人员编号后资料室统一下发。

1.2.3　施工单位提出变更要求时，由施工单位提出设计变更申请，监理单位提出意见、工程建设部专业技术员审查，经理批准，原则经设计单位确认或提出正式设计变更通知单，由专业技术人员编号后资料室统一下发。

1.2.4　对施工单位、监理、工程建设部提出设计变更，如设计单位不予确认时，需要工程建设部组织专业技术人员与设计院进一步讨论优化变更方案，经公司总工批准后确认后，由专业技术人员编号后资料室统一下发。

1.3　设计变更及变更设计的资料保管设计变更及变更设计的资料作为设计文件的组成部分由资料室统一归档管理。

1.4　设计变更及变更设计补充订货的程序

1.4.1　设计变更及变更设计如需进行补充订货时，工程建设部专业工程师，应按变更的要求填写变更采购计划，经工程建设部经理批准，提交采购部，原件存档资料室。

1.4.2　采购部按照变更采购计划的要求根据采购程序订货，并将订货合同的原件存资料室，复印件送投资部。

1.4.3　投资部以设计变更、变更采购计划和订货合同为调整概算的依据，登记建账。

第八章　能 源 计 量

能源计量是企业能源管理的重要基础性工作。能源计量不仅关系到能源消耗、能源效率等指标的数据计量和统计分析，对于诊断用能状况，发现能源使用和控制过程存在的问题，进而采取有针对性的改进措施，都至关重要。

但在实际的能源管理实践中，企业往往侧重于对进出用能单位、主要用能单位的能源计量，而对于能源使用状况的监测、诊断、分析则往往重视不够。

本章选择能源管理体系的计量工作实践、能源在线管理系统的 EnMS 中的应用、重点用能设备在线监测、利用先进监测技术加强过程控制以及在能源管理体系中应用信息化系统五个案例，分别集合化工制药、汽车制造、煤化工、水泥等行业实际，在能源计量、监测方面进行了有效的应用推广，并取得了明显的效果。

第一节　能源管理体系的计量工作实践

一、案例背景

计量工作是企业节能降耗的基础，没有完整、准确的计量数据，就无法判断节能降耗的效果，计量是节能减排效果量化的体现，在节能减排工作中起着举足轻重的作用。

目前国内大部分企业的计量管理工作还存在以下几个方面的问题：

一是能源计量器具配备不符合国家标准和相应规范的要求，能源计量器具的配备率、检测率太低，相比于《用能单位能源计量器具配备和管理通则》（GB 17167—2006）的要求，差距非常大；

二是存在能源计量数据不准确，企业的能源计量、设备管理、数据统计、生产调度、财务核算等部门间缺乏互动；

三是能源计量信息化程度不高，虽然个别企业建立了比较完善的计量检测保证体系，但是能源计量信息化建设水平还比较低，不能满足实现科学计量、节能降耗的需要；

四是企业的能源计量工作比较薄弱，装备水平低，工艺落后，单位产品耗能高，缺少资金进行节能设备改造；

五是能源计量管理人才缺乏，缺乏熟悉计量工作的专业人员，企业决策者对能源计量的重要性认识不足，认为能源计量管理工作会降低企业效率，往往疏于管理和分析。

能源计量工作是能源管理体系的基础，通过强化计量管理，为能源管理体系的建立、实施、监测及改进提供真实可靠的数据信息，为能源决策提供强有力的支持，是非常必要的。

二、企业简介

某水泥企业是集团公司的全资子公司，始建于1960年。企业拥有一套日产2500t的新型干法旋窑生产线及一座配套的4500kW纯低温余热发电站，年水泥生产量达到300万吨。企业生产工艺先进，检测手段完善，技术力量雄厚，生产过程全部实现DCS系统集中控制监控，实现了生产的集约化、规模化和数字化。

公司的能源管理体系范围是“一条日产2500t熟料新型干法水泥生产线，三条年产100万吨水泥生产线及辅助、附属系统”。

企业不断健全完善综合管理体系，先后通过了GB/T 19001—2008质量管理体系、GB/T 24001—2004环境管理体系以及GB/T 28001—2011职业健康安全管理体系认证，2014年7月获得能源管理体系认证证书。

按照《用能单位能源计量器具配备和管理通则》（GB 17167—2006）、《建筑材料行业能源计量器具配备和管理要求》（GB/T 24851—2010）的要求，在建立能源管理体系的过程中，公司投资680万进行能源计量、节能改造，强化了能源计量器具的配备和管理，依据计量、检测数据每月进行严格考核，确保各部门和各车间能够完成目标任务和节能量的要求。

三、案例实施

能源管理体系（GB/T 23331—2012）是从体系的全过程出发，遵循系统管理原理，通过实施一套完整的标准、规范，在组织内建立起一个完整有效的、形成文件的管理体系。体系中4.6.1条款明确规定：“组织应确保对其运行中的决定能源绩效的关键特性进行定期监视、测量和分析”“组织应保存监视、测量关键特性的记录”“组织应制定和实施测量计划，且测量计划应与组织的规模、复杂程度及监视和测量设备相适应”“组织应确定并定期评审测量需求。组织应确保用于监视测量关键特性的设备所提供的数据是准确、可重现的，并保存校准记录和采取其他方式以确立准确度和可重复性”等。这就要求我们关注关键特性监视测量方法是否明确、是否按照规定实施监视测量、能源计量器具的配置是否符合GB 17167的要求、对能源计量器具如何管控、出现重大能源计量偏差如何处理以及能源计量统计工作职能的落实及实施情况。

国务院专门制定了《“十二五”节能减排综合性工作方案》和《节能减排“十二五”规划》，提出对重点用能单位要加强监管。国家质检总局制定了《能源计量监督管理办法》，对计量技术机构也提出了明确要求：计量工作保证各种仪器仪表的准确性，从而获得准确可靠的数据；计量为节能监测、能源审计、能源统计、能源利用状况进行科学的分析统计，也为能源管理工作提供指导。

关键特性的监测、测量与分析应细化到各职能、各层次，应制定监视、测量和评价控制办法。应当对主要、辅助和附属用能情况日常检查、定期监测、分析和评价；应当对各层次用能情况进行分析，评价能源管理绩效。应当确定适当的频次对关键特性的变化情况进行监测，必要时采取纠正措施。

水泥行业监视、测量的内容主要包括：

（1）能源绩效参数。生料粉磨过程中的电耗、煤粉制备过程中的电耗、熟料煅烧过程中的煤耗、水泥粉磨过程中的电耗、余热发电量（适用时）。

（2）表征设备运行能力并影响能源效率的参数。窑、生料磨、水泥磨及煤磨的台时产量，窑、生料磨、水泥磨及煤磨的（有效）运转率与故障停机频率参数。

（3）影响能源效率的质量参数。燃煤的热值、水分和灰分，原料的易磨性和易烧性指标，入磨原料的粒度和水分，入窑生料的分解率，出磨煤粉的细度和水分，配料方案的率值，出磨水泥的细度和/或比表面积等。

（一）能源三级计量系统

该公司建立了能源三级计量系统，绘制了电力、煤炭等计量网络图（见图 8-1 ~ 图 8-3），能源计量器具配备基本齐全、充分，对窑、磨机等主要用能设备均单独安装有能源计量仪表。调度室、机电车间设有专人每天分别对煤炭、电力等能源消耗进行了统计，及时报调度监控室进行统计、汇总和分析，调度监控室每天对各种能源消耗进行统计、分析，在公司内部进行了沟通和交流，并及时上报集团监控中心。每月对各部门的目标指标完成情况进行了考核，按计划进度对能源管理实施方案进行了验收，查《2013 年度能源

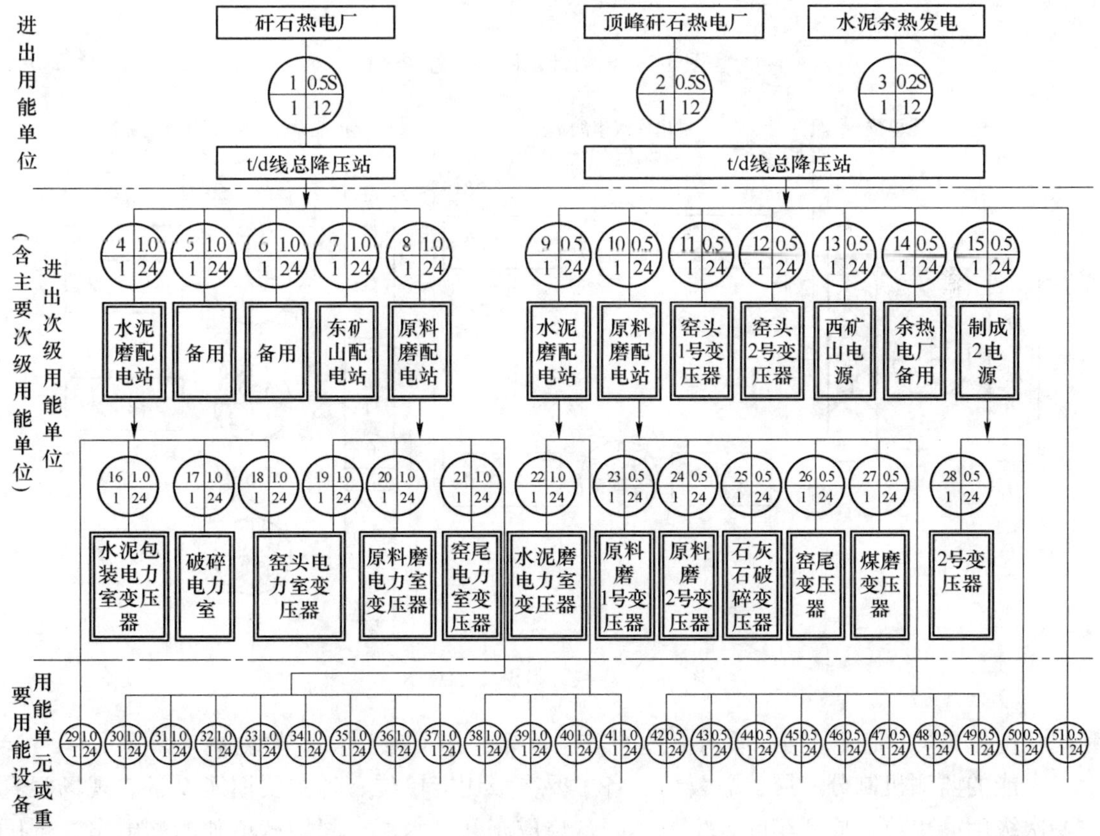

图 8-1 能源计量网络示意图

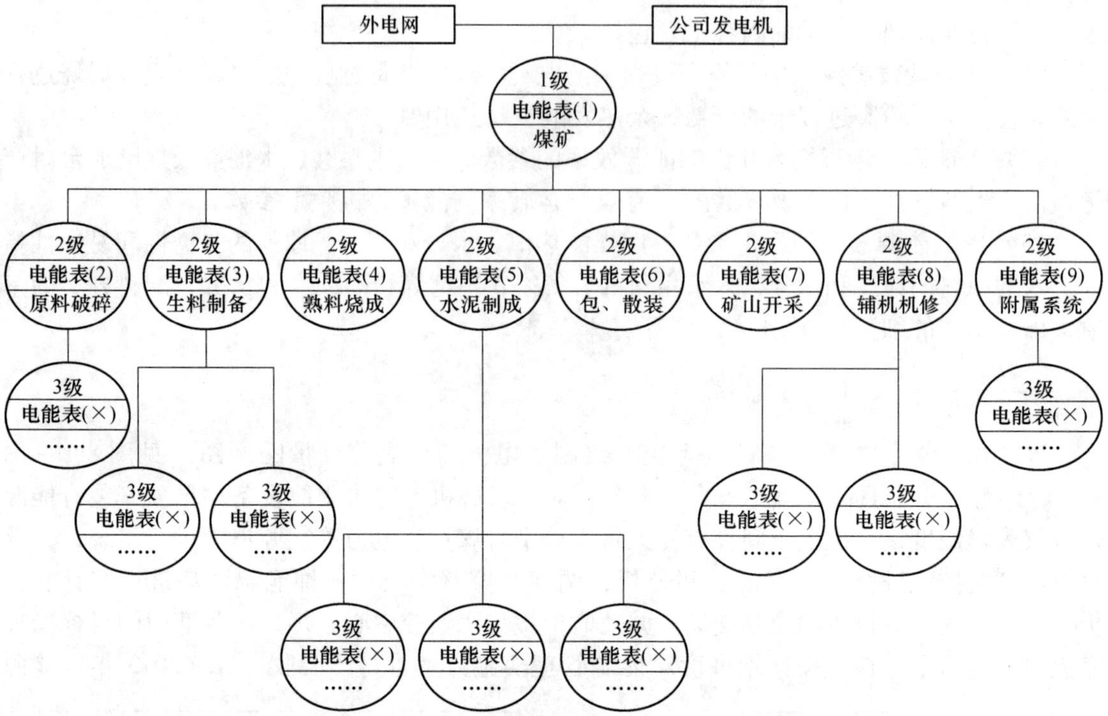

图 8-2　电力计量网络示意图

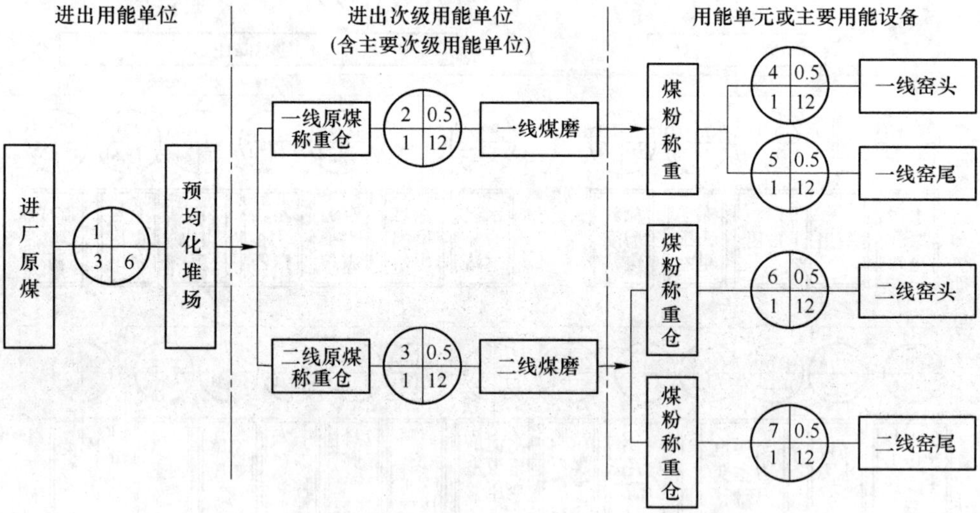

图 8-3　煤炭计量网络示意图

利用状况报告》，完成了当地政府下达的节能目标，并及时上报市节能办。

电能的监测机制分三层：总公司、各主要次级用能单位、各主要用能设备。现场察看主要次级用能单位：原料车间、生料车间、烧成车间、水泥车间均有单独的配电室。全厂100kW 以上共有 46 台，主要用能设备配备率 100%。

（二）计量器具的专业化管理

能源管理体系单位设专人负责能源计量器具的管理，负责能源计量器具的配备、使用、检定（校准）、维修、报废等管理工作，应专人负责主要次级用能单位和主要用能设备能源计量器具的管理。能源计量管理人员应通过培训考核，持资格证上岗。用能单位应建立并保存能源计量管理人员的个人技术档案。能源计量器具检定、校准和维修人员，同样应具有相应的资质证明。

（三）合理选用和配备计量器具

单位能源计量除了包括煤炭、电力、蒸汽等，还包括各种耗能工质。使用中的能源计量器具是以计量目的划分，而不是以计量器具本身的特性划分的。对于能源计量器具的选用和配备首先应满足计量性能上的要求，即准确度、稳定性、量程和测量范围、分辨率、重复性、测量不确定度等各项技术指标。

企业成立能源计量中心后，企业加强了能源信息数据化的统一管理，具备了三种功能，一是历史数据查询功能，可以对以往数据查询、比对；二是通讯功能，煤和电的全部使用具有输出信号远传功能的电子器量衡和协议电能表，部分水、油、汽的计量仪表也采用远传功能或智能输出模式；三是基本实现自动化，降低人工抄表成本，减少记错、漏记等情况，实现精细化、准确化要求。

能源计量器具达到规定的配备率，电力类能源进出用能单位及进出主要次级用能单位计量器具配备率达到100%，主要用能设备达到95%；煤炭等固体能源和汽油、柴油等液体能源进出用能单位及进出主要次级用能单位计量器具配备率达到100%，主要用能设备达到90%；对于蒸汽、水、压缩空气等耗能工质进出用能单位及进出主要次级用能单位计量器具配备率达到100%，主要用能设备达到70%~80%。设备的设计安装和使用满足节能监测的要求，整个过程满足GB/T 6422和GB/T 15316关于能源设备监测的要求（表8-1）。

表8-1　计量器具配置情况表

电能计量器具配备率								
用能单位能源计量器具配备率/%			主要次级用能单位能源计量器具配备率/%			主要用能设备能源计量器具配备率/%		
应配数	实配数	配备率/%	应配数	实配数	配备率/%	应配数	实配数	配备率/%
		100			100			100

重点用能系统计量器具配置情况汇总表

序号	名　称	型　号	准确度	已配数	应配数	配备位置
1	电能表	DS310-1M3X100V 5A	0.5	1	1	窑头排风机
2	电能表	DS310-1M3X100V 5A	0.5	1	1	3号水泥磨主电机
3	电能表	DS310-1M3X100V 5A	0.5	1	1	煤磨主电机
4	煤粉计量秤	DRW4.12	0.5	1	1	二线窑尾喂煤
5	煤粉计量秤	DRW4.12	0.5	1	1	二线窑尾喂煤
6	煤粉计量秤	MUTIKH-K40	0.5	1	1	一线窑尾喂煤
7	给煤机	…	…	…	…	…
8	电子汽车衡	SCS-100	Ⅲ	3	1	原煤进厂
9	…	…	…	…	…	…

从表 8-1 中可以看出，企业在能源计量器具的配备率、准确度等方面满足计量需求。

（四）对计量器具进行分类管理

企业根据工作性质及计量器具等级的要求，结合本单位情况，将计量器具可以分为 A、B、C 三类。

A 类计量器具包含：单位的最高计量标准和计量标准器具；用于贸易结算、安全防护、医疗卫生和环境监测方面，并列入强制检定工作计量器具范围的计量器具；生产工艺过程中和质量检测中关键参数用的计量器具；进出厂物料核算用计量器具；精密测试中准确度高或使用频繁而量值可靠性差的计量器具。企业 A 类计量器具如对外结算衡器、一级电能表、一级水表、一级天然气表等。

B 类计量器具包含：安全防护、医疗卫生和环境监测方面，但未列入强制检定工作计量器具范围的计量器具；生产工艺过程中非关键参数用的计量器具；产品质量的一般参数检测用计量器具；B 类计量器具如内部用衡器、天平、生产用皮带秤、重油流量计、次级用能水表、次级天然气表、台秤、案秤、地秤、风速表、加油机、氧气表、乙炔表、硬度尺、电流表、钳型电流表、电流互感器、秒表、测微计、高低温度计、温湿度计等。

C 类计量器具包含：低值易耗的、非强制检定的计量器具；单位生活区内部能源分配用计量器具，辅助生产用计量器具；在使用过程中对计量数据无精确要求的计量器具；国家计量行政部门明令允许一次性检定的计量器具。C 类计量器具如仅供指示用的压力、温度、电流表、电压表，三级能源用电能表、三级水表、温度计等。

企业建有完整的能源计量器具一览表，该一览表包括名称、等级、型号、使用地点、管理编号、设备编号、检定/校准日期等相关信息。主要次级用能单位和主要用能设备有各自独立的能源计量器具一览表分类。

（五）对计量器具周期检定以及标识管理

目前企业根据自身特点，严格按照《用能单位能源计量器具配备和管理通则》（GB 17167—2006）、《节约能源法》和《能源计量监督管理办法》的相关要求，对长度（L）、热学（T）、力学（F）、电磁（F）、化学（S）等大类进行细分，合理配备，安装准确到位。其中，力学计量器具主要有台秤、案秤、地秤、测力仪、电子秤、贯入阻力仪、量杯、量筒等；电磁计量器具主要有交直流电压表、交直流电流表、万用表、平行平晶、平面平晶、平板、钳形电流表、电流互感器、兆欧表、接地电阻测量仪、三相有功电度表、三相无功电度表、单项电度表等；时间、频率计量器具主要有压力表、氧气表、乙炔表、活塞式压力计、拉力机、抗折机、空合气压表、转速表、风速表、水表、加油机、硬度表、回弹仪、水泥胶沙振实台、振动台、搅拌机等。

1. 计量器具周期检定

计量管理人员认真做好计量器具台账管理和周期检定，对于本单位的所有计量器具都要认真统计，随时掌握计量器具的管理状态，每月做好计量台账的维护更新，根据计量器具台账做好月度送检计划，对即将到期的计量器具要及时送检。计量器具周期检定包含强制检定和非强制检定（校准），计量器具检定合格后方可继续使用，新检定的器具要及时做好统计，确保计量器具台账与现场仪表状态相符一致。

强制检定 强制检定是指由县级以上人民政府计量行政部门所属或者授权的计量检定机构，对用于贸易结算、安全防护、医疗卫生、环境监测方面，并列入《中华人民共和国强制检定的工作计量器具目录》（简称《强检目录》）的计量器具实行定点定期检定。企业强制检定的计量器具有窑炉及压力容器的安全防护装置（包括压力表、安全阀等）、实验室监测装置及标准器件、用于贸易结算的磅秤及仪表（包括电能表、蒸汽流量计、水表等）。

在使用强制检定的工作计量器具时，企业按照规定进行登记造册，并报当地计量行政部门备案，并向指定的法定计量检定机构申请周期检定；当地不能检定的，向上一级计量行政部门指定的法定计量检定机构申请周期检定。

非强制检定 非强制检定是对强检以外的计量器具，使用单位可以自行定期检定或送计量检定机构检定。非强制检定计量器具一般多为内部生产和科研的工作计量器具，非强制检定的检定周期可根据计量器具的实际使用情况，本着合理、经济和量传准确的原则自行确定。非强制检定的检定方式有检定、校准、自校、比对等。

2. 计量器具的标识管理

为保证现场计量器具均有明显颜色标识，单位的计量器具严格按照规定进行标识，常用计量器具检定后均贴有绿色检定合格证，停用的计量器具贴黄色封存标识，报废的计量器具贴黄色报废标示，确保现场计量器具均有明显辨别标示。

（六）能源计量数据管理

能源计量数据是能源管理的基础，水泥企业往往把各类计量器具作为传感器终端，分项计量在线监测能耗状态，通过大数据分析方式控制设备运行，建立智能能效管理控制系统。尽量做到实时优化能源资源配置、控制单位能耗、节能增效。将能源计量数据作为统计分析的基础，对各类能源消耗实行分类计量、统计。数据采集方式有自动采集、人工采集或第三方公正计量，目前水泥企业基本实现了机器自动采集。

1. 计量点的选择与确定

选择与确定水泥企业的能源计量点时，主要考虑以下内容：

（1）要考虑计量目的要求；

（2）具有代表性；

（3）易于安装、调试、更换；

（4）便于读取和采集；

（5）计量器具性能要求。

2. 能源消费量的计量统计

能源消费量的计量统计时主要考虑以下内容：

（1）谁消费谁统计；

（2）何时投入使用，何时计量消费；

（3）消费量只能计算一次，不能重复；

（4）加工转换的中间品其能源消费量，如终端产品单计，则中间产品消费量亦计等。

计量的测量数据、记录数据、统计数据等应说明转换关系和使用方法及单位，确保数据的完整性、正确性，便于进行数据分析和处理。

四、实施效果

企业通过加强能源计量管理，识别了在能源将管理方面存在的薄弱环节，于 2013 年度投入 280 万元实施计量改造，重点项目有：

(1) 生料库底固体流量计更换为计量准确的申克秤，生料喂料稳定，窑系统热工制度稳定，提高了窑台时，降低了能耗指标；

(2) 企业引入自动称重配料系统，实现配料的精准高效；

(3) 企业采用计量装置远程自动校验、监测系统，能够实现在线检测、测试、故障判断、记录、分析，并进行本地/远程诊断。该系统监测范围包含了电能表、水表、称重装置、压力装置等整个回路，是数据采集与处理、数据库管理、状态监测、报警、集中抄表、通讯于一体的远程智能监测系统，减轻了计量工作者的劳动强度，提高了工作效率。

企业通过计量管理，根据生产、自身实际、工艺要求选用不同的计量器具，从根本上保障了生产的要求，通过加强计量管理，建立计量责任制，实现了计量数据自动收集、储存、处理、控制、反馈等要求。企业计量配备率、设备检出率均能做到 100%，各种计量参数、计量精度均大幅提高，过程自动配料率以及产品质量大幅提升。与此同时，企业已经与当地质监部门、安监部门、环保部门等单位实现无缝、实时对接。

五、案例点评

企业能够按照能源管理体系 GB/T 23331—2012 标准的要求实施能源计量管理，将能源计量管理纳入企业日常生产管理，利用计量工作促进企业合理用能、优化能源结构、提高能源利用率、降低成本、减少环境污染，能源计量工作进一步规范化、科学化，并逐步实现能源计量的自动化、智能化，切实发挥计量在促进企业可持续发展方面的基础性作用。

案例在同行业具有较强的借鉴和推广价值。

第二节　能源在线管理系统在 EnMS 中的应用

一、案例背景

能源计量是企业能源管理的重要基础性工作。公司过去采用的是板卡数据采集、人工抄表、手工报表等方式计量，数据采集的可靠性不高，效率低，出错率大，且原有系统只支持 64 点，容量远远不够，相关数据不能深层次开发利用，更不能实现交换共享。由于经常出现的人为或仪表误差或错误，能源计量数据出现于购入数据差距较大，出现能源按产品产量分摊转账，这种“大锅饭”的用能分摊方式，难以调动各用能单位节约能源的积极性。因此，粗放式的计量、检测及能源管理手段，已跟不上企业发展的需要。

GB/T 23331—2012 能源管理体系要求量化目标管理，因此制定数据化的目标、指标、能效参数及相应的考核评价体系，显得尤为重要，而同时因能源种类细分、计量考核边界或单元化小型化、精细化的能源消耗与能效统计与分析等带来的能源管理新变化，都需要海量的数据支持。因此利用信息化技术建立一套覆盖公司所有用能单元的能源在线管理系统，实现能源相关数据的自动采集、上传、存储，以及数据分析图表等，都是非常必要和可行的。

二、企业简介

某制药公司年产化学原料药总量 2.5 万吨以上，是全球最大的安乃近、布洛芬、阿司匹林、咖啡因、左旋多巴等药物生产企业，拥有乙氧苯柳胺等 10 个原料药独家品种，8 个原料药主导品种市场占有率居国内第一位，制剂年生产能力片剂达 80 亿片、针剂 3 亿支、胶囊 2 亿粒。

公司主要以中药、化学原料等为原料经过清洗、浸泡、反应、提纯、蒸发、烘干等过程加工生产各种原料药、成品药、液剂，2013 年全年实现工业总产值 20.7 亿元，全年消耗蒸汽 1216997MJ（折合 41499.598tce），占总能耗的 73.82%，主要用于化学反应过程中升温、蒸馏蒸发、加热或干燥物料；消耗电力 11768.5×10^4kW·h（折合 14463.49tce），占总能耗的 25.73%，主要用于物料搅拌，固、液物料的输送、分离，以及将电能转化为冷能（冰盐水、低温盐水）或其他能如压缩空气、氮气等；其他能源如汽油、柴油等折合 253.912tce，占总能耗的 0.45%，主要用于公司车辆运输方面；消耗水 3666.8 万吨；年综合能耗折标准煤 56217t，能源成本占总成本比重为 10.1%，万元产值综合能耗 271 千克标准煤/万元。

三、案例实施

（一）能源在线管理系统简介

针对标准 4.6.1 条款中的“组织应对其运行中的决定能源绩效的关键特性进行定期监视、测量和分析”，能源在线管理系统采用世界流行的 PROFIBUS、MODBUS 等现场总线技术，集在线检测、实时监控、预警报警、统计分析于一体，满足公司能源管理、计量管理、生产调度、环保管理等综合性平台，是一个开放性较强的平台。总厂能源监测网络构成图、能源系统站点导航图分别如图 8-4 和图 8-5 所示。

（二）数据源于计量，管理依靠数据

结合标准 4.6.1 条款“组织应制定和实施监视/测量计划，且监视/测量计划应与组织的规模、复杂程度及监视和测量设备相适应”的要求，在建立能源在线管理系统时，考虑了各个厂区的主要能耗区域/设备的分布情况，建有 9 个数据采集站，涵盖水、电、汽、压风、氮气、氢气等十余种能源动力品种、1300 多个数据采集点。

公司能源在线管理系统将各种能源、资源、污水数据通过自动采集、上传、汇总、运算、分类、分析，最终以总貌、趋势、管网、能源历史曲线图、报表等多种形式，准确、快速地提供给相应的管理人员，对各厂区、各主要能耗区域/设备的能耗即时状况、一定周期的累计状况、波动趋势随时监控。

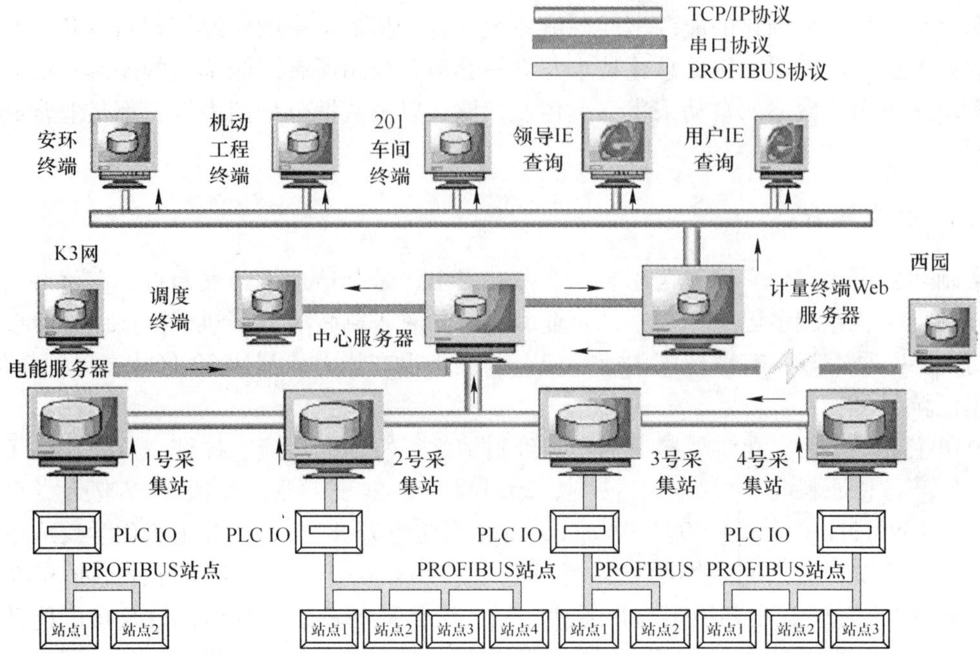

图 8-4　总厂能源监测网络构成图

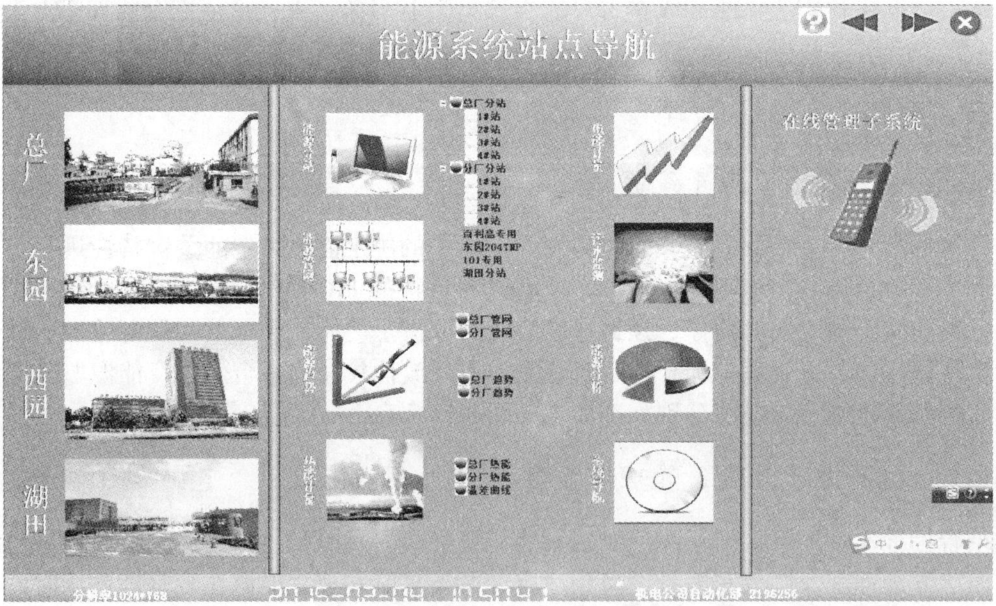

图 8-5　能源系统站点导航图

1. 车间监控管理平台

结合标准 4. 6. 1 “确保对其运行中的决定能源绩效的关键特性进行定期监视、测量和分析” 的要求，车间管理人员能随时查看各主要耗能点的实时能源绩效参数的运行状况及历史趋势线图，及时发现制止不合理用能行为；系统每天自动生成几大园区日报表，供生产单位及时分析日用能源及减排情况；根据自动生成的月报表，月底进行能源单耗分析，指导本单位用能。

（1）能源在线管理系统可提供直观、可视的现场操作指导，减少数据出错率，减少总表、分表之间的误差；可实现操作偏差数据自动报警，系统每天自动对比分析数据，偏差量超过 10% 即自动报警，提醒对该数据进行重点分析，查找原因，避免能源跑损事故的发生。

（2）能源在线管理系统将自动采集能源资源瞬时数据，自动生成曲线和几大园区日报表、月报表。生产单位能源管理人员利用能源在线管理系统的曲线图、日报表、月报表等图表，进行数据统计比对，分析差异，总结提高。各生产单位每月对本单位用能情况进行统计、分析，并将分析结果报机械动力部。

（3）能源在线管理系统自动采集能源资源瞬时数据，生产实时曲线。生产车间根据生产情况，利用实时曲线图对各生产岗位的能源、资源的使用情况实施在线监控。

（4）利用历史数据趋势线进行分析，如 8h 分析、72h 分析等，寻找最佳控制方式。例如电能的移峰填谷，用能单位根据电能使用情况，调整本单位生产时段，将用电高峰移至价格更低的谷底电价时间区域，直接降低本单位用电成本。图 8-6 为 105 车间碳提组 24h 截图，图 8-7 为 105 车间热能 2 的 72h 截图。

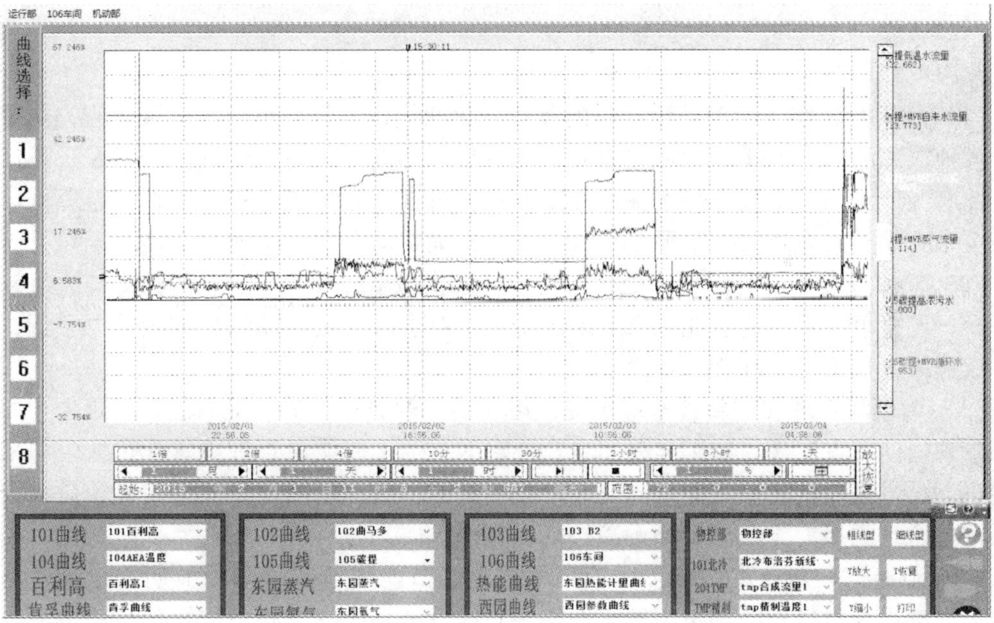

图 8-6　105 车间碳提组 24h 截图

2. 部门管理平台

通过能源在线管理系统使机械动力部（能源管理主管部门）、生产运行部门、环保管理部实现了节能减排监控和管理。公司能源在线管理系统按照管理部门职责和关注点的不同，分别提供相应的快速浏览窗口，向管理部门提供所需的报警窗口、历史和即时数据统计曲线。

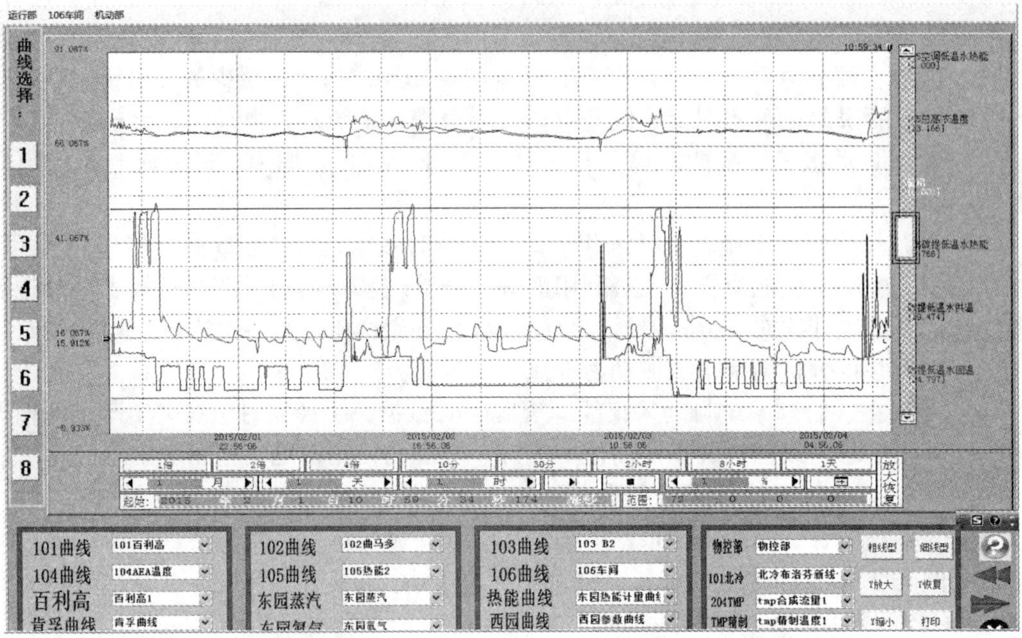

图 8-7　105 车间热能 2 的 72h 截图

能源管理体系主管部门——机械动力部

（1）利用能源在线管理系统提供的负荷变化曲线，监督各单位用能量峰值的调整。通过对各种能源的即时消耗量、相关能源绩效参数（温度、压力、流量、功率因数等）的监控，针对性地对用电实施削峰填谷，降低电费；对自产能源实施移峰填谷，避免盲目扩大或减少动力设施而导致供需不平衡现象的发生，提高动力供应设施的能效。

（2）能源事故的及时应变和处理：动力能源供应事故发生后，各有关部门通过各自管理平台，调查事故发生前后能源供应情况变化，对事故的发生原因、历史数据分析，可以使事故分析更加迅捷、准确。

（3）为创新管理和创新技术应用提供可靠的实验数据。如何提高能效，是公司用能单位和管理层的重点工作。特别是公司自产能源多，为了使能源管理更科学化，公司采取能量转账，由过去流量转账到能量转账，可以提高成本核算精度，能够促使各单位积极主动地采取更合理的用能方式。例如用冷按能量转账。

（4）节能“四新技术”的推广应用及监管。节能四新技术应用前期的论证及运行效果验证，都必须有准确的计量手段。而能源在线管理系统具备的数据统计优势，可以使决策更科学合理。根据提供的基础数据，管理部门组织各单位通过用能成本核算，可以有针对性地查找生产工艺、工序等存在的用能结构不合理问题和技术薄弱环节，组织专业技术人员进行技术攻关，实现工艺优化节能技改。

（5）通过根据日常生产运行过程中，对时常出现因能源供应波动影响生产进度的岗位和个别生产岗位对能源供应指标要求较高等一些问题，进行综合分析，确定合理的监控参数，如对温度、压力等运行参数设置上下限值报警提示功能，提高能源使用效率。

（6）利用能源在线管理系统打印的日报表、月报表进行数据统计和比对，分析用能差异。机械动力部每月分析各单位公司级能效参数，评价各单位能源利用绩效，并按经济责任制实施考核。图 8-8 为机械动力部对总厂循环水管理示意图截图。

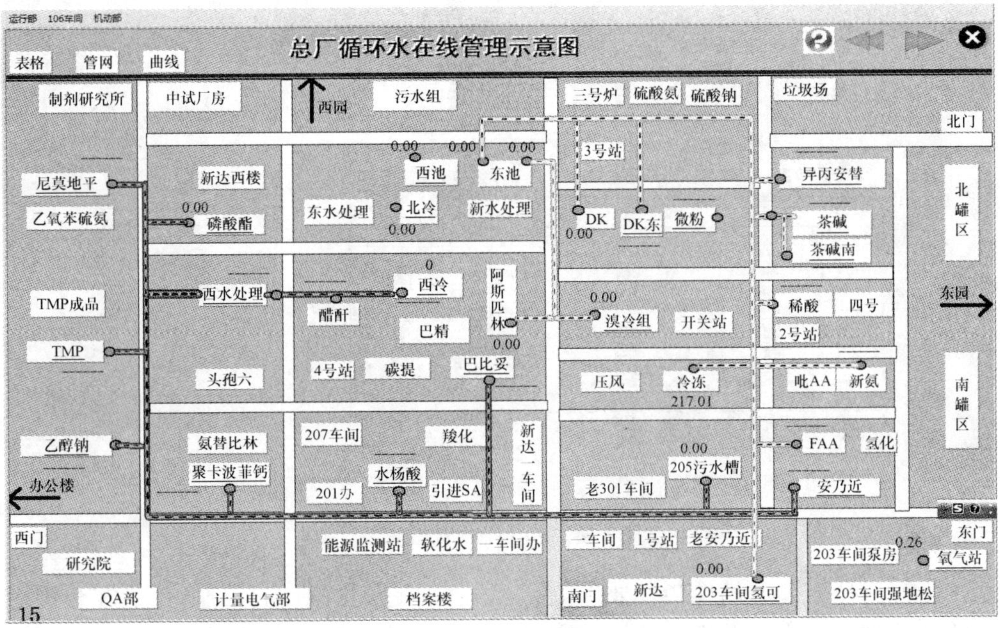

图 8-8　总厂循环水管理示意图截图

生产运行部　生产运行部通过能源在线管理系统中的各种能源供应及使用瞬时参数变化曲线情况，可以全面了解掌握能源运行状况，如能源供应保障方面的综合能力（设备）的确认和当前能源使用状况的合理性评价，以及异常状况下的应急保障和及时协调等方面起到了一定的指导作用。

实现能源数据（实时及历史）网络查询。为生产运行部提供了大量的能源、资源实时数据，如蒸汽、自来水、降温水的管网信息，通过各种管网图，生产调度值班人员可方便查询到各节点的压力、温度、用量等参数，通过查询对比历史同期趋势，可定性分析能源消耗数据的大致走势，更便捷直接地处理故障，为准确、快速的调度生产提供了有力支持。图 8-9 为东园区网络查询截图。

能源在线管理系统可实现生产用能的实时监控，生产组织更具前瞻性。特别是能源供应及使用的异常预警及控制，不仅使生产计划的安排和调整更加迅捷，大大提高了应急生产调度的及时性、准确性，更有助于能源管理部门和用能单位实施精益管理，减少和杜绝能源动力跑损事故的发生。

生产运行部通过电能计量、电力瞬时负荷趋势线功能，可以查看公司总的用电负荷和各生产车间实际用电负荷情况。在用电紧张，如供电公司对我公司采取压电限电时，通过该功能，了解全公司各单位及总的用电负荷情况。生产运行部根据压电、限电指令要求，在确保重点单位、岗位负荷的前提下，做好限、压电工作。最大限度地减少对生产的影响。

生产运行部根据日常生产运行过程中，对时常出现因能源供应波动影响生产进度的岗

图 8-9　部门管理浏览截图

位和个别生产岗位对能源供应指标要求较高等一些问题，进行综合分析，确定合理的监控参数。能源管理系统中，首次在该系统中增加了对温度、压力等运行参数设置上下限值报警提示功能。

能源在线管理系统在生产运行及值班过程，由过去的生产中受到影响后被动进行调度补救，变为生产中主动提前进行预防性调度。

3. 公司决策平台

能源在线管理系统设有决策层领导查询系统，对公司的能源数据可随时随地在线查询，为公司新上项目、产品结构优化、重大节能技改项目等提供决策支持和评价依据，使企业决策更加科学有针对性。为节能降耗及节能四新技术应用提供决策数据支持，决策信息同步，决策模型直观，实现了企业决策层的数字化、现代化、科学化的管理模式。图 8-10和图 8-11 为公司级领导查询截图。

四、实施效果

（一）目标指标考核数据化

生产过程中消耗的资源、能源及二次能源品种多，能源在线管理系统的应用提高了能源数据的测量精度，完善了各能源产品的计量率，使能源数据的准确、及时、可靠性进一步加强，解决了过去存在的“部分能源转账靠分摊转账”的人为因素，使能源数据更具有真实性、可靠性和权威性。现在公司能源管理目标、指标及其他能效参数大量引入考核体系，使得公司的能源管理考核实现数据化，考核更加严谨可信，奖罚制度得以贯彻。公司“公开、公正、公平”的三公考核制度，激励了全员的节能意识主动提高，促进了各单位节能工艺优化、节能技术革新等技术创新，实现公司能源管理良性循环新常态。

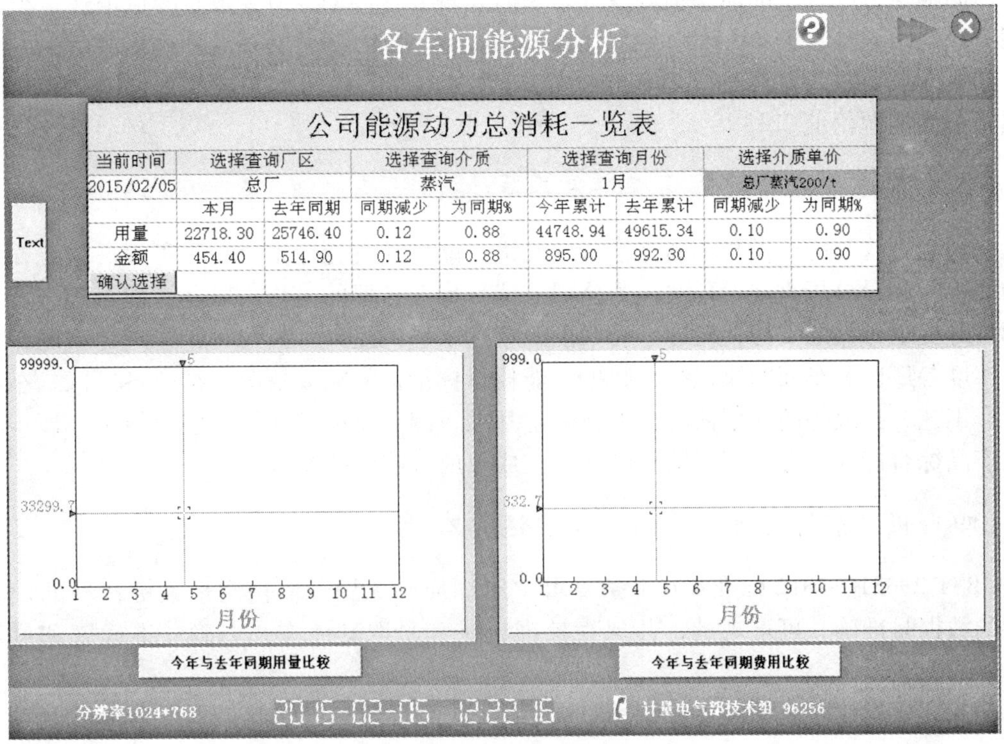

图 8-10　能源分析截图 1

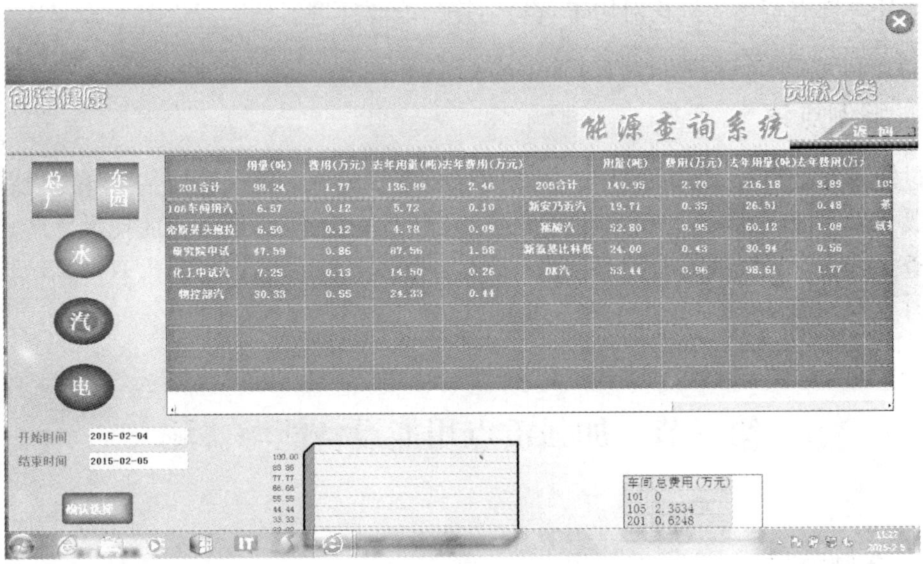

图 8-11　能源分析截图 2

(二) 保证了节能任务目标的完成

通过对主要能耗区域/设备的相关能源绩效参数的在线监测，能及时监控主要能耗设备、能源输送分配环节的能源绩效参数，及时发现异常波动，减少浪费降低消耗，2014 年集团完成与市政签订的 2014 年年度节能目标的 146.1%；累计完成与市政府签订的“十二五”节能总目标的 109.72%。2014 年，公司通过不断实施节能四新技术，公司各单位同比累计节约能源价值 2213 万元。

（三）促进能源管理体系不断完善持续改进

公司能源管理的建设与不断完善持续改进，能源在线管理系统功不可没。能源在线系统的监视、测量分析直观、翔实，为公司节能目标、指标的量化，以及节能管理方案、监视测量等提供可靠的支持，促进了公司能源管理水平的提高。公司每年管理评审时，根据上一年度各厂区、车间的能耗统计数据、能耗目标指标的完成情况，结合各厂区、车间的产量、工艺、技改等的规划情况，重新确定基准、制定能耗目标量化能耗指标，逐步降低单位产品综合能耗、万元产值综合能耗，完成政府节能量的要求。

（四）促进能源管理体系监控系统运行有效

GB/T 23331—2012 标准 4.6.1 条要求“组织应确保用于监视测量关键特性的设备所提供的数据是准确、可重现的，并保存校准记录和采取其他方式以确立准确度和可重复性”。

为此，公司建立企业最高计量标准 25 项，次级计量标准 1 项，其中社会公用标准 3 项，企业内部强检标准 6 项，培训持证上岗计量管理人员 26 人，建立了完善的能源计量器具的检定/校准制度，计量人员能按规定的周期对相关计量器具进行内部的检定、校准或定期委托外部有资质的机构对用于贸易结算的能源计量器具进行检定，确保计量数据的准确和可重现。

五、案例点评

通过能源在线监控系统的应用，能及时监控主要能源使用区域、主要耗能设备的实时能耗状况、异常波动状况，能准确计量各主要能源使用区域、设备的能耗量、产量，为精准考核各车间、主要耗能设备的能耗指标提供了可靠的统计数据、分析数据，这种在线监控系统具有较强的推广价值。

第三节　加强重点用能设备能源监测

一、案例背景

对重点用能设备实施必要的监测，根据检测结果进行有针对性的整改是实现节能的有效手段。但传统的能源管理却普遍没有对重点用能设备与能源绩效有关的参数进行监测，如锅炉的烟气成分、排烟温度、空气过剩系数，变压器的功率因数、负载率和效率，电机的负载率和效率等运行参数，也没有对重点用能设备是否处于经济运行状态进行监测和评价，因此，就未能充分挖掘重点用能设备的节能潜力。

通过能源管理体系建设，利用测量手段对重点用能设备进行能效检测，确保设备处于经济运行状态，达到降低能源消耗的目的。

二、企业简介

某公司是一家现代化的大型煤化工企业，现已形成以煤为原料，生产合成氨、甲醇以及 CO 等中间产品，然后以甲醇、氨、CO 等为原料生产尿素、有机胺、DMF、醋酸、醋酐等产品的完整产业链条。

公司所耗能源及资源主要有煤（烟煤、无烟煤）、蒸汽（自产）、电（外购）、石油制品、水五大类，其中煤一部分用于生产合成氨、甲醇、DMF，一部分用于公司热动分部生产蒸汽和发电，所产生的蒸汽主要供本公司生产使用，剩余部分向社会出售，电力全部上网。2013 年主要消耗能源为电 13.5×10^{8}kW·h、蒸汽 850 万吨、水 3200 万吨，能源成本 38.005 亿元，能源成本占总成本的比重 48.3%。

企业于 2012 年建立了能源管理体系，并于 2013 年 6 月通过了能源管理体系认证。能源管理体系覆盖范围是 10 万吨/年间歇造气工艺液体无水氨、170 万吨/年水煤浆气化液体无水氨、180 万吨/年尿素、1 万吨/年工业三聚氰胺、38 万吨/年工业用甲醇、26 万吨/年工业用混甲胺、27 万吨/年工业用二甲基甲酰胺（简称 DMF）、50 万吨/年工业用冰乙酸、2.8 万吨/年工业乙酸酐生产系统及辅助、附属生产系统。

三、标准条款要求及理解

（一）条款要求

《能源管理体系要求》（GB/T 23331—2012）：

4.4.3　能源评审规定："组织应将实施能源评审的方法学和准则形成文件，并组织实施能源评审，评审结果应进行记录。能源评审内容包括：a）基于测量和其他数据，分析能源使用和能源消耗；b）基于对能源使用和能源消耗的分析，识别主要能源使用的区域。"

4.4.5　能源绩效参数规定："组织应识别适用于对能源绩效进行监视测量的能源绩效参数。"

4.6.1　监视测量与分析规定："组织应确保对其运行中的决定能源绩效的关键特性进行定期监视、测量和分析，组织应确保用于监视测量关键特性的设备所提供的数据是准确、可重现的。"

（二）条款解读

企业在生产运营过程中，对体系的运行情况和决定能源绩效的关键特性进行监视、测量和评价，及时发现问题，采取措施，进行有效控制。对能源绩效的控制和改进，都是以测量为基础的，所以能源监测就是企业实施能源评审的方法学之一，也是确定和更新能源绩效参数的方法学的主要内容。

四、案例实施

企业每年都要委托德州市能源利用监测中心对重点用能设备实施监测，并出具《能源利用情况监测报告》，及时发现设备的能源绩效参数的变化和存在的问题，根据监测数据督促各相关部门采取相应措施尽快实施整改。通过监测并评价重点用能设备的能效指标水平，找到降低能源损失的有效途径，提高企业能源使用效率。

能源监测的工作程序如下：企业委托—开展监测—监测报告—下达整改通知—上报整改计划—完成整改。

2013 年度共对 8 台电站锅炉、2 台废热锅炉、104 条热力输送管线、106 台变压器、119 台电动机实施能源监测。共监测 1669 个项目，其中检查项目有 1214 项，经检查有 1176 项合格、38 项不合格；测试项目有 455 项，经测试有 386 项合格、69 项不合格。表 8-2 ~ 表 8-5 分别是电站锅炉、热力输送系统、配电变压器、电动机的节能监测报告。

表 8-2　电站锅炉节能监测报告

监测地点	锅炉房	监测日期	2013 年 8 月 15 日
锅炉型号	YG-240/9.8-M	产品编号	2 号
设备状况描述	正常生产运行工况	环境温度	27℃
监测依据	《山东省节约能源条例》		
	《燃煤工业锅炉节能监测方法》（GB/T 15317—2009）		
	《工业锅炉热能利用监测规范》（DB37/T 116—2007）		
	《工业锅炉运行管理》（DB37/T 100—2007）		
	《电站锅炉节能监测方法》（DB37/T 842—2007）		
实测烟气成分	氧气含量：12.18%；二氧化碳含量：7.63%；一氧化碳含量：111×10^{-6}		
监测结果	监测检查项目	合格条件	检查结果
	是否为淘汰产品	否	否
	仪表配置	齐全	齐全
	锅炉操作人员节能上岗证	有	无
	两年内专业监测单位热效率测试	有	有
	监测测试项目	合格指标	监测数据
	排烟温度/℃	≤140	183
	空气系数	≤1.5	2.33
	侧面外表面温度/℃	≤50	34
	炉渣可燃物含量/%	≤6	1.3
	飞灰可燃物含量/%	≤3	13.8

评价结果、处理意见及建议：

1. 本次监测共有检查项目 4 项，合格 3 项，不合格 1 项；测试项目 5 项，合格 2 项，不合格 3 项。
2. 经监测，该锅炉评价为“节能监测不合格工业锅炉”。
3. 测试不合格项目年浪费标煤 22040.121t。

（以下空白）

表 8-3　热力输送系统节能监测报告

监测地点	动力岛	监测日期	2013 年 8 月 17 日
管网设备名称	2.5MPa 母管	敷设方式	架空
直径/mm	325	长度/m	10
环境温度/℃	37	环境风速/$m \cdot s^{-1}$	0.2
介质压力/MPa	2.5	介质温度/℃	260
状况描述	正常运行		
监测依据	《热力输送系统节能监测方法》（GB/T 15910—2009）		
	《设备及管道保温技术通则》（GB/T 4272—1992）		
	《供热管网和用热设备热能利用监测规范》（DB37/T 102—2007）		
监测结果	监测检查项目	合格条件	检查结果
	管道、设备及附件	合格	合格
	管道、设备及附件保温材料	符合 GB/T 4272 规定	符合
	管道、设备及附件保温结构	无破损、脱落	合格
	管道、设备及附件保护层	防雨、防湿、不易燃烧	合格
	管道、设备及附件有无泄露	无泄露	合格
	监测测试项目	合格指标	监测数据
	保温结构表面温升/℃	≤24.1	10.0

评价结果、处理意见及建议：
1. 本次监测共有检查项目 5 项，合格 5 项；测试项目 1 项，合格 1 项。
2. 经监测，该热力输送系统评价为“节能监测合格热力输送系统”。
（以下空白）

表 8-4　供配电系统变压器节能监测报告

监测地点	老厂区配电室	监测日期	2013 年 8 月 13 日
被监测变压器型号	S_{10}-M-315/6	被监测变压器编号	所用变
被监测设备状况	运行正常		
监测依据	《企业供配电系统节能监测方法》		
	《企业供电系统电能利用监测规范》		
实测数据	高压侧平均电压：6.0kV；高压侧均方根电流：14.8A		
监测结果	监测检查项目	合格条件	检查结果
	是否是国家明令淘汰产品	否	否
	变、配电所内仪表配置是否齐全	齐全	齐全
	是否定时做好运行记录	有	有
	负载侧是否采用无功补偿装置	有	无
	监测测试项目	合格指标	监测数据
	变压器负载系数	$0.14 \leqslant \beta \leqslant 1$	0.49

评价结论：
1. 本次监测共有检查项目 4 项，合格 3 项，不合格 1 项；测试项目 1 项，合格 1 项。
2. 经监测，该变压器评价为“节能监测不合格变压器”。
（以下空白）

表 8-5　电动机节能监测报告

测试地点	老厂区 3 号 DMF 配电室	监测日期	2013 年 8 月 14 日
被监测电机型号	616J4BM	被监测设备编号	P9111B
被监测设备用途	12 号塔给水泵	额定容量 kW	37
被监测设备状况	正常运行		
监测依据	《电动机电能利用监测规范》(DB37/T 119—2007)		
实测数据	电压：374V；电流：75.6A；功率因数：0.87		
监测结果	监测检查项目	合格条件	检查结果
	是否为淘汰产品	否	否
	电动机传动装置运行正常	正常	正常
	监测测试项目	合格指标	监测数据
	电动机负载率/%	≥45	94
	电动机运行效率/%	≥75	82

评价结论：
1. 本次监测共有监测检查项目 2 项，合格 2 项；测试项目 2 项，合格 2 项。
2. 经监测，该电动机评价为“节能监测合格电动机”。
（以下空白）

节能管理部门对《能源监测报告》中发现的问题进行汇总整理，以整改通知书的形式下达给各责任部门，由各责任部门制定相应整改计划报节能管理部门，节能管理部门按照计划安排对整改措施的实施情况进行验证，以确保整改有效。

2013 年各责任部门制定的整改措施见表 8-6。

表 8-6　2013 年能源监测整改明细表

部　门	所在厂区	监测不合格情况	整改计划及措施	完成时间	备　注
热动分部	热动分部厂区	1 号、2 号、3 号、4 号和 6 号锅炉排烟温度、飞灰可燃物含量均超标	1. 排烟温度：中上级省煤器更换为螺旋管，以增加尾部受热面。 2. 飞灰可燃物：优化燃烧调整，合理搭配一二次风配比。调整磨煤出力，控制煤粉细度 R90 在 18% 左右	3 月 10 日	该八台锅炉被评价为“节能监测不合格电站锅炉”，测试不合格项目年浪费标煤 34059.903tce
	热动分部厂区	2 号、3 号和 4 号锅炉空气系数超标	合理调整一二次风用量配比，尾部烟道漏风处封堵	3 月 10 日	
	动力岛厂区	1 号、2 号和 3 号锅炉飞灰可燃物含量均超标	1. 控制锅炉负荷在额定范围内； 2. 合理调整一二次风配比； 3. 调整磨煤出力，控制煤粉细度在 R90 在 18% 左右	2014 年 2 月 28 日	
	动力岛厂区	3 号锅炉空气系数超标	尾部烟道漏风封堵	2014 年 2 月 28 日	
水汽车间	老厂区	水汽车间分汽缸表面温升超标，且存在有裸法兰	对分气缸、法兰重新进行保温	2014 年 3 月底	该十八条热力输送系统被评价为“节能监测不合格热力输送系统”，测试不合格项目年浪费标煤 80.427tce
化工车间	老厂区	1 号装置区 3 号管存在有两个裸法兰，5 号管存在有裸阀门	增加保温	3 月 1 日	
	老厂区乙胺装置	1 号管至 3 号装置存在裸法兰，3 号管至乙胺装置存在裸阀门和裸法兰	增加保温	3 月 1 日	

续表 8-6

部　门	所在厂区	监测不合格情况	整改计划及措施	完成时间	备　注
氨醇车间	大氮肥厂区	A_6 管廊 S_4 管线存在裸法兰，S_1 管线存在两个裸阀门	增加保温	3月5日	该十八条热力输送系统被评价为“节能监测不合格热力输送系统”，测试不合格项目年浪费标煤80.427tce
	大氮肥厂区	甲醇合成 S_4 管线和至异丁基油存在有裸阀门	增加保温	3月5日	
	大氮肥厂区	变换区 E0909 至 S_3 管线存在有裸法兰，E0903 至 S_1 存在有裸阀门	1. E0909 出口 S3 管道上的裸法兰为流量计两侧法兰包裹后会造成法兰泄漏（有多个先例）； 2. E0903 至 S1 裸阀门增加保温	3月5日	
热动分部	动力岛厂区	锅炉房1号高压加热器和4号高压加热器存在有裸法兰，1.0MPa 母管存在有1m裸管	联系外协保温	3月10日	
	动力岛厂区	1.0MPa 至2号除氧器和至1号除氧器存在有裸阀门，且1.0MPa 至2号除氧器存在3m裸管，至1号除氧器存在1m裸管	联系外协保温	3月10日	
AA产品部	工业园西区东门	中间罐区1.5MPa 减温减压出汽1.0MPa 存在有裸阀门	联系外协保温	3月8日	
碳一车间	工业园区	碳一车间 E10902 进汽存在半米裸管	联系外协保温	3月8日	
电仪分部	动力岛厂区	301B1 号主变和2号主变功率因数偏低	调整三相负荷，项目投资270万元，项目建议书和立项报告已经上报，暂时没有批复	立项报告批复后立即组织实施	该二十四台变压器被评价为“节能监测不合格变压器”
	工业园区	307M2 号变、2号尿素变、3号尿素变、4号尿素变、大颗粒尿素2号变、307J1 号变、307J2 号变、307J3 号变、307J4 号变、多元醇1号变、多元醇2号变、多元醇循环水1号变、多元醇循环水2号变、307M1 号变、己二酸 SB-2D-1TM、己二酸 SB-1D-1TM、己二酸 SB-1D-2TM、己二酸 SB-1D-2TM 功率因数偏低；大颗粒尿素2号变、307K1 号变、307K2 号变、多元醇循环水1号变、己二酸 5B-4D-1TM、己二酸 5B-4D-2TM 负载系数偏低	307M2 号变、2号尿素变、3号尿素变、4号尿素变、大颗粒尿素2号变、307J1 号变、307J2 号变、307J3 号变、307J4 号变、多元醇1号变、多元醇2号变、多元醇循环水1号变、多元醇循环水2号变、307M1 号变、己二酸 SB-2D-1TM、己二酸 SB-1D-1TM、己二酸 SB-1D-2TM、己二酸 SB-1D-2TM 投入母线电容器，提高功率因数。2号大颗粒正在停车检修，所以变压器负载系数低；307K1 号变、307K2 号变、多元醇循环水1号变、己二酸 5B-4D-1TM、己二酸 5B-4D-2TM 待新项目开车后，负载系数将相应提高	4月底前	

续表 8-6

<table>
<tr><th>部　门</th><th>所在厂区</th><th>监测不合格情况</th><th>整改计划及措施</th><th>完成时间</th><th>备　注</th></tr>
<tr><td rowspan="2">电仪分部</td><td>老厂区</td><td>6kVⅢ段的 3 号炉 1 号二次风机电机和 6kVⅣ段高压 4 号炉的 1 号二次风机电机的负载率偏低</td><td>1. 负载随时变化，锅炉满负荷运行能够提高负载率；
2. 6kVⅢ段的 3 号炉 1 号二次风机电机加装变频器；
3. 6kVⅣ段高压 4 号炉的 1 号二次风机电机更换为小功率电机</td><td>4 月底前</td><td rowspan="2">七台电动机被评价为“节能监测不合格电动机”</td></tr>
<tr><td>工业园区</td><td>己二酸车间 K-13202B 螺杆风机电动机负载率和运行效率偏低，循环水车间 1 号风机 T5801A、2 号风机 T5801B、3 号风机 T5801C 和 5 号风机 T5801E 为 Y 系列淘汰型电动机</td><td>己二酸车间 K-13202B 螺杆风机电动机待工艺加满量后，负载率和运行效率将提高。循环水车间 1 号风机 T5801A、2 号风机 T5801B、3 号风机 T5801C 和 5 号风机 T5801E 向上级部门申请更换</td><td>2014 年底</td></tr>
</table>

五、实施效果

（1）开展能源监测是企业遵法贯标的具体体现，在《节约能源法》《节约能源监测管理暂行规定》《山东省节约能源条例》等法律法规中都明确了企业要加强对能源监测的管理，同时也是企业节能降耗、提高用能水平和经济效益的重要措施。

（2）公司委托的外部监测机构具有严格按照有关标准和程序开展监测工作的良好素质，实施监测的人员都具有相应的资格证书，从而保证了监测工作和监测数据的公正、公平、可靠，减少人为因素带来的影响，真实体现企业各个重点用能设备的能源绩效参数状况。

（3）通过实施能源监测，并对监测过程中发现的问题及时提出有针对性的整改措施，有效强化了用能设备能源绩效参数的控制程度，一定程度上提高了能源管理体系运行的有效性。

2014 年，公司实现了 36.37 万吨标准煤的节能量，单位产品的能耗指标也有了较大幅度优化。根据中国氮肥工业协会 2015 年 5 月公布的数据，公司吨氨综合能耗 1381kgce/t，位居全国第一（褐煤）；吨甲醇综合能耗 1417kgce/t，位居全国第三，被确定为氮肥行业能耗领跑者标杆企业。

六、案例点评

能源监测是企业能源管理的基础，通过监测可以了解重点用能设备和系统的运行状态和能源绩效参数，对出现的问题采取及时有效的整改措施，从而提高了能源效率，降低能源消耗。

由于委托外部有资质的能源监测机构实施能源监测，有利于保证监测质量和水平、减少人为因素的影响，强化了问题整改的力度，保证了整改的效果。

因此委托外部机构实施能源监测可以提高体系建设的水平和运行效果，具有一定的推广价值。

第四节　利用先进监测技术加强过程控制

一、案例背景

能源管理体系是用以建立能源方针、能源目标、过程和程序以实现能源绩效目标的一系列相互关联或相互作用的要素的集合。制定能源管理体系标准的目的是利用系统论和过程方法的思想，引导组织建立能源管理体系和必要的管理过程，包括资源管理、目标管理、采购管理、运行控制及监测分析、改进管理等管理过程，提高其能源绩效。

自从能源管理体系标准推行以来，在我国的高能耗行业得到了推广应用，对高能耗企业建立系统的能源管理模式、提高能源利用效率，起到了很好的促进作用。但是在企业运行能源管理体系的过程中，在对能源管理体系运行绩效进行监视、测量以持续改进时，存在以下现象：

（1）重视对能源使用总量的统计、考核，忽视对生产过程中各主要耗能设备、工段运行情况的实时监视与调控；

（2）重视投资大的节能项目，希望通过“大”的项目、投入，尽量“一次性”解决当前某个方面能耗的问题，忽视了通过员工日常操作的改进，实现节能降耗；

（3）片面地重视对员工节能降耗意识的培养，而在实际生产中大多使用人工计量、统计能源的使用情况，导致对能耗利用情况的监控效率不高，耗时较长，因此在一定程度上影响了能源使用效率。

出现以上这些情况的企业，往往忽视了 GB/T 23331—2012 能源管理体系标准 4.6.1 监视、测量与分析的条款要求中，通过对主要能源使用、能源绩效参数（如能源消耗、能源利用效率等）以及与主要能源使用相关的变量（包括能源采购、储存、转换、输送、使用与余能利用等过程的重要运行参数，如温度、压力、流量等）进行监视、测量与分析，并将其结果应用于能源管理体系的运行控制（GB/T 23331—2012 4.5.5）。

本案例介绍的企业，通过对生产过程中的主要耗能设备及工段的能耗情况进行了实时监控，并根据监控结果，采取了一系列的措施，将能耗管理与岗位人员的日常操作要求及公司的技改等相结合，取得了较好的效果，是将技术节能措施与管理节能措施相结合的典型案例，可以为大家借鉴。

二、企业简介

某水泥有限公司主要从事硅酸盐水泥熟料、通用硅酸盐水泥的生产，目前建有两条日产 5000t 熟料生产线，配套 18MW 余热发电机组，一个年产 90 万吨水泥粉磨站及一个年产 60 万吨水泥粉磨站。其熟料及水泥生产流程分别见图 8-12 和图 8-13）。

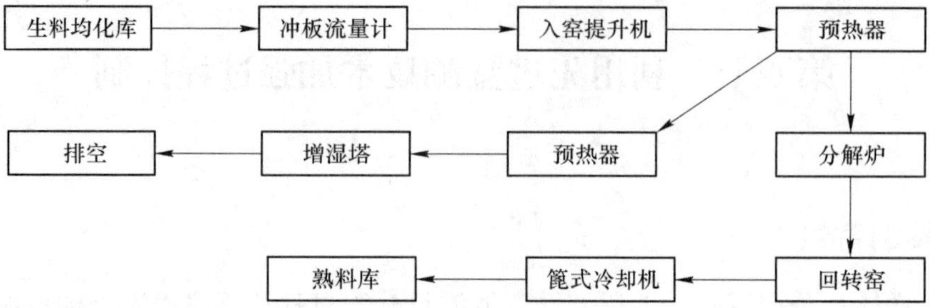

图 8-12　水泥熟料煅烧流程图

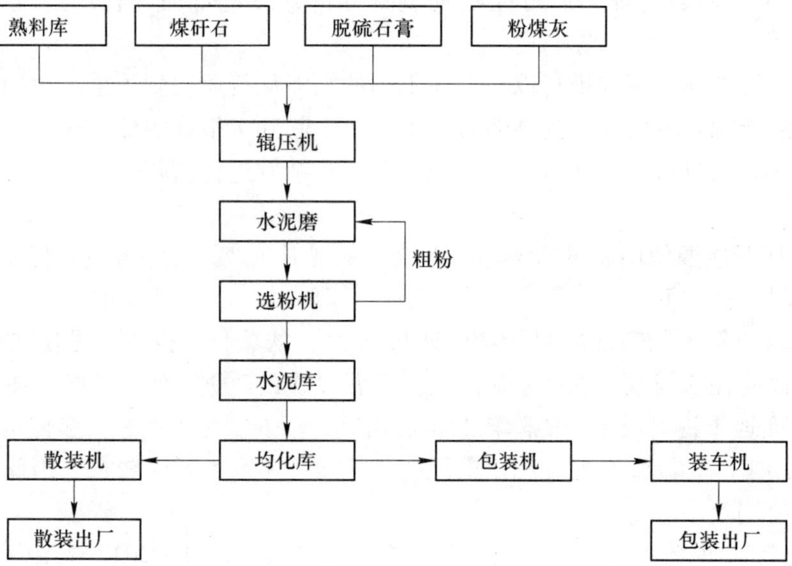

图 8-13　水泥粉磨及包装工艺流程图

该公司水泥生产过程中使用的主要能源是电能和煤炭，其能源费用占生产成本的比例在40% ~50%之间，主要用能工段有：

（1）生料制备：使用两台 UBE50. 4 日本宇部生料磨系统，为下工序提供合格细度的物料。

（2）煤粉制备：主要通过煤磨，将煤块磨成煤粉，确保充分燃烧，为烧成工段提供热量。

（3）熟料烧成：主要设备为 ϕ4. 8m ×74m 回转窑一台以及为烧成提供煤粉的煤磨一台，还包括为除尘器供风用的空压机房，该工段通过煤粉燃烧提供热量将生料烧制成熟料。

（4）水泥制备：主要耗能制备为一台 ϕ3. 8m ×13m 联合粉磨系统，将熟料及其他混合材磨细、均化，制成水泥成品。

该公司主要用能设备概况统计见表 8-7。

表 8-7　主要耗能设备一览表

序号	设备名称	配备的电动机型号	额定耗电量 /kW · h^{-1}	台数	运转率/%	安装地点/用途
1	1 号破碎机	YRKK560-3-6	1000	1	(16/24) × 100 = 66. 7	1 号破碎机—石灰石破碎
2	2 号破碎机	YRKK500-3-6	630	1		2 号破碎机—石灰石破碎
3	矿山长皮带	Y315M-4	132	1		矿山破碎机下—石灰石输送至中转站
4	生料选粉机电机	YPJ355-6	185	2	(22/24) × 100 = 91. 6	1 号、2 号生料磨机上部—选粉
5	生料磨	YRKK800-6	3600	2		1 号、2 号生料磨—研磨
6	1 号入库提升机电机	Y315M-4	132	1		1 号生料库顶—生料入均化库
7	2 号入库提升机电机	Y315M-4	160	1		2 号生料库顶—生料入均化库
8	高温风机	YRKK710-6	2500	2	100	1 号、2 号窑尾废气
9	尾排风机	YRKK800-6	3800	2		1 号、2 号窑尾收尘器
10	空压机	449TS-4	261(350HP)	3		空压机房—收尘器供气系统
11	入窑提升机	Y315S-4	110	4	100	1 号、2 号预热器顶部—生料入窑提升
12	回转窑主电机	ZSN4-400-092	630	2		1 号、2 号、3 号窑墩-窑主传
13	熟料破碎机电动机	YRW-315L2-8	110	2		窑头—熟料破碎
14	一次风机电机	Y355M--8	160	2		窑头平台—窑头喷煤
15	1 号篦冷机冷却风机	Y2-315S-4	110	4		篦冷机两侧—熟料降温
16	2 号篦冷机冷却风机	Y2-315L-4	160	3		2 号篦冷机两侧—熟料降温
17	2 号篦冷机冷却风机	Y2 315S-4	110	2		2 号篦冷机两侧—熟料降温
18	煤磨主电机	YMPS500-6	560	2	(18/24) × 100 = 75	1 号、2 号煤磨—研磨原煤
19	煤磨通风机	YR4501-4	560	2		1 号、2 号煤磨大袋收尘
20	头煤罗茨风机	Y315L1-6	110	2	100	1 号、2 号煤磨磨房—煤粉输送
21	尾煤罗茨风机	Y355M1-6	160	2		1 号、2 号煤磨磨房—煤粉输送
22	过剩风机电机	YR5004-10	560	2		1 号、2 号窑头电收尘
23	斜斗电机	Y315M1-4	132	2		熟料库顶—熟料输送
24	备用罗茨风机	Y355M1-6	160	2	备用	1 号、2 号煤磨磨房—煤粉输送
25	循环水泵	YL3555-6	220	4	100	余热车间循环水泵房—循环水
26	高压电动油泵	Y315S-2	110	1		余热车间汽机房—汽轮机轴瓦润滑
27	入磨提升机	Y315S-4	110	1	(20/24) × 100 = 83. 3	水泥车间磨房—入磨提升
28	选粉机	YVF2-315L1-4	160	1		水泥车间—磨房
29	循环风机	Y2-355M1-4	220	1		水泥车间磨房顶部
30	高浓度收尘风机	YR450-6	450	1		水泥车间—磨房
31	水泥磨主电机	YRKK800-8W	2500	1		水泥车间—磨房
32	水泥辊压机	YR4503-6	500	2		水泥车间磨房—物料挤压

续表 8-7

序号	设备名称	配备的电动机型号	额定耗电量 /kW · h^{-1}	台数	运转率/%	安装地点/用途
33	水泥磨	YR1000-8/1180	1000	2	(18/24) × 100 = 75	水泥磨房一层—粉磨
34	循环风机	YVF2-315M-4	132	2		水泥磨房三层
35	矿粉磨	JR158 – 8	380	2	(8/24) × 100 = 33.3	矿粉磨房一层—粉磨
36	电力变压器	S11-MF-500/6	500	1	500kV · A	电力室
37	电力变压器	S11-MF-1250/6	1250	1	1250kV · A	
38	电力变压器	S11-MF-1600/6	1600	5	1600kV · A	电力室
39	电力变压器	S11-MF-630/6	630	2	630kV · A	
40	电力变压器	S11-MF-2000/6	2000	4	1600kV · A	电力室
41	电力变压器	SFSZ9-40000/110	40000	1	40000kV · A	
42	电力变压器	ZTSFGN-1500/6	1500	2	1500kV · A	电力室
43	电力变压器	SCB10-1000/6.3	1000	2	1000	
44	电力变压器	S7-4000/35	4000	1	4000kV · A	降压站
45	电力变压器	S7-1250/35	1250	1	1250kV · A	降压站
46	电力变压器	SL7-1250/35	1250	2	1250kV · A	降压站

从以上方面可以看出，该公司的能源使用有以下方面的特点：

（1）水泥生产能耗巨大，其能源消耗占生产成本的费用比例在 40% ~50% 之间，因此节能降耗对企业的意义尤其重大；

（2）水泥生产过程中生料、熟料的配比、粒度等波动以及水分等指标的不同，对水泥生产能耗影响较大，对这些指标的及时调整，将影响企业的用能效率；

（3）各主要耗能设备的运行状态，也是决定生产能耗水平的重要因素。

三、案例实施

该公司已通过了 GB/T 19001 质量管理体系、GB/T 24001 环境管理体系、GB/T 28001 职业健康安全管理体系认证，具有一定的管理体系运行基础。在咨询人员的指导下，组织各部门学习了管理体系标准要求及有关的法规，于 2013 年 8 月 1 号编制了管理体系文件并发布实施，组织进行了能源评审，收集了公司的能源使用有关信息、数据，确定了能源基准和能源绩效参数，制定了能源管理体系目标指标与管理方案。

该公司在能源管理体系运行过程中，与某知名大学自动化研究所合作，研发、使用了能效管理软件系统，实现了电量、煤使用量的自动采集和运算，实现了对企业主要耗能设备、工序的能耗数据及时、快速和准确的在线监测。

在及时监控能耗数据的基础上，召集各部门人员，针对通过能源评审确定的主要耗能工序，利用实时能效管理软件，与生产的 DCS 系统相结合，对过程参数进行了及时调整，确保能源目标指标达到规定要求。

（一）原料粉磨工序

根据电耗动态监测数据，及时采取以下措施提高生料台时，达到降低吨生料生产电耗的目的：

（1）根据磨机运转参数，及时焊补磨损的辊皮及磨盘；

（2）选择易磨性好的原材料：使用铁尾矿替代转炉渣，利用黄河淤泥替代砂岩使用，同时降低砂岩资源用量加大废渣掺加量满足资源综合利用；

（3）利用余热发电废水代替清水用于磨内喷水，生料磨稳定料层；

（4）实时监控生料磨运转情况，降低后排风机转速，降低后排风机负荷，降低系统电耗；

（5）对磨机各设备提高维护标准，降低轴承温度，减少冷却风机用电；

（6）加大源头控制，控制入磨物料粒度在适宜的范围内，提高磨机台时。

（二）熟料烧成工序

根据温度等监测数据，采取了以下措施，以提高熟料煅烧效率、降低系统煤耗：

（1）提高生料的易烧性，加大湿排灰、铁尾矿、黄河淤泥等材料的应用，降低砂岩掺加量；

（2）将原有三通道燃烧器替换为某大学研制的 EPIC3170 四通道燃烧器，降低一次风用量，减少 NO_x 排放，提高烧成煅烧温度及温度的稳定性；

（3）引进进口荧光分析仪，加强三率值控制的稳定性；

（4）新上分解炉温度自动控制系统，根据在线监测分解炉温度，自动调整加煤量，与传统的人工操作相比，具有响应速度快、减少波动的特点，能够稳定系统操作，降低系统煤耗。

（三）煤粉制备工序

为提高煤磨台时、降低电耗采取了以下措施：

（1）对煤磨系统选粉机进行改造，引进 LV 技术，提高选分效率，提高煤磨台时，降低煤磨系统电耗；

（2）监控磨辊、磨盘磨损程度，视情况及时进行焊补及更换；

（3）加大源头控制，对入磨物料粒度、出磨物料细度进行实时监控，确保在适宜范围内波动，以提高磨机台时。

（四）水泥制造工序

为提高水泥磨台时，采取了以下措施：

（1）根据熟料强度的变化情况，中控室严格执行质控室制定的物料配比，实时监控配料秤的配料波动情况，从而提高物料的易磨性；质控室负责将混合材水分的有关分析数据及时通报中控室，根据需要及时调整配比要求，确保稳定性；增加巡检次数，确保辊压机液压系统的稳定性。通过以上方面的工作，提高水泥辊压机的辊压效果。

（2）根据生产指标的实时监控情况，及时补充研磨体。

（3）加大湿排灰、脱硫石膏等物料干燥，降低物料水分，降低能耗。

（4）不断试验，积极寻找易磨性好的替代物料，提高磨机台时。

（5）由质控室加大助磨剂使用量的抽查次数，确保助磨剂使用量的稳定。

(6) 中控室操作人员根据水泥产品的质量指标，如细度、比标面积等，及时调整控制参数。

(五) 其他方面

为保证以上的各项措施，能够结合新上的能耗监控分析软件系统、DCS 控制系统及推行的能源管理体系得到落实，还采取了其他方面的措施。

(1) 加强人员培训。由于能耗监控分析软件系统是新上的，公司的 DCS 系统为了与其接口，也进行了修改，所以对人员的操作要求也有所调整，因此该公司联系能耗监控分析软件系统开发单位，摸索出来操作要求与工序实时能耗之间的对应规律，在此基础上组织操作员工进行了系统培训，确保员工能够在日常操作中根据能耗监控分析软件系统实时反馈的能耗数据，及时调整操作。

(2) 结合能源管理体系的要求，制定了《风机经济运行管理制度》《回转窑经济运行管理制度》《球磨经济运行管理制度》《立磨经济运行管理制度》《电机经济运行管理制度》等，为评估各主要耗能设备的能耗水平、规范员工操作、寻找改进措施，提供了指南。

(3) 根据能耗监控分析软件系统的运行情况及实际操作要求，进一步配齐监控仪器；在 2014 年 4 月 27 日，由集团公司组织对公司的 2 条 5000t/d 窑生产线进行了热工标定，对标定的各个子系统数据进行了分析，对系统仍然存在的问题，分析了原因，提出了下一阶段的整改建议。

四、实施效果

该公司通过能耗监控分析软件系统与公司现有的 DCS 控制系统相结合，在能源管理体系的基础上，对各主要耗能工段、设备的能耗水平，进行了进一步的细化、量化，实现了操作人员实时监控主要耗能设备、工段的能耗绩效参数，及时根据能耗情况采取措施，调整工艺参数或设备运行负荷，取得了良好的效果。

(1) 提高了各级员工节能意识。通过将主要耗能设备、工段的能耗绩效参数与员工的日常操作结合，并在此基础上进一步完善岗位绩效考核标准，使员工对节能降耗要求与自身工作的结合有了直观的认识和理解，而不是将其简单地当做口号。

(2) 加快响应速度。通过专门设计的软件，岗位操作人员可以实时了解当前主要耗能设备、工段的能耗水平，不仅能够减少人工统计能耗数据的耗时，更能够通过新编制的作业指导文件及培训，及时调整设备运行状态及有关的工艺参数、物料配比等指标，大大提高了能耗波动情况的响应速度。

(3) 对主要的耗能设备、工序水平，有较大提高。公司参照国家高耗能落后机电设备（产品）淘汰目录，制定了主要耗能设备（表 8-7）的淘汰计划，通过实时监控能耗有关参数，为运行《风机经济运行管理制度》《回转窑经济运行管理制度》《球磨经济运行管理制度》《立磨经济运行管理制度》《电机经济运行管理制度》等提供了数据支持，确保主要耗能设备处于较为节能的运行状态。

自投入运行以来，该公司耗能与其他类似月份相比：平均月度吨熟料电耗下降 0.3

kW·h,吨熟料煤耗下降1.4kg，月降低直接生产成本36万元，实现节能量8220.9吨标准煤，累计节能量26411.88吨标准煤，完成“十二五”节能进度目标（39200吨标准煤）的67%。从对公司的2条5000t/d窑生产线进行热工标定的结果来看，回转窑热效率为59.58%，与上次热工标定结果相比，有一定的提高。具体指标详见表8-8。

表8-8　某公司能耗情况对比表

项　　目	GB 16780—2012			DB37/836—2007	2013年能源基准值	2013年8月1日至2014年3月31日
	限定值	准入值	先进值	2012年		
可比熟料综合煤耗/kgce·t^{-1}	≤112	≤108	≤103	112	104	102.22
可比熟料综合电耗/kW·h·t^{-1}	≤64	≤60	≤56	62	63	57.49
可比水泥综合电耗/kW·h·t^{-1}	≤90	≤88	≤85	90	80	69.19
可比熟料综合能耗/kgce·t^{-1}	≤120	≤115	≤110	120	110	109.29
可比水泥综合能耗/kgce·t^{-1}	≤98	≤93	≤88	97	84	76.72

从表8-8可以看出，某公司通过能源管理体系的运行，其可比熟料综合煤耗、可比熟料综合电耗、可比熟料综合能耗、可比水泥综合电耗、可比水泥综合能耗等指标，取得了较大的进步，均已达到或接近《水泥单位产品能源消耗限额》（GB 16780—2012）中的先进值，处于同行业前列。

五、案例点评

作为企业，在确保产品质量及产量的前提下控制成本，节能降耗是其主要考虑的方面。在此前提下，很多企业把精力主要放在了技术节能方面，即不断通过加大投资来引进技术、改造设备等措施，达到节能降耗的目标，不过这种方式往往投入较大，见效周期长，并且很容易引起同行业竞争对手的效仿，反而不断加大了技术或基础设施方面的投入，增加了财务负担，陷入“上项目找死、不上项目等死”的怪圈；而另一些企业则是与之相反，在缺乏充分调研的基础上，采取所谓的“管理节能”措施，盲目地降低各部门的能耗考核指标，加严考核标准，导致下属的生产部门往往出现为降低本单位的能耗指标结果而“不择手段”的情况，如违章作业、虚报数据、侵害其余单位的利益等情况，影响了企业内部的凝聚力。

根据GB/T 23331—2012能源管理体系标准中4.6.1监视、测量与分析条款的要求，通过对主要能源使用、能源绩效参数以及与主要能源使用相关的变量等进行监视、测量与分析得到的结果，一方面用于反映运行能源管理体系所生产的绩效，另一方面更重要的是通过监视、测量与分析，以便及时发现问题，采取措施进行更加有效的运行控制（GB/T 23331—2012中的4.5.5），其运行控制可以涉及以下方面：

（1）产品和过程的设计控制；

（2）设施设备的配置与控制；

（3）生产和服务提供过程的控制；

（4）能源的购入、贮存、加工转换、输送分配及最终使用；

（5）余热余压利用等。

在本案例中的公司，通过引入技术建立了对主要能耗指标的日常监控系统，提高了能源消耗有关主要参数获取的及时性与准确性，组织部门、人员进一步从数据中摸索规律，一方面制定了《风机经济运行管理制度》《回转窑经济运行管理制度》《球磨经济运行管理制度》《立磨经济运行管理制度》《电机经济运行管理制度》等制度，确保主要耗能设备处于节能运行状态，也提高了员工的节能意识与操作水平；另一方面对日常能耗指标有关参数波动能够及时发现，并采取调整措施，使主要能耗工序始终处于低消耗水平，同时也为必要的设备设施改造等提供了科学依据，最终取得了良好的效果，可以为我们带来借鉴，在同行业中具有良好的推广价值。

第五节　信息化系统在能源管理体系中的探索与应用

一、案例背景

GB/T 23331—2012 标准 4. 5. 5 要求："组织应识别并策划与主要能源使用相关的运行和维护活动，使之与能源方针、目标、指标和能源管理实施方案一致。组织应建立和设置主要能源使用有效运行和维护的准则，防止因缺乏该准则而导致的能源绩效的严重偏离。"

同时，该标准 4. 6. 1 要求："组织应确保对其运行中的决定能源绩效的关键特性进行定期监视、测量和分析。组织应制定和实施测量计划，且测量计划应与组织的规模、复杂程度及监视和测量设备相适应。组织应保存监视、测量关键特性的记录。"

上面两段标准中提到的"主要能源使用"是指在能源消耗中占有较大比重或存在较大节能潜力的能源使用，"决定能源绩效的关键特性"则是包含主要能源使用、能源绩效参数等在内的、对组织能源绩效有重大影响的因素。组织的主要用能设施、设备的能效限定值，即是"主要能源使用有效运行和维护的准则"的主要内容之一，也是"决定能源绩效的关键特性"之一，对其进行必要的、定期的监视、测量和分析，有助于组织及时发现问题，采取措施，进行有效控制，并确保取得理想的能源绩效。

然而，许多企业实际上因为受到能源计量、数据采集和统计方面诸多因素的制约，并不能够识别和策划所有"主要能源使用有效运行和维护"的准则，也未能对"决定能源绩效的关键特性"进行及时的监视、测量和分析，以至于对主要能源使用运行和维护活动的控制不到位，对关键特性的监控分析不到位，不能及时发现问题并采取有效措施，能源管理体系的持续改进机制难以建立。

二、企业简介

中国重型汽车集团有限公司的前身是济南汽车制造总厂，成立于 1958 年，曾生产出国内第一辆重型载货汽车。2001 年企业重组成立中国重型汽车集团有限公司，简称中国重汽，目前济南地区共有 12 家生产企业，2014 年综合能耗 13 万吨标准煤。公司于 2013 年 9 月开始导入能源管理体系，2014 年 6 月顺利通过认证审核，成为中国重型汽车行业第一家通过能源管理体系认证的企业。

三、案例实施

（一）能源管控基本情况

重型汽车生产链条较长，铸造锻造出毛坯，经过机加工和安装，形成总成、整车。主要用能工艺包括铸造、锻造出毛坯、驾驶室涂装、车架电泳、各类热处理等。

经过普查，重汽集团（济南地区）内部有 72 个主要用能单元，各用能单元年度合计能耗 78887 吨，占集团年度总能耗的 71.7%（表 8-9）。

表 8-9　2014 全年各主要耗能工序单耗统计

单　位	部　门	分　部	工序名称	折标准煤/tce
集团合计				78887
铸锻中心	铸造一部	一分部	熔　炼	591
			制　芯	173
			造型及砂处理	203
		三分部	熔　炼	3914
			制　芯	1240
			造型及砂处理	346
			清　理	1053
		四分部	熔　炼	139
	铸造三部	一分部	熔　炼	3259
			制　芯	677
			造型及砂处理	411
			清　理	775
		二分部	熔　炼	3364
			制芯及造型	200
			砂处理	383
			清　理	359
	锻造一部	一分部	16t 机组	1667
		二分部	KP12500 模锻机组	1629
			MP8000 模锻机组	552
		三分部	曲轴悬挂热处理线	1544
			前轴悬挂热处理线	894
			转向节悬挂热处理线	439
	锻造二部	一分部	锻二热处理	3271
		二分部	6300t 模锻机组	1319
		二分部	3150t、1600t、630t 机组	343
	设备动能部	中心厂区	空压站	634
		圣井厂区	空压站	1042

续表 8-9

单 位	部 门	分 部	工序名称	折标准煤/tce
卡车公司	设备动能部	热力分部	锅 炉	20490
		制风现场分部	制 风	1459
	车身部	涂装一现场分部	涂装工序	4669
		涂装二现场分部	涂装工序	1225
	车架部	装配一现场分部	电泳工序	1063
		装配二现场分部	电泳工序	1105
桥箱公司	齿轮加工部	热处理分部	多用炉	138
			热处理连续线一	210
			热处理连续线二	202
	设备动能部	能源管理室	空压站	687
部件部	精铸件加工部	精铸分部	精 铸	1811
		有色分部	有 色	692
		清理分部	清 理	249
		锅炉分部	锅 炉	114
		涂装分部	涂 装	101
	传动轴加工部	传动轴涂装分部	传动轴涂装	430
		传动轴热处理分部	传动轴热处理	224
	部件加工部	部件涂装分部	部件涂装	228
		部件热处理分部	部件热处理	290
	底零加工部	底零分部	底零（涂装＋达克罗）	581
		底零热处理分部	底零热处理	236
	车轮加工部	车轮涂装分部	车轮涂装	382
	零部件加工部	零部件涂装分部	零部件涂装	98
橡塑件公司	座椅油箱加工部	消声器现场分部	SCR 生产线	683
	橡塑产品加工部	硫化现场分部	硫化注射工序	457
		混炼现场分部	混炼混胶工序	99
变速箱部	装配直属分部	涂装车间	涂装线	144
	齿轮加工直属分部	热处理车间	多用炉	107
			连续线	168
豪客公司	焊装加工分部	涂装车间	涂装工序	553
动力部	WD 加工部	调试、涂装分部	试车间	1352
		涂装现场分部	试车间	736
	MC 加工部	调试现场分部	涂 装	293
	部件加工一部	机加一现场分部	热处理	525
	设备动能部		空压站	1474
轻卡部	车身部	涂装分部	车身涂装	1993
	设备动能部	动力现场分部	空压站房	163
	车架部	涂装线	车架涂装	272

续表 8-9

单　位	部　门	分　部	工序名称	折标准煤/tce
特种车公司	制造部		采暖设备	129
	质量部		军车路试、产品加注	356
商用车公司	车身部	涂装车间	车身涂装线	954
		焊装二车间和冲压车间	曼生产线	152
	车架部	涂装车间	车架电泳线	430
	设备动能部		空压站	564
专用车公司	涂装分部		涂装线	179

一般来说，主要用能单元也是主要节能潜力单元。如果上述主要能源使用处于受控状态，则整个能源管理体系基本处于有效运行状态。重汽集团根据能源评审的结果，为主要用能单元设置了能源消耗限额，并建立了日监控制度。但由于受到计量、采集和统计方面诸多因素的制约，能耗限额执行情况并不理想。特别是关于产量的记录，受到人为因素的制约，统计数据容易出现较大偏差，给能源管控带来较大困难。

（二）测算基准，确定限额

通过对历史数据进行对比分析，确定能耗基准，并在此基础上制定各主要用能单元的能耗限额。例如铸锻中心的 10t 铁水熔炼炉，一般单炉耗电在 5300～6000kW·h 之间，经过测算，取半年以来的平均值 5800kW·h 为基准，5500kW·h 为限额标准，如果能够实现，按年产 15 万吨铁水计算，年可实现节能量 553 吨标准煤。

（三）建立日常监控和激励机制

设置记录表，用于记录每个作业班次的产量和用能数据。对于像熔炼炉等更重要的用能单元，还要做更加详细的记录，包括每炉铁水的成分，以及为满足成分要求进行调料的次数、熔炼总用时、用能数量等。

车间设置专人负责汇总记录表，录入信息系统，对单班单产能耗限额执行情况进行监控，发现异常立即干预。每周、每月定期开展能耗限额执行情况的分析。

对于完成能耗限额较好的班组，公司按照节能奖励政策给予奖励，没有完成能耗限额的班组，要扣减月度部分绩效工资。

集团公司建立每季度的节能工作例会制度，加强集团内部各生产企业之间的经验交流，实现信息共享，推动集团公司整体能源绩效的提升。

（四）采用信息化手段解决好数据采集问题

经过对集团公司各生产企业的充分调研，发现在信息化手段的应用上，各个生产单位的情况存在较大差异：

（1）基层生产单位，出于统计操作者工作量、质量的需要（用于核定操作者月度绩效工资），出于基层管理者日常管理生产的需要，都会安排专人对每个操作者、每个工序工位每天的产量，在制、废品数进行详细记录，月底汇总。但由于没有信息化的支持，基本上都在利用 EXCEL 电子表格做统计，记录和汇总的数据可能会出错，工作效率不高，且基础数据不易留存和共享。

（2）部分总成总装、整车总装生产线上，已经建立了 ERP 系统，相关生产数据可从现有数据库中直接调取。

（3）在用能计量方面，目前各类抄表数据仍然记录在 EXCEL 电子表格中，各个管理层级的月度用能报表仍然采取手工方式制作。

因此，企业基层生产单位急需通过信息化手段，在满足生产管理需要的同时，也能够客观并及时获得能源绩效管理需要的产量数据。集团公司的用能统计不能再停留在手写记录和 EXCEL 表格上，需要积累更多的基础用能数据。

因此，建立一套集能源管理和基层生产管理为一体的信息系统，不仅可以避免不符合常情、不符合逻辑的错误的用能数据的录入，保证用能数据的客观和准确，而且可以通过建立能源相关的数据库，用来测算基准、确定能源目标指标、开展能量平衡计算、用来分析并寻找新的节能机会，巧妙地将信息化融入到集团公司的能源管理体系中，打造能源管理体系升级版。

（五）信息化方案实施细节

1. 建立树形组织结构

按层级和从属关系注册各级生产单元：集团公司—二级公司—加工部—生产车间—流水线（工段），各生产单元可以标记为重点用能单元（图 8-14）。

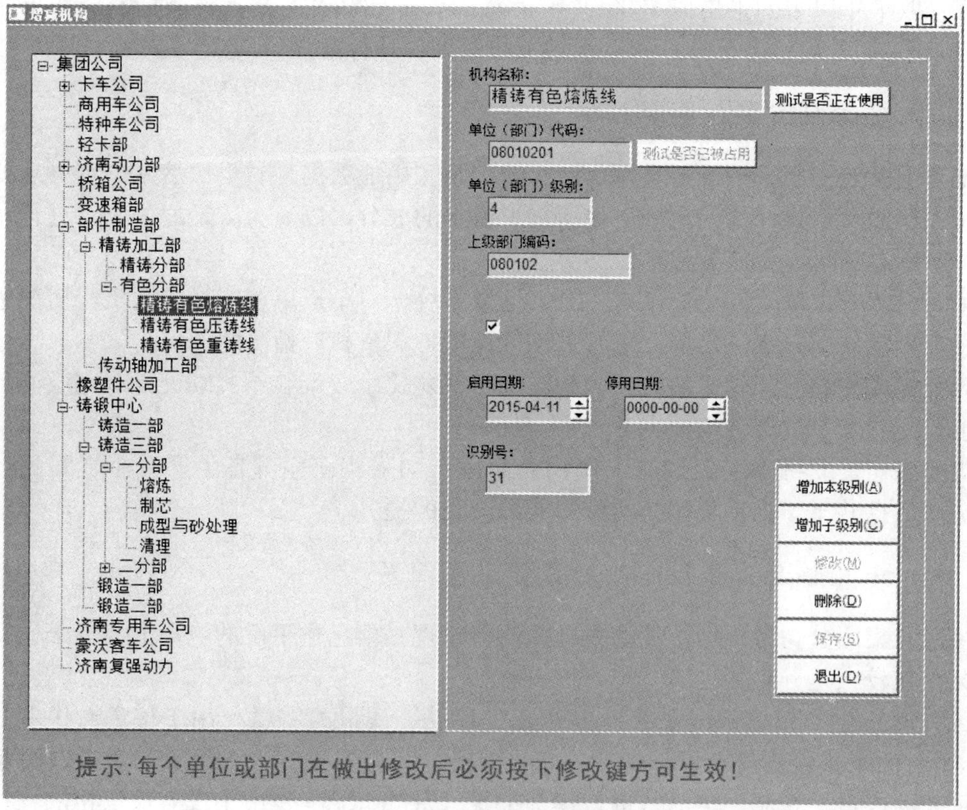

图 8-14　信息化系统架构图

2. 注册产品

在每个生产单元注册产品，包括产品属性（如单件加工工时、加工价格、用能种类和基准、限额标准等）。如果一条生产线生产多种产品，可以将最主要的产品设为标准件，对其他产品的用能情况进行测算和统计分析（如根据单件加工工时或加工价格做出测算），并与标准件进行对照，确定一个用能系数（可大于1，也可小于1）（图 8-15）。

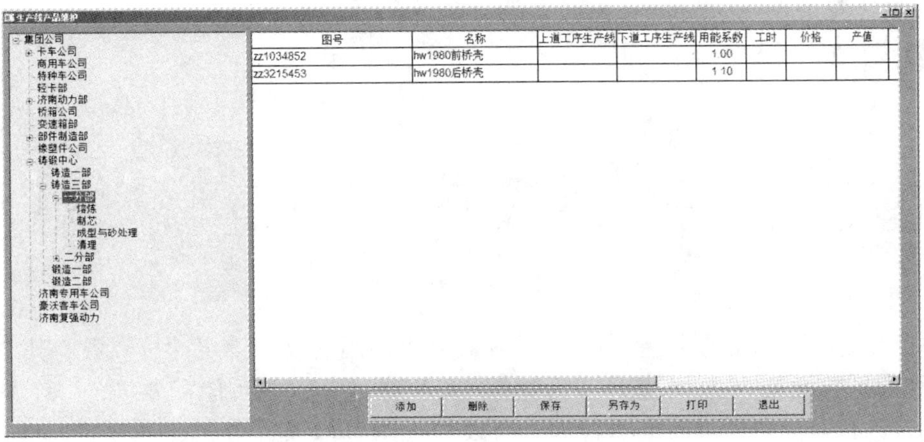

图 8-15　注册产品

3. 注册生产班组

在某个生产单元可以注册生产班组（图 8-16）。

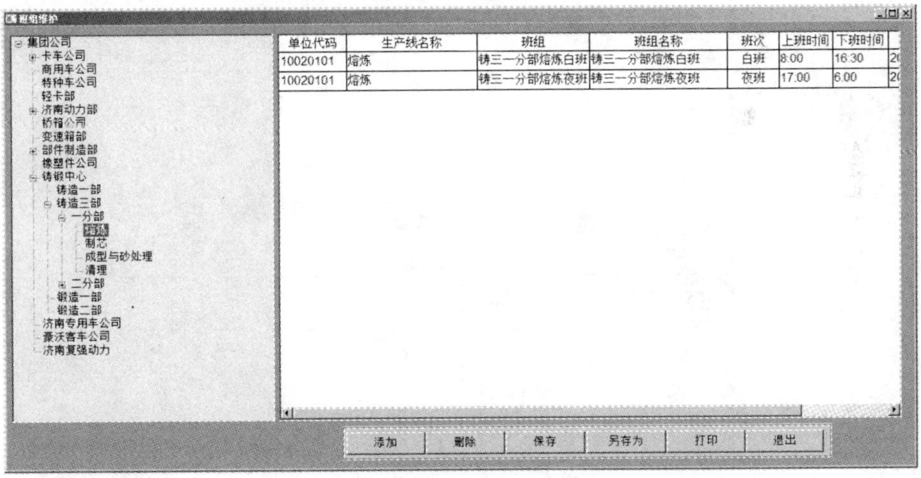

图 8-16　注册生产班组

4. 注册设备

在某个流水线（工段）可以注册设备（图 8-17）。

5. 注册能源计量仪表

在每个生产单元以及该单元的用能设备可以注册用能计量仪表，登记仪表编码及用能种类。

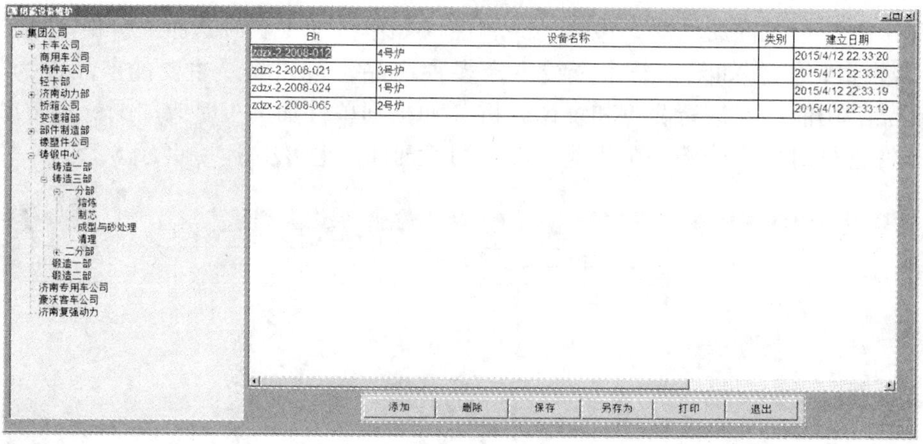

图 8-17　注册设备

为计算某生产单元的用能，可以对注册在其下的用能仪表设定计算系数。其中，需要直接相加的系数就是 1；如果该仪表需要考虑一定的线损，则可能需要增加一个系数，如 1.1；如果某仪表同时计量的范围较大，可以经过测算取其部分记为本生产单元的用能，则系数可能小于 1，如 0.8；如果某仪表需要减去，则系数为 -1。同时，为了进行能量平衡分析，还需要为计量仪表设置父子关系（图 8-18）。

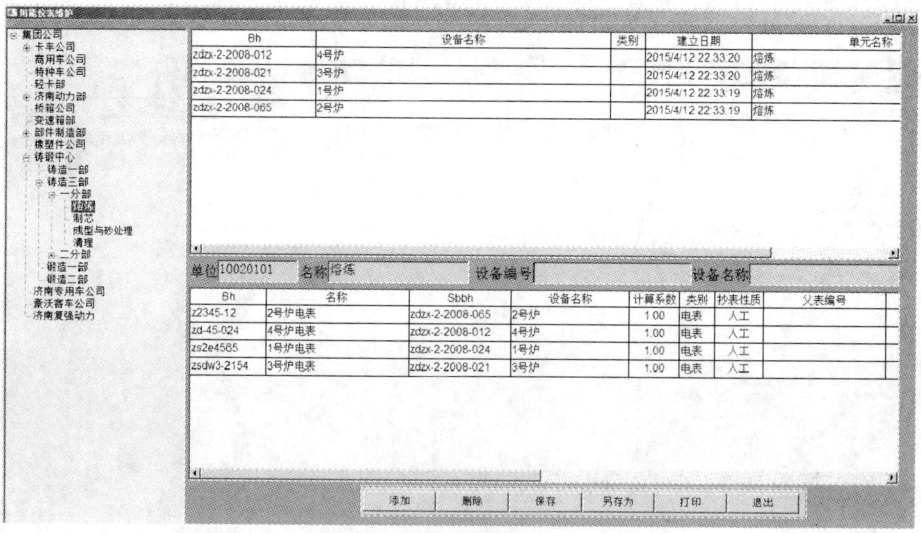

图 8-18　注册能源计量仪表

（六）产品产量与用能数据的采集

1. 用能数据的采集

现场抄表数据还是要手工记录，记录抄表时的表头止码，将表头止码录入系统后，系统会自动计算阶段用量。根据设定的计量仪表的父子关系，系统可以对录入的数据进行初步的智能比对，努力将低级错误阻挡在系统之外。

系统提供记录每个生产单元尖峰平谷用电价格机制的功能，用于记录计费电量，以统计各单元错时用电的情况，因此电表数据应按照尖、峰、平、谷时段分别记录。

对于部分重要的用能单元，争取采用在线监测方式获得实时用能数据。如铸锻中心已将熔炼炉现场控制室电脑联入企业局域网，熔炼班组可以现场登录信息系统录入数据。

2. 产量数据的采集

部分现场产量数据（如铸造的熔炼、精铸的熔炼、精铸有色的熔炼、铸造浇铸数据、精铸浇铸数据等）需要人工填写；部分总成生产数据（如发动机整机涂装、试车、驾驶室涂装、车架电泳等）已有 ERP 系统，可以根据作业班次的上下班时间直接读取产量数据（图 8-19）。

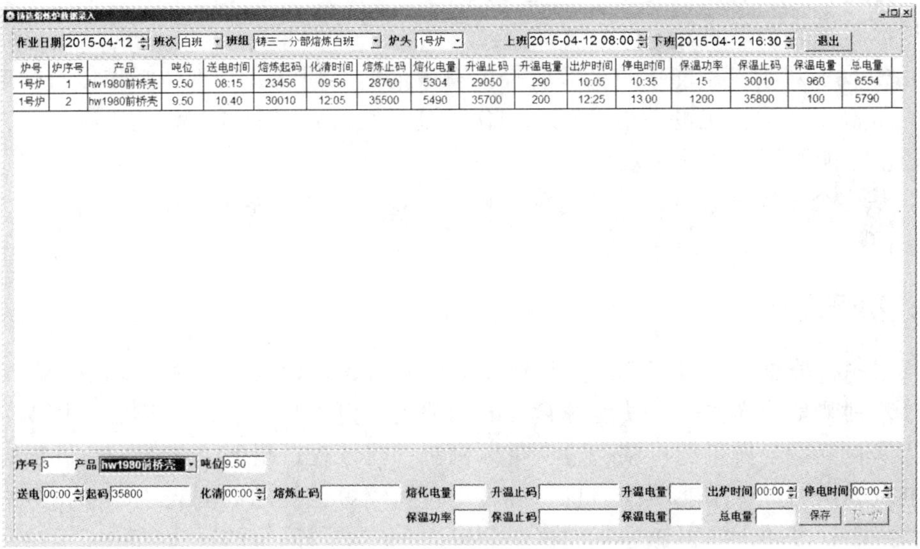

炉号	炉序号	产品	吨位	送电时间	熔炼起码	化清时间	熔炼止码	熔化电量	升温止码	升温电量	出炉时间	停电时间	保温功率	保温止码	保温电量	总电量
1号炉	1	hw1980前桥壳	9.50	08:15	23456	09:56	28760	5304	29050	290	10:05	10:35	15	30010	960	6554
1号炉	2	hw1980前桥壳	9.50	10:40	30010	12:05	35500	5490	35700	200	12:25	13:00	1200	35800	100	5790

图 8-19　采集产品产量

（七）用能情况的监控与分析

编制智能监控模块，以系统设定的单件用能限额或此前一个月的平均单件用能为基准，设定报警系数。例如，铸造熔炼炉单炉吨铁水用电限额为 540℃，可设定单炉高限报警点为 580℃，一旦超出限额，就要标注出报警标志，以利于有效监控（图 8-20）。

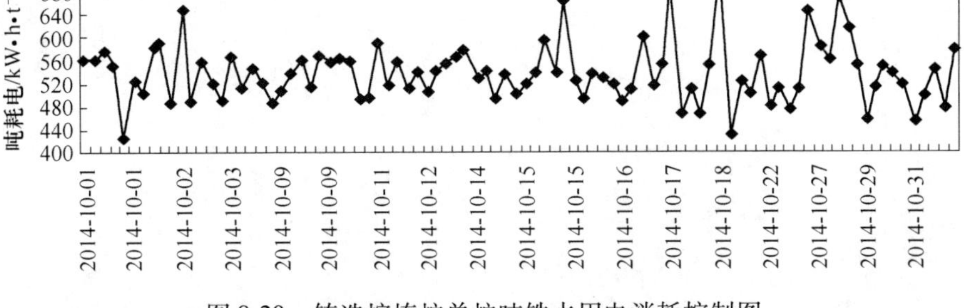

图 8-20　铸造熔炼炉单炉吨铁水用电消耗控制图

（八）提供各类统计数据和报表

系统还能够提供各类统计数据和报表，用于监控和分析重点用能单元日单产用能偏离限额标准的情况。

未来，系统还将增加阶段性用能偏离限额分析功能，从废品率、经济排产、生产节拍等多个角度分析，并不断总结更新分析角度，以期获得更为直接的分析结论。

四、实施效果

重汽集团的重点用能监控信息系统经过一段时间的试运行，在多个方面产生了积极的影响。

（1）用能限额执行情况良好，超过 90% 的用能单元在基准之下运行，85% 的能够完成限额指标，节能效果明显。

（2）实现了对重点用能单位能源管控的有效落地，使能源管理体系得以有效运行。

（3）提高了一线员工的节能意识，强化了基层经营者对节能工作的重视程度，有利于集团公司整体能源绩效的改善。

（4）从多个角度开展管理节能专项分析，发现了更多节能机会和节能潜力，为集团公司节能工作提供了有效手段。

五、案例点评

重汽集团将信息化手段与能源管理体系进行融合，可以实现能源管理数据从采集、分析、汇总，到共享的高效率，使能源管理的相关决策更加科学，同时充分发挥 PDCA 过程方法的优势，打造全员参与机制、遵法贯标机制、持续改进机制、节能技术进步机制。

因重汽集团的重点用能监控信息系统运行时间较短，基础数据还不够丰富和全面，用能基准和限额标准还需要再做适当的修正，以进一步增强系统的适应性和实用性。

同时在防止人工录入错误数据方面，设定的智能核对公式需要进一步完善，尚未采用在线监测方式获得用能数据，难以开展更为细节化的用能管控和专项分析。

第九章　能源管理体系建设与推进

实施能源管理体系是企业的一项战略决策，涉及面广，工作周期长，也是一项系统工程。为了确保能源管理体系建设取得明显成效，必须进行系统策划。

本章选取企业、企业集团实施、推动能源管理体系建设的案例，从不同角度提供了能源管理体系建立的做法和经验，具有较强的示范意义。

第一节　煤炭企业能源管理体系的建立与实施

一、案例背景

中国是全球最大的煤炭生产国、消费国和进口国，2012 年全国煤炭产量 36.5 亿吨，占全球煤炭产量的 50% 左右，进口煤炭 2.89 亿吨，占全球煤炭贸易量的 20% 左右。煤炭工业是关系国民经济命脉和能源安全的重要基础产业，煤炭采选业既是重要的一次能源生产行业，又是重点能源消耗行业。

目前煤炭行业的开采在能源使用、环境保护以及资源利用上浪费极大，山东省内几大煤炭集团都在积极地做好节能减排工作。煤炭企业应结合煤炭企业能源使用及管理实际，建立切实可行的能源管理体系，对煤炭开采、运输、洗选以及管理等辅助系统各环节的能源管理进行规范，降低能源消耗、提高能源效率。

二、企业简介

某煤矿于 1989 年建成投产，年设计生产能力 120 万吨，资产总值为 7.53 亿元。目前，该矿的采掘机械化率为 100%，建成了全国煤炭行业一流的数字化生产调度指挥中心。顺利通过了 ISO9001 质量、ISO14001 环境、OHSMS18001 职业健康安全管理体系。该矿设有办公室、财务科、煤质运销科、环保节能计量中心、通防工区、机电运转工区等 31 个基层区队。

该矿的能源管理体系范围是 170 万吨/年原煤的主要生产系统及辅助、附属生产系统。其中生产系统包括开拓、掘进、回采、提升、运输、排水、通风、压风、瓦斯抽采、井下充填、制冷降温等主要用能单元，以及生产指挥、设备维修、动力供应、地面运输、矿灯充电、生产照明、生产供水、选石干、井口保温、灭火注浆等辅助用能单元；辅助生产系统包括锅炉运行、职工食堂、浴室、职工宿舍、洗衣、烘干、采暖、制冷、化验室、开水炉灶、环保及生态建设等附属用能单元。

该矿井工开采的生产工艺流程、选煤厂生产工艺流程分别见图 9-1 和图 9-2。

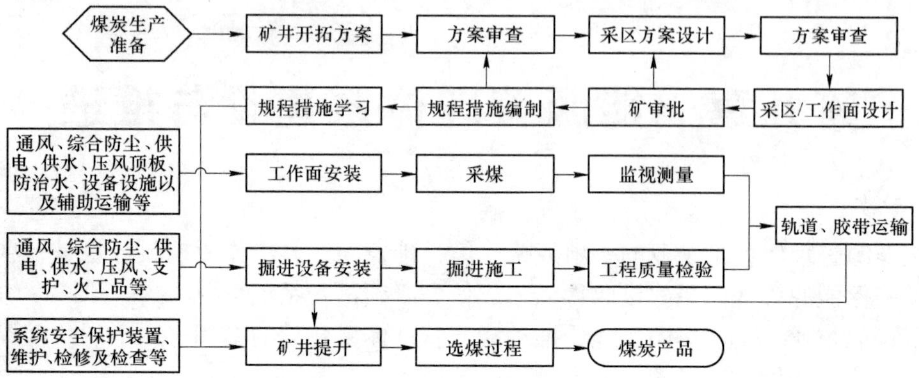

图 9-1　矿井生产工艺流程

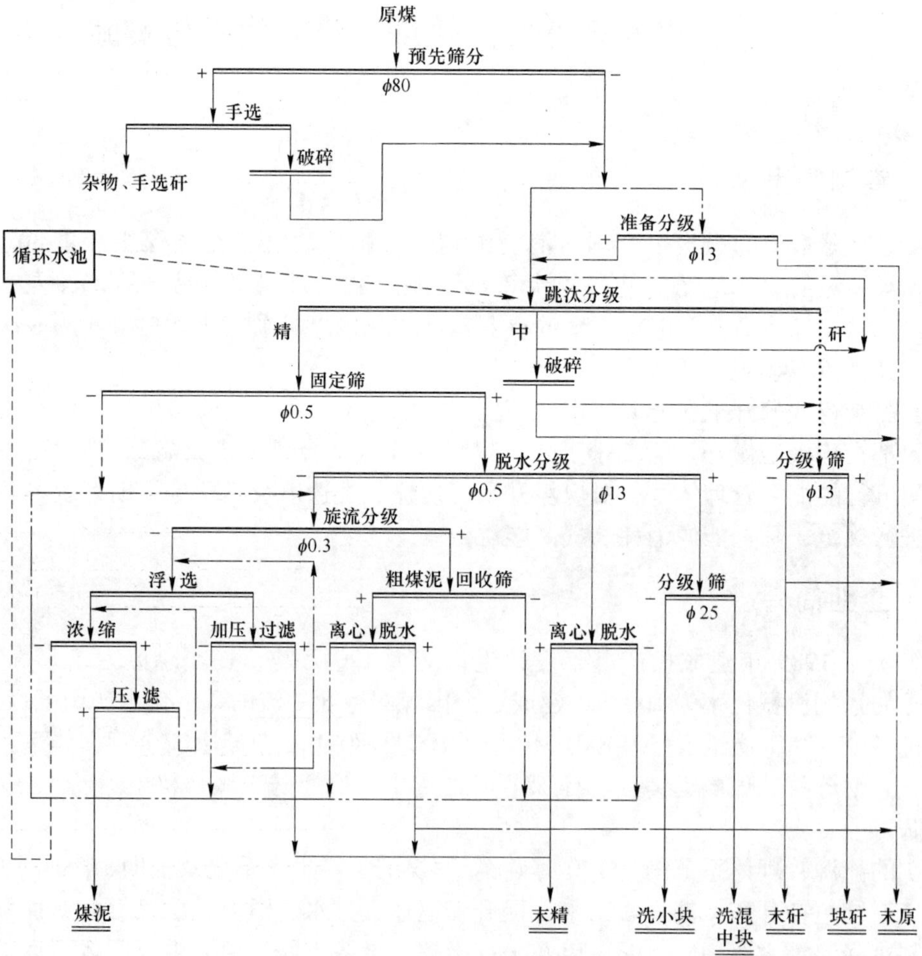

图 9-2　选煤厂生产工艺流程

三、体系建设实施步骤

该矿能源管理体系建设过程分为启动、贯标培训、初始能源评审、体系策划与文件编制、体系运行、内审及管理评审等阶段。

（一）启动阶段

确定企业的能源管理体系管理者代表、能源管理负责人，并制定初步总体工作计划，包括工作内容、项目进度、重要节点、工作成果等。

（二）贯标培训阶段

企业组织开展了贯标培训，培训内容包括：《能源管理体系要求》（GB/T 23331—2012）、《能源管理体系实施指南》（GB/T 29456—2012）、能源管理体系建设步骤与方法。

（三）初始能源评审阶段

根据确定的能源管理体系建设的范围及边界，开展了初始能源评审，编制了初始能源初审报告，并在初始能源评审的基础上，建立了能源基准、能源绩效参数以及能源目标、指标。

（四）体系策划与文件编制阶段

根据初始能源评审的结果，按照 GB/T 23331—2012 标准的要求，策划企业能源管理体系文件结构，编写了能源管理手册、程序文件及各类作业文件。

（五）体系运行阶段

体系文件经企业最高管理者批准后下发，按照文件要求开展日常工作，并认真填写相关控制记录。企业按照不同管理层级、职能分别对相关人员进行培训。

（六）内审、管理评审阶段

在对内审员进行培训的基础上，企业在能源管理体系运行 3 个月后开展了第一次内部审核，对审核中发现的不符合项由责任部门实施原因分析、制定整改措施，并对整改效果实施了验证。企业管理者代表主持开展了管理评审活动，系统评审管理体系的充分性、适宜性、有效性和效率。

四、能源管理体系实施

（一）能源目标、能源指标与能源管理实施方案

企业综合考虑山东省煤炭行业产品能耗限额、企业能源使用及管理实际，确定以煤炭行业产品能耗限额地方标准、电力行业产品能耗限额地方标准及 2012 年实际发生的能耗数据为能源基准，并在此基础上，综合节能潜力和市场、财务等因素确定了 2013 年的能源目标，详见表 9-1。

表 9-1　2013 年煤矿的能源基准与目标

序　号	指 标 名 称	基准值	2013 年目标
1	吨原煤生产综合能耗/kgce · t^{-1}	9.80	8.5
2	吨原煤生产电耗/kW · h · t^{-1}	25.0	24.5
3	选煤综合能耗/kgce · t^{-1}	1.23	0.9
4	选煤电力单耗/kW · h · t^{-1}	7.0	6.5
5	供电标准煤耗/gce · $(kW \cdot h)^{-1}$	408	390
6	供热综合能耗/kgce · GJ^{-1}	42.0	41.5
7	节能量/tce	6500	6000

为了顺利完成上述能源目标，根据初始能源评审确定能源绩效改进机会，企业确定了 32 项能源管理实施方案（表 9-2），预计投资总额为 4480.19 万元，方案全部实施完成后，可实现节能量 5236.58 吨标准煤。

表 9-2　该煤矿能源管理实施方案一览表（部分）

序号	能源目标指标	实施方案（技术、管理等方案）	时间进度	实施效果预计	折合节能量/tce	投资情况/万元	验证方案实施过程和结果的方法	责任部门
1	掘进技术组年节能量 1500tce	胶带输送机顺煤流启动装置等 6 项	2013.6.1 ~ 2013.6.30	年节电 1200 $\times 10^4$kW · h 等	1502.32	395.965	每周一调度	掘进工区
2	采煤技术组年节能量 1500tce	工作面机尾卧底增加煤炭回收率等 5 项	2013.6.1 ~ 2013.6.30	多回收煤炭 3422.4t 等	785.88	300.065	每周一调度	掘进工区
3	机电运转工区年节能 1100tce	安装矿用无功功率自动补偿装置等 7 项	2013.8.1 安装完毕	年节能 6.1 $\times 10^4$kW · h 等	237	504.06	1. 计算安装前消耗电能； 2. 安装后提高功率和降低变压器损耗及线路损耗，可以节约的电能	机电运转工区
4	电厂年节能 600tce	锅炉冷渣机放渣口降尘改造等 4 项	2013.7.16 前交付使用		1712.9	30.7	试运行一个月核算节能量	车间、建办等
5	设备科年节能 50tce	5 部胶带输送机驱动装置电动机电压升级改造，传动方式改造	2013.10 前完成	节约电 14.89 $\times 10^4$kW · h 等	53.6	257.5	试运行一个月核算节能量	各采掘工作面
6	恒邦公司年节能 100tce	建设年生产能力为 $5 \times 10^4 m^2$ 的加气砌块厂	2013.7.10 前完成	有效利用粉煤灰，减少环境治理投入 10 万元等	150	2690	试运行三个月核算节能量调度	恒邦公司
7	选煤厂年节能 600tce	尾煤压滤处理能力改造等 8 项	2013.7.1 前完成	多回收煤泥、煤炭等	794.88	301.9	试运行三个月核算节能量	选煤厂
合计	5450tce	32 项	—	—	5236.58	4480.19	—	—

（二）运行控制

企业对新、扩、改、建项目的设计、主要用能设备的管理、定期监控、生产过程的用能过程控制、能源采购等进行策划，制定了能源采购标准或规范，明确了企业的主要耗能设备、主要耗能工序以及对各工序的控制规定，按照《煤炭行业能源计量器具配备》（DB 37/81.2—2007）配备了主要能源计量器具和监测装置。结合煤炭行业生产及能源使用特点，提出了煤炭企业全面能源管理体系的构建思路，突出对能源发生过程的控制，构建包括事前、事中、事后能源控制在内的全面、全过程的控制体系。

1. 能源事前管理

能源事前控制主要是企业综合原经营责任目标与预算的管理规定和办法，重新梳理了管理流程，根据企业的实际情况，优化了各环节流程，并建立了能源目标与能源消耗定额管理制度，进一步理顺和规范了能源目标和能源消耗定额的确定、分解、下达、考核等程序。各单位结合本单位的实际情况，依据下达的能源目标和能源消耗定额制定各自的落实策略，强化了煤矿及各单位的事前控制策略的制定，为完成各项能源目标和消耗定额做好充足的准备。

2. 能源事中管理

能源事中管理控制重点通过对煤炭生产、加工、销售过程控制、机电管理、人员管理和信息管理等环节的控制来实现。

（1）优化采掘、洗选加工和销售过程控制。事中控制首先从采掘、洗选加工和销售过程的改进开始，加强各环节的煤炭收集，减少煤炭散失、减少留煤，强化电力等能源使用、消耗控制，通过严格的过程控制来实现煤炭的多产出、电力等能源的低消耗。

（2）完善设备管理。加强机电设备管理，建立健全了设备管理制度，完善了设备计划、验收、台账建立、发放、退库、完好标准及设备的检修、大修和停产检修等管理过程，保证了设备的使用寿命和效率的最大化。

（3）强化人员管理。企业制定了薪酬管理、岗位绩效考核、人员培训等管理制度，以提高员工的实际操作技能为重点，提高了工作效率，强化了节能的主动性、自觉性。

3. 能源事后管理

能源事后管理重在统计分析。企业运用能量平衡、能源网络图、能效对标、专家诊断等方法识别能源绩效改进机会，并在此基础上制定、实施新的能源改进方案，实现能源管理的持续改进。

（1）规范能源统计管理。煤矿将规划发展科作为综合统计部门，负责对生产经营、大修、投资计划等执行情况进行统计、分析。统计数据包括煤泥产量、洗混煤产量、调煤装车数量、原煤提升数和本部运输区排矸数、精煤产量、手选矸及上仓原煤数、洗矸产量、入洗及配洗煤、工作面的收尺数、生产煤量，以及产量进尺收尺量、洗煤产品数量、物资及能源消耗量等。

（2）强化能源核算管理。为加强能源核算的准确性和及时性，该煤矿将生产科作为能源核算的责任部门，根据各单位承包指标逐月进行能源核算，并将核算结果随时反馈给有关领导以便决策。

（3）优化经营分析管理。煤矿每月召开经营分析会，对全矿月度及累计的实际生产经营情况、费用发生情况、能源消耗情况等进行分析说明，对次月的能源费用目标进行预测；对当月全矿能源、利润影响较大的事项进行专项分析，并提出经营管理整改意见。

五、实施效果

煤矿建立能源管理体系以来，通过系统的能源管理体系标准、相关法律法规、节能技术、能源管理体系文件的培训，以及推行能源目标和消耗定额考核、数据统计与分析、相关整改措施的实施等控制手段，能源管理的规范化水平显著提升，员工节能意识及节能主动性得到强化，各项经济技术指标也得到优化（表9-3）。

表9-3　能源管理体系认证试点审核能源绩效统计

原煤综合能耗统计										
项　目	产品单位单一能源品种消耗统计					产品单位单一能源品种消耗统计				
能源种类	电力/kW·h	蒸汽/GJ	汽油/t	柴油/t	合计	电力/kW·h	蒸汽/GJ	汽油/t	柴油/t	合计
实物量	1024.96×10^4	68838	2.08	8.52		3300.66×10^4	215774	6.6	22.1	
当量值/tce	1259.68	2347.38	3.06	12.41	3622.53	4056.51×10^4	7357.89	9.7	32.2	11456.3
所占比例/%	34.77	64.80	0.08	0.34	100	35.41	64.23	0.08	0.28	100
原煤产量/t	417952					1332208				
产品单位产量能耗/$kgce\cdot t^{-1}$	8.667					8.599				
选煤综合消耗统计										
项　目	产品单位单一能源品种消耗统计					产品单位单一能源品种消耗统计				
能源种类	电力/kW·h	蒸汽/GJ	汽油/t	柴油/t	合计	电力/kW·h	蒸汽/GJ	汽油/t	柴油/t	合计
实物量	213.32×10^4	1456.76	0.02	3.6		768.05×10^4	5433	0	2.2	
当量值/tce	262.17	49.53	0.03	5.25	316.98	943.93×10^4	185.27	0	3.21	1132.41
所占比例/%	82.71	15.63	0.01	1.66		83.36	16.36	0.00	0.28	
精煤产量/t	156141					560977				
产品单位产量能耗/$kgce\cdot t^{-1}$	2.03					2.02				

煤矿从能源管理体系建立以来，已完成32个能源管理方案，收到200余份员工提出的节能减排建议书，从中筛选出70余份优秀建议书，已成功实施了30余项，取得了良好的经济效益。能源成本占总成本比重由8.5%降低到8.21%。

六、案例点评

企业能够按照能源管理体系GB/T 23331—2012标准中条款与要素的要求积极主动地进

行，工作积极主动，实施效果明显，但在能源绩效参数的识别及控制、法律法规和其他要求的识别、贯彻落实、能源目标与指标的针对性、能源计量和监测等方面还需要继续加强。

第二节 法律法规在能源管理体系建设中的融合与贯彻

一、案例背景

遵法守法是企业存在和发展的底线和基础，因此法律法规在企业能源管理体系的策划、运行等方面特别重要，主要表现在：

（1）为了确保能源方针更好地适合企业的活动、产品和服务的性质、规模与能源影响，企业必须通过掌握和了解与本企业的活动、产品和服务直接相关的法律法规要求，并根据其具体内容在能源方针中对某些方面做出重点的、有针对性的承诺。

（2）企业在对自己所要控制的重点能源问题寻找对策确定方案时，除了考虑技术条件，自身的经济条件以及相关方的要求之外，最重要的一点就是要考虑法律法规的要求。

（3）企业设定的目标和指标以及达到目标指标的时间进度等要以法律法规为依据，充分考虑到满足法律法规的重要性和紧迫性，在编制运行控制程序时应在程序中规定运行标准。

（4）无论是在编制手册、管理程序、运行控制程序，还是编写具体的作业操作规程时，均应考虑到相关法律法规和标准的定量控制指标和定性的管理要求，保证法律法规的要求能够得到切实有效的贯彻执行，保证企业体系运行的有效性和能源行为的合法性。

（5）企业应根据自身活动、产品和服务的特点，对照相关的法律法规和标准要求，定期定性和定量地全面评价本企业的活动遵循法律法规的符合性程度，以便进一步采取对策措施。

（6）能源管理体系审核（无论是内部审核，还是外部审核）的准则包括 GB/T 23331—2012 标准、适用的法律法规等方面，管理评审也把法律法规作为评审的重要内容和依据。

水泥行业是重要的原材料工业，也是重点耗能行业之一。为了规范水泥行业的发展，我国近年来出台了很多法律法规、标准、政策规章，如《产业结构调整指导目录》《水泥行业规范条件》等，对水泥行业提出了很多新要求，企业应及时了解这些要求，并将其落实到能源管理体系运行活动中，以便主动满足这些要求，确保合规性。

二、企业简介

某水泥集团有限公司（简称某集团）是国家重点支持的 12 家全国性大型水泥企业之一，生产规模位居全国同行业前列。公司始建于 1958 年，拥有一条日产 2500t 的新型干法旋窑生产线及一座配套的 4500kW 纯低温余热发电站，年水泥生产量达到 300 万吨。公司先后通过了 GB/T 19001—2008 质量管理体系认证、GB/T 24001—2004 环境管理体系认证、GB/T 28001—2011 职业健康安全管理体系认证和 GB/T 23331—2012 能源管理体系认证，管理基础扎实。

三、案例实施

能源管理体系（GB/T 23331—2012）对法律法规的要求共有两个要素，分别是：

4.4.2 法律法规及其他要求

组织应建立渠道，获取节能（与组织能源使用、能源消耗及能源效率）相关的法律法规及其他要求；组织应确定准则和方法，以确保将法律法规及其他要求应用于能源管理活动中，并确保在建立、实施和保持能源管理体系时考虑这些要求；组织应在规定的时间间隔内评审法律法规和其他要求。

4.6.2 合规性评价

组织应定期评价组织对与能源使用和消耗相关的法律法规和其他要求的遵守情况。

组织应保存合规性评价结果的记录。

标准要求企业从重视法律法规的要求、识别法律法规的要求范围、获取法律法规的渠道、收集、评审贯彻，人员培训，直至合规性评价等方面进行关注，确保符合法律法规及其他要求。

（一）对法律法规重视的意识

该公司指定标准化管理负责人负责审批本公司适用的法律法规和其他要求。能源管理科负责获取、识别有关的安全标准化法律法规和其他要求，并追踪新的法律法规和其他要求。其他部门负责获取、识别和传达业务范围内的安全生产法律法规和其他要求，并追踪新的安全生产法律法规和其他要求。

该公司认识到提高全体员工法律法规意识的重要性，通过问卷调查、事故事件分析、当面谈话等方式考察员工了解、遵守法律法规和其他要求的意识，采取宣传、教育培训和知识竞赛等方式提升员工的法律意识。

（二）搜集法律法规及其他要求的范围

1. 法律法规

法律法规是国家权力机关、政府及其部门（包括国家和地方）发布，具有法律效力，与组织能源管理体系相关的各种规范性文件，包括国家法律、行政法规、地方性法规、行政规章四大类，公司收集的法律法规及其他要求也应在这个范围内。

（1）国家法律：全国人大及其常委会制定，如《节约能源法》《循环经济促进法》《可再生能源法》等。

（2）行政法规：国务院制定的有关条例、办法、规定、细则等，如《公共机构节能条例》《民用建筑节能条例》等。

（3）地方性法规：省、自治区、直辖市、计划单列市及国务院批准的较大的市的人大及其常委会，为执行和实施宪法、基本法和单行法及行政法规，在法定权限内制定和发布的规范性文件。如《山东省节约能源条例》《山东省清洁生产促进条例》等。

（4）行政规章：指国务院各部、委和省、自治区、直辖市以及省、自治区人民政府所在地的市和国务院批准的较大的市的人民政府为了管理国家行政事务所指定的规范性文件。如《重点用能单位节能管理办法》《产业结构调整指导目录（2011 年本)》等。

2. 其他要求

其他要求主要包括节能相关标准、政府部门的行政要求、企业与客户签订的协议、自愿原则、自愿计划、公众的承诺、行业协会的要求等。其中，我国的节能相关标准已经形成了较为系统的标准体系，并分为节能基础标准、节能检测标准、经济运行标准、合理用能标准、能源计量标准、能源审计标准、产品能效标准、能耗限额标准等，在我国节能工作中发挥越来越积极的作用。

（三）法律法规要求的获取渠道

节能相关的法律法规及其他要求获取的渠道主要有：

（1）各级政府（国家及地方发改委、工信部、技术监督部门、安监部门等）网站；

（2）专业性服务组织与专业咨询机构、标准法律法规出版机构；

（3）报刊、杂志及节能专业网站等；

（4）其他信息渠道，如展会、培训、会议等。

（四）法律法规要求的适用性评价

公司对法律法规的适用性进行评价确认，由获取部门依据本公司的行业特点识别和确认法律法规和其他要求的适用性。获取部门在确认法律法规和其他要求的适用性后，根据本公司活动、产品、服务中的适用条款并予以摘录，同时将该法律名称、颁布日期、生效日期、颁布部门、适用条款登记到《公司适用法律法规一览表》中。

公司由获取部门确定传达范围，按照《文件和资料控制程序》的要求将新获取的法律法规和摘录发放到各部门，由各部门负责将适用本部门的法律、法规和其他要求及时转化为公司的管理制度、作业文件，传递给相关部门、岗位加以执行。对过期或作废的法律、法规及其他要求要及时收回，并按《文件和资料控制程序》进行管理。

（五）法律法规要求的贯彻实施

公司能源管理部负责本部门员工的法律法规培训，各部门在日常运行检查时，对不符合法律法规的情况应及时纠正，执行《纠正预防措施控制程序》。

1. 主要耗能设备的控制

企业依据《三相异步电动机经济运行》（GB/T 12497—2006）、《离心泵混流泵轴流泵与旋涡泵系统经济运行》（GB/T 13469—2008）、《通风机系统经济运行》（GB/T 13470—2008）、《电力变压器经济运行》（GB/T 13462—2008）、《工业锅炉经济运行》（GB/T 17954—2007）和《空气调节系统经济运行》（GB/T 17981—2007）等标准要求，对电机系统、通风机系统、泵系统、电力变压器、工业锅炉、空气调节系统等通用耗能设备的操作规程、维护规程进行修订完善，将经济运行标准中的要求充实到通用耗能设备的操作规程、维护规程中，以经济运行标准作为设备运行和维护的准则，严格要求执行这些规程，从而达到最佳经济运行的状态。

2. 新增、改进项目采用高效机电设备

企业新建及改建项目涉及的中小型三相异步电动机、容积式空气压缩机、通风机、清水离心泵、三相配电变压器等通用耗能设备，在设计选型及采购时，将《中小型三相异步电动机能效限定值及能效等级》（GB 18613—2012）、《容积式空气压缩机能效限定值及能效等级》（GB 19153—2009）、《通风机能效限定值及能效等级》（GB 19761—2009）、《清水离心泵能效限定值及节能评价值》（GB 19762—2007）、《清水离心泵能效限定值及节能评价值》（GB 19762—2007）、《三相配电变压器能效限定值及能效等级》（GB 20052—2013）等相应耗能设备能效标准中的节能评价值作为重要依据，所采购机电设备全部达到2级以上能效。

3. 先进节能技术与装备的应用

企业针对国家发布的《节能机电设备（产品）推荐目录》《国家重点节能技术推广目录》等信息进行跟踪、研究，结合企业实际，不断采用先进节能技术、装备与实践，在节能领域始终处于行业领先水平。

（1）选用先进的粉磨技术，在球磨前增设立式辊磨机预粉磨设备。

（2）采用先进的熟料烧成技术设备，如高性能大推力燃烧器。

（3）强化余热利用，如纯低温余热发电、余热采暖等。

（4）积极利用水泥生产过程中余热、工业生活用水循环、各种废渣、废泥。

4. 能耗指标的控制

企业按照《用能单位能源计量器具配备和管理通则》（GB 17167—2006）的要求，配置相应的能源计量器具，对煤、气、油等进行监测，并开展能源统计和消耗状况分析。

根据当地市政府下达给企业的节能任务（“十二五”期间要完成节能量17948吨标准煤）、《水泥单位产品能源消耗限额》（GB 16780—2012），企业制定了能源目标（2014年完成节能量3589.6吨标准煤），并将其分解为可比熟料综合能耗、可比熟料综合煤耗、可比熟料综合电耗、可比水泥综合能耗、可比水泥综合电耗等具体指标，落实到相应的工序、车间，确保企业各项能耗指标达到或优于国家标准（表9-4）。

表9-4　2014年度能源目标、指标一览表

序　号	能 源 指 标	能源基准	2014年目标
1	可比熟料综合煤耗/kgce · t^{-1}	108.8	108.5
2	可比熟料综合电耗/kW · h · t^{-1}	60.97	60.5
3	可比熟料综合能耗/kgce · t^{-1}	116.2	116.2
4	可比水泥综合电耗/kW · h · t^{-1}	66.8	66.8
5	可比水泥综合能耗/kgce · t^{-1}	75.2	75.2

四、实施效果

企业通过遵法贯标意识的提升、能源绩效的改善、管理的规范化等活动，严格落实淘汰落后产能的要求，主动应用节能新技术，强化计量器具配备，按照能耗限额标准和节能任务制定、实施能源目标指标，将企业适用的法律法规及其他要求落到了实处，收到了良好的效果（表9-5）。

表 9-5　能源管理体系实施前后能源绩效对比

统计报告日期	EnMS 实施前（2013.1.1~2013.6.31）	EnMS 实施后（2013.7.1~2014.4.30）
工业总产值/万元	71598.8	46288.92
能源成本占总成本比重/%	38.97	38.50
生产综合能耗	1.92 吨标准煤/万元	1.83 吨标准煤/万元
能源种类	可比熟料综合能耗：114.52kgce/t 可比熟料综合煤耗：107.85kgce/t 可比熟料综合电耗：61.31kW·h/t 可比水泥综合能耗：75.34kgce/t 可比水泥综合电耗：66.6kW·h/t	可比熟料综合能耗：113.76kgce/t 可比熟料综合煤耗：106.35kgce/t 可比熟料综合电耗：60.26kW·h/t 可比水泥综合能耗：74.31kgce/t 可比水泥综合电耗：65.61kW·h/t
能源所占比例/%	电：11.74，煤：88.26	电：12.14，煤：87.86
计算方法	GB 16780—2012 水泥单位产品能源消耗限额	
产品产量/万吨	274.35	155.82

五、案例点评

企业按照 GB/T 23331—2012 要求，明确了法律法规及其他要求的管理职能，确定了收集法律法规及其他要求的渠道，对收集的能源法律法规及其他要求进行了评价，并将这些法律法规和其他要求落实到具体的节能工作中，确保了企业能源管理的合规性。

本案例中企业的做法，对于水泥行业贯彻落实法律法规及其他要求具有较强的指导意义。

附录：1. 水泥企业能源管理体系相关法律法规目录示例（形式一）

　　　2. ××水泥企业能源管理体系相关法律法规目录示例（形式二）

附录 1

水泥企业能源管理体系相关法律法规目录示例（形式一）

一、通用法律法规篇

序号	法律法规政策名称	发布单位	实施时间
主要法律			
1	中华人民共和国节约能源法	全国人大常委会	2008 年 4 月 1 日
2	中华人民共和国可再生能源法	全国人大常委会	2006 年 1 月 1 日
3	中华人民共和国清洁生产促进法	全国人大常委会	2012 年 7 月 1 日
4	中华人民共和国计量法	全国人民代表大会	1986 年 7 月 1 日
政府规划			
1	矿产资源节约与综合利用“十二五”规划	国土资源部	2011 年 11 月 15 日
2	节能中长期专项规划	国家发展改革委	2004 年 11 月 25 日

续表

序号	法律法规政策名称	发布单位	实施时间
监管			
1	重点用能单位节能管理办法	国家经济贸易委员会	1999年3月10日
2	节约能源监测管理暂行规定	国家计委	1990年2月2日
统计制度			
1	关于建立GDP能耗指标公报制度的通知	国家发展改革委、国家能源办、国家统计局	2005年12月9日
2	单位GDP能耗统计指标体系实施方案	国家统计局、国家发展改革委、国家能源办	2007年11月17日
循环经济/新能源			
1	再生资源回收管理办法	商务部、国家发展改革委、公安部、建设部、国家工商总局、国家环保总局	2007年5月1日
2	节能发电调度办法（试行）	国家发展改革委、国家环保总局、国家电监会、国家能源办	2007年8月2日

二、全民节能篇

全民节约			
1	关于加强节能工作的决定	国务院	2006年8月6日
2	“十二五”节能减排综合性工作方案	国发〔2011〕26号	2011年8月31日
3	关于印发节能减排全民行动实施方案的通知	国家发展改革委、中宣部等17部门	2012年1月31日
城市节约			
1	城市节约用水管理规定	建设部	1989年1月1日
公共机构节能			
1	关于印发《节能产品政府采购实施意见》的通知	财政部	2004年12月17日
工业节能			
1	煤炭工业部节约能源监测管理办法	煤炭部	1996年4月17日
2	关于印发煤炭工业节能减排工作意见的通知	国家发展改革委、国家环保总局	2007年7月3日

三、节能技术篇

序号	法律法规政策名称	发布单位	实施时间
1	中国节能技术政策大纲	国家发展改革委	2011年11月16日
2	国家重点节能技术推广目录（第一至五批）	国家发展改革委	2008年5月
3	产业结构调整指导目录（2011年本）	国家发展改革委	2013年2月16日
4	国家鼓励发展的资源节约综合利用和环境保护技术	国家发展改革委、科技部、国家环保总局	2005年10月28日

四、节能奖励与财税篇

序号	法律法规政策名称	发布单位	实施时间
直接奖励			
1	节能技术改造财政奖励资金管理暂行办法	财政部、国家发展改革委	2007年8月10日
税收优惠			
1	资源综合利用企业所得税优惠目录（2015年版）	财政部、国家税务总局、国家发展改革委	2015年6月29日
信贷优惠			
1	关于改进和加强节能环保领域金融服务工作的指导意见	中国人民银行	2007年6月29日
2	节能减排授信工作指导意见	中国银监会	2007年11月23日

五、地方节能法律法规

1	山东省能源利用监测暂行规定	山东省人民政府	1988年10月20日
2	关于印发节能减排综合性工作实施方案的通知	山东省人民政府	2007年6月27日
3	山东省节约能源条例（2009年修订）	山东省人大常委会	2009年7月24日
4	山东省资源综合利用条例	山东省人大常委会	2004年7月30日
5	山东省节约用水办法	山东省人民政府	2003年8月1日
6	关于切实做好固定资产投资项目节能评估审查工作的通知	山东省人民政府办公厅	2007年6月25日
7	山东省节能监察办法	山东省人民政府	2005年11月1日
8	山东省能源审计暂行办法	山东省人民政府	2006年11月15日
9	山东省人民政府办公厅关于印发山东省节能奖励办法的通知	山东省人民政府	2007年1月1日

六、用能标准

01 综合管理			
1	工业企业能源管理导则	GB/T 15587—2008	
2	综合能耗计算通则	GB/T 2589—2008	
3	企业节能量计算方法	GB/T 13234—2009	
4	单位产品产量能源消耗定额编制通则	GB 12723—2008	
5	工业余热术语、分类、等级及余热资源量计算方法	GB/T 1028—2000	
6	节电措施经济效益计算与评价方法	GB/T 13471—2008	
7	企业能耗计量与测试导则	GB/T 6422—2009	
8	企业能源审计技术通则	GB/T 17166—1997	

续表

02 能量平衡			
1	企业能量平衡通则	GB/T 3484—2009	
2	企业能量平衡技术考核验收标准	GB/T 3794—1983	
3	企业设备电能平衡通则	GB/T 8222—2008	
4	企业水平衡与测试通则	GB/T 12452—2008	
5	企业能量平衡统计方法	GB/T 16614—1996	
6	企业能量平衡表绘制方法	GB/T 16615—1996	
7	企业能源网络图绘制方法	GB/T 16616—1996	已作废，可参考
8	企业能流图绘制方法	GB/T 6421—1986	已作废，可参考
9	设备热效率计算通则	GB/T 2588—2000	
10	用能设备能量平衡通则	GB/T 2587—2009	
11	通风机系统电能平衡测试与计算方法	GB/T 13467—1992	
12	泵类系统电能平衡的测试与计算方法	GB/T 13468—1992	
03 节能监测			
1	节能监测技术通则	GB/T 15316—009	
2	用能单位能源计量器具配备和管理通则	GB 17167—2006	
3	热力输送系统节能监测方法	GB/T 15910—2009	
4	电力整流设备运行效率的在线测量	GB/T 18293—2001	
5	道路运输车辆燃料消耗量检测评价	GB/T 18566—2011	
6	设备及管道保冷效果的测试与评价	GB/T 16617—1996	
7	设备及管道保温效果的测试与评价	GB/T 8174—2008	
8	风机机组与管网系统节能监测	GB/T 15913—2009	
9	工业锅炉及火焰加热炉烟气余热资源量计算方法与利用导则	GB/T 17719—2009	
10	锅炉热网系统能源监测与计量仪表配备原则	GB/T 17471—1998	
11	泵类液体输送系统节能监测	GB/T 16666—2012	
12	企业供配电系统节能监测方法	GB/T 16664—1996	
13	空气压缩机组及供气系统节能监测方法	GB/T 16665—1996	
14	工业电热设备节能监测方法	GB/T 15911—1995	
04 节能技术			
1	延时节能照明开关通用技术条件	JG/T 7—1999	
2	电能质量三相电压不平衡	GB/T 15543—2008	
3	电能质量公用电网谐波	GB/T 14549—1993	
4	工业循环冷却水处理设计规范	GB 50050—2007	
5	废润滑油回收与再生利用技术导则	GB/T 17145—1997	
6	产品可回收利用率计算方法导则	GB/T 20862—2007	
7	合理润滑技术通则	GB/T 13608—2009	

续表

04 节能技术			
8	空调通风系统清洗规范	GB 19210—2003	
9	工业锅炉及火焰加热炉烟气余热资源量计算方法与利用导则	GB/T 17719—2009	
10	节水型产品通用技术条件	GB/T 18870—2011	
11	设备及管道保温设计导则	GB/T 8175—2008	
12	热处理合理用电导则	GB/T 10201—2008	
13	工业锅炉经济运行	GB/T 17954—2007	
14	通风机系统经济运行	GB/T 13470—2008	
15	设备及管道保冷技术通则	GB/T 11790—1996	
16	设备及管道保冷设计导则	GB/T 15586—1995	
17	工业窑炉保温技术通则	GB/T 16618—1996	
18	取水许可技术考核与管理通则	GB/T 17367—1998	
19	热处理节能技术导则	GB/Z 18718—2002	
20	交流接触器节电器	GB 8871—2001	
21	工矿企业电力变压器经济运行导则	GB/T 13462—2008	
22	工业用离心泵、混流泵、轴流泵与旋涡泵系统经济运行	GB/T 13469—2008	
23	交流电气传动风机（泵类、压缩机）系统经济运行通则	GB/T 13466—2006	
05 节能评价			
1	评价企业合理用电技术导则	GB/T 3485—1998	
2	评价企业合理用热技术导则	GB/T 3486—1993	
3	评价企业合理用水技术导则	GB/T 7119—2006	
4	节水型企业评价导则	GB/T 7119—2006	
5	评价企业节约钢材技术导则	GB/T 15512—2009	
6	产品电耗定额制定和管理导则	GB/T 5623—2008	
06 节能评价			
1	水泥制品能耗等级定额	JC 710—1990	
2	压缩空气站能耗分等	JB/T 50159—1999	
3	工业锅炉房能耗分等	JB/T 50158—1999	
4	电磁焙烧窑炉能耗分等	JB/T 50156—1999	
5	容积式空气压缩机能效限定值及节能评价值	GB 19153—2009	
6	冲天炉能耗分析等	JB/T 50155—1999	
7	水泥单位产品能源消耗限额	GB 16780—2007	
8	清水离心泵能效限定值及节能评价值	GB 19762—2007	
9	通风机能效限定值及节能评价值	GB 19761—2009	
10	普通照明用自镇流荧光灯能效限定值及能效等级	GB 19044—2013	

续表

06 节能评价			
11	常规燃煤发电机组单位产品能源消耗限额	GB 21258—2007	
12	普通照明用双端荧光灯能效限定值及能效等级	GB 19043—2013	
13	房间空气调节器能效限定值及能源效率等级	GB 12021. 3—2010	
14	三相配电变压器能效限定值及节能评价值	GB 20052—2013	
15	中小型三项异步电动机能效限定值及节能评价值	GB 18613—2012	
16	交流接触器能效限定值及能效等级	GB 21518—2008	
17	工业企业产品取水定额编制通则	GB/T 18820—2011	
18	取水定额第 1 部分：火力发电	GB/T 18916. 1—2002	

附录 2

××水泥企业能源管理体系相关法律法规目录示例（形式二）

一、水泥行业能源管理常用法律清单

序号	法律、法规名称	编号	发布日期	实施日期	公司适用条款	适用部门
1	中华人民共和国节约能源法	主席令第七十七号	2007. 10. 28	2008. 04. 01	第一章，第二章，第三章第六节，第四至六章	全公司
2	中华人民共和国可再生能源法	主席令第三十三号	2005. 02. 28	2006. 01. 01	第四章第十三、十四、十七条	电修余热发电
3	中华人民共和国清洁生产促进法	主席令第七十二号	2002. 06. 29	2003. 01. 01	第二章第十二条，第三章第十八、十九、二十六、二十八、三十条，第五章	全公司
4	中华人民共和国循环经济促进法	主席令第四号	2008. 08. 29	2009. 01. 01	第一章第三、十条，第二章第十六条，第三章第十二、二十二、二十三条，第四章第三十至三十三条	全公司
5	中华人民共和国水法	主席令第七十四号	2002. 08. 29	2002. 10. 01	第一章第二、八条，第五章第五十一、五十三条	全公司
6	中华人民共和国计量法	主席令第八号	2013. 12. 28	2014. 03. 01	第三章第十六、四十二、四十五条，第五章第四十八条，第六章第五十五、五十七条	全公司
7	中华人民共和国电力法	主席令第六十号	1995. 12. 28	1996. 04. 01	第四章第二十四、二十七、三十一条	机修车间

二、水泥行业能源管理常用法规、办法、条例和其他要求清单

序号	法规名称	编号	发布日期	实施日期	公司适用条款	适用部门
1	山东省节约能源条例		2009.07.24	2009.11.01	第二章，第三章，第四章，第五章，第六章	全公司
2	重点用能单位能源利用状况报告制度实施方案			2008.06.06	（一）填报内容，（三）填报方式，（四）报送时间，表样	技术中心 机修车间
3	重点用能单位节能管理办法	国家经贸委员会	1999.03.10	1999.03.10	第一章总则，第三章重点用能单位的节能管理，第四章奖惩	全公司
4	山东省清洁生产促进条例		2010.07.30	2010.11.01	第三章第十八至二十一条，第四章第二十七至二十八条	全公司
5	关于组织实施电机能效提升计 2013-2015 的通知	鲁经信资字［2013］367 号		2013.07.19	二、制定电机系统节能改造计划，附件 1 电机能效提升计划	机修车间
6	国家发展改革委关于修改《产业结构调整指导目录（2011 年本）》有关条款的决定	国家发改委		2011.06.01	第一类鼓励类十二建材 1 处置废弃物、余热发电 P18；第二类限制类九建材 1，P72；第三类淘汰类（八）建材 1，2，3，P91	公司领导层
7	固定资产投资项目节能评估和审查指南	发改环资［2007］21 号	2007.01.05	2007.01.05	（一）相关法律法规和规划，（二）产业政策和准入条件 7	参考作用
8	关于抑制部分行业产能过剩和重复建设引导产业健康发展的若干意见	国发［2009］第 38 号	2009.09.26	2009.09.26	一、（二）水泥；二、（二）产业政策导向，水泥；三、（一）严格市场准入，（二）强化环境监管	公司领导
9	水泥工业节能减排的指导意见	工信部节［2010］582 号	2010.11.25	2010.12.24	（二）主要目标，（三）重点任务，（四）政策措施	全公司
10	万家企业节能低碳行动实施方案	发改环资［2011］2837 号		2011.12.27	全文	全公司
11	国家重点节能技术推广目录（第一批）	工业和信息化部		2008.05	22 水泥窑余热发电技术，25 辊压机粉磨，26 立磨装备及技术	技术中心 余热发电
12	节能机电设备（产品）推荐目录（第一批）	工业和信息化部		2009.05.27	三、电动机 Y3/YB2/YX3 系列三相异步电动机	技术中心 机修车间
13	节能机电设备（产品）推荐目录（第五批）	工业和信息化部		2014.11	三、电机 YE3/YX3E 系列三相异步电动机	技术中心 机修车间
14	高耗能落后机电设备淘汰目录（第一批）	工业和信息化部		2009.12.04	1. 电动机	技术中心 机修车间

三、水泥行业能源管理常用设计计算标准清单

序号	标准名称	编　号	发布日期	实施日期	公司适用条款	适用部门
1	设备热效率计算通则	GB/T 2588—2000	2000. 03. 16	2000. 09. 01	全文	技术中心机修车间节能办
2	综合能耗计算通则	GB/T 2589—2008	2008. 02. 03	2008. 06. 01	全文	技术中心机修车间节能办
3	企业能源平衡通则	GB/T 3484—2009	2009. 03. 11	2009. 11. 01	全文	技术中心机修车间节能办
4	企业节能量计算方法	GB/T 13234—2009	2009. 03. 11	2009. 11. 01	全文	技术中心机修车间节能办
5	水泥制造能效测试技术规程		2013. 06	2013. 06	1 范围，3 测试范围，4 测试条件，5 技术要求，6 测试报告	技术中心

四、水泥行业能源管理常用的消耗限额清单

序号	能源管理消耗限额名称	编　号	发布日期	实施日期	公司适用条款	适用部门	备注
1	水泥单位产品能源消耗限额	GB 16780—2012	2012. 12. 31	2013. 10. 01	全部	公司	

五、水泥行业能源管理常用的能源管理标准清单

序号	能源管理标准名称	编　号	发布日期	实施日期	公司适用条款	适用部门
1	评价企业合理用电技术导则	GB/T 3485—1998	1998. 02. 19	1998. 09. 01	1 范围，3 企业供电的合理化，4 电能转换为机械的合理化，7 企业照明的合理化	机修车间技术中心
2	工业企业能源管理导则	GB/T 15587—2008	2008. 09. 18	2009. 05. 01	全部文件	技术中心节能办
3	能源管理体系要求	GB/T 23331—2012	2012. 12. 31	2013. 10. 01	3 术语与定义，4 能源管理体系	全公司
4	评价企业合理用热技术导则	GB/T 3486—1993	1993. 06. 19	1994. 02. 01	3 燃料燃烧的合理化，4 余热的回收利用	技术中心余热发电
5	用能设备能量平衡通则	GB/T 2587—2008	2009. 04. 08	2009. 12. 01	5 能量平衡计算时的基准，7 能量平衡测算内容，8 能量平衡结果的表示	技术中心机修车间
6	用能设备能量测试导则	GB/T 6422—2009	2009. 03. 11	2009. 11. 01	1 范围，4 基本要求，5 测试条件，6 测试方法	技术中心

续表

序号	能源管理标准名称	编　号	发布日期	实施日期	公司适用条款	适用部门
7	工业窑炉保温技术通则	GB/T 16618—1996	1996.11.28	1997.07.01	1范围，4保温厚度计算，6保温材料选择，7施工及验收	技术中心
8	能源管理体系水泥企业认证要求	RB/T 106—2013	2013.12.02	2014.06.15	全文	全公司
9	建筑材料行业能源计量器具配备和管理要求	GB/T 24851—2010	2010.06.30	2010.12.01	全文	技术中心 节能办

六、水泥行业能源管理常用的经济运行标准清单

序号	能源管理经济运行标准名称	编　号	发布日期	实施日期	公司适用条款	适用部门
1	三相异步电动机经济运行	GB/T 12497—2006	2006.07.18	2006.12.01	全文	机修车间
2	通风机系统经济运行	GB/T 13470—2008	2008.05.27	2008.11.01	全文	各生产车间
3	电力变压器经济运行	GB/T 13462—2008	2008.05.27	2008.11.01	全文	机修车间
4	离心泵、混流泵、轴流泵和旋涡泵系统经济运行	GB/T 13469—2008	2008.05.27	2008.11.01	全文	生产车间 机修车间

七、水泥行业能源管理常用的产品能效标准清单

序号	能源管理产品能效标准名称	编　号	发布日期	实施日期	公司适用条款	适用部门
1	容积式空气压缩机能效限定值及能效等级	GB/T 19153—2009	2009	2009	表1～表7	烧成车间 制成车间
2	清水离心泵能效限定值及节能评价值	GB/T 19762—2007	2007.11.02	2008.07.01	5泵效率，7泵目标效能限定值，8泵节能评价值	机修车间
3	通风机能效限定值及节能评价值	GB/T 19761—2005	2005.05.13	2005.12.01	4产品分类，5技术要求，6试验方法	生产车间 机修车间
4	水泥制造能效测试技术规程	CBMF 1—2013	2013.09.09	2013.12.01	全文	全公司

八、水泥行业能源管理常用的节能基础标准清单

序号	能源管理节能基础标准名称	编　号	发布日期	实施日期	公司适用条款	适用部门
1	水泥工厂余热发电设计规范	GB 50588—2010	2010. 05. 31	2010. 12. 01	全文	技术中心
2	水泥工厂节能设计规范	GB 50433—2008	2007. 10. 25	2008. 05. 01	全文	技术中心

第三节　集团式企业如何建立能源管理体系

——中国重汽集团能源管理体系实践

一、企业简介

中国重型汽车集团有限公司的前身是济南汽车制造厂，始建于 1956 年，是我国第一辆重型汽车——“黄河”的制造者，也是国内第一家全面引进国外重型汽车整车制造技术和第一个与世界卡车巨头合资的企业，公司始终坚持向社会提供最好的产品和最佳的服务，引领中国重型汽车发展的方向，被誉为最具竞争力和成长性的国际化企业。

中国重汽集团主要经营范围是开发研制、生产销售各种载重汽车、特种汽车、军用汽车、客车、专用车、改装车、发动机及机组、汽车零配件、专用底盘，集团成员生产所需的物资供应及销售，机械加工，公路运输，科技开发、咨询及售后服务，润滑油销售，许可范围内的进出口业务（限本集团的进出口公司）。公司生产的整车产品现已拥有十大系列 3000 多个车型，成为国内驱动形式最全和吨位品种最多的重型汽车生产企业。同时，还开发了具有世界水平的单级驱动桥、缓速器，国内先进水平的发动机、变速箱及重卡盘式制动器等重要总成，并在特种车、专用车、客车等方面不断实现新的突破。

中国重汽集团设综合行政部、规划部、技改基建部、企业发展部、综合经营计划部等 19 个职能部室以及 1 个国家级企业技术发展中心，下设中国重汽集团济南卡车股份有限公司、中国重汽集团济南商用车有限公司等主营整车、零部件、改装厂、房地产及销售业务的二级全资及控股公司 34 个，直属事业部 21 个。生产基地主要分布在山东省济南市、青岛市、济宁市，浙江省杭州市，山西省大同市，重庆市，四川省成都市、绵阳市，福建省三明市，湖北省随州市，广西壮族自治区柳州市等地。

“十二五”发展目标是：努力打造百万辆级商用车能力的企业。到“十二五”末，年销售收入达到 2000 亿元左右，重卡品质达到世界先进水平，主产品线拓展至以重卡产业为主导，中、轻、客、特全系列商用车及大型矿用车、工程机械，把中国重汽建设成为国际知名、国内不可替代的大型商用车企业集团。

二、能源管理情况简介

中国重汽是以电力、天然气、热蒸汽、原煤和焦炭为主的能源消费结构，电力约占46%，其次是天然气、原煤、热力和焦炭。节能管理实行集团公司、二级公司、管理部、班组等四级管理。

中国重汽的能源消耗水平在全国同行处于较为先进的水平，但个别生产过程的能耗水平略高，个别二级单位需淘汰的设备较多，很多工序没有指定消耗定额等，节能潜力较大，特别是管理节能的潜力较大。

三、能源管理体系的建立和实施

根据《国民经济和社会发展第十二个五年规划纲要》和《“十二五”节能减排综合性工作方案》，国家组织开展万家企业节能低碳行动，并在实施方案中明确提出，万家企业要按照《能源管理体系要求》（GB/T 23331），建立健全能源管理体系，实现企业自主节能。中国重汽集团属于万家企业之一，为了响应国家节能减排的号召，适应集团能源管理的发展需要，集团公司决定引入能源管理体系模式，进一步规范能源管理。

（一）成立领导及工作机构

为了全面推进能源管理体系的建设，集团公司成立了能源管理体系领导小组和工作小组，由集团副总裁任能源管理体系建设领导小组组长，并任命综合经营计划部总经理担任工作小组组长，指定集团公司副总经理担任能源管理体系的管理者代表，确定综合经营计划部为能源管理体系的推进责任部门。管理机制的确立，职责的明确，为能源管理体系建立和实施奠定了坚实的基础。

集团公司综合经营计划部按照集团公司的部署，制定了能源管理体系建立、实施的行动计划，明确了集团能源管理的总体规划和认证范围，确定济南地区所属十二个二级单位和集团本部为首批能源管理体系认证单位，并逐步扩展到全集团各公司。

为确保能源管理体系工作的顺利进行，综合经营计划部在多方考察的基础上，与山东华鲁管理咨询培训中心签订了咨询合同，由该中心提供能源管理体系建立和实施的技术支持服务。在集团公司能源管理体系推进计划的基础上，与咨询公司共同制定了具体的实施计划，明确了双方的职责，规定了体系建立的时间表和总体要求。

首批建立能源管理体系的十三个单位有各自不同的管理机构、管理模式、不同产品和工艺以及不同的用能特点，主要体现在：

（1）每个单位生产不同的产品，包括整车（重型卡车、特种车、客车、校车等）、汽车部件（变速箱、车桥、注塑件等）；

（2）每个单位涉及的生产工艺各自不同，涉及了机加工、铸锻、热处理、涂装、组装、塑料加工等；

（3）每个单位能源结构和能源使用不相同，导致能源消耗水平不相同。

这些不一致为能源管理体系的建立带来了很多挑战，不能将单一企业的能源管理体系模式移植到集团企业，常规的能源管理体系建立方式不适用于中国重汽集团。为了确保各单位能源管理体系建立的适宜性和有效性，在能源管理体系建立初期，综合经营计划部和咨询机构做了大量的策划，确定了基本方针和工作思路，明确了集团公司和二级单位在能源管理体系中各自的职责，确立了管理体系文件结构模式，确定了能源管理体系建立、实施的步骤和时间表。

确定的能源管理体系建立和实施的基本方针是：既要体现集团统一要求，又不束缚二级单位利用能源管理体系的积极性和创造力；各二级单位按照本单位能源结构和能源使用的特点，建立既满足集团能源管理的总体要求，又适合本单位能源管理实际的能源管理体系。

确定的工作思路是：集团公司以能源管理体系总体策划为主，注重宏观管控，关注能源目标的完成情况的监测；二级单位以执行为主，按照集团的总体策划，建立和实施本单位的能源管理体系，注重实施和运行效果，确保能源目标的全面实现。

确立了能源管理体系的方针和工作思路后，明确了集团公司和二级单位在管理体系中的职责，进入了体系建立和实施阶段。

（二）集团公司的主要工作

集团公司在能源管理体系建立和实施中的主要工作是总体策划、协调指挥和监督指导。

1. 总体策划

负责能源管理体系建立的总体策划，制定具体的实施计划（表 9-6），并监督计划的实施和实施效果，协调二级单位与咨询机构之间的关系。

表 9-6　能源管理体系建设实施计划

序号	阶段与时间段	主要内容	拟认证单位	咨询机构
1	成立组织机构	1. 成立领导小组； 2. 成立工作小组； 3. 确定内审员	1. 集团公司； 2. 各生产单位	
2	标准培训	1. 标准培训； 2. 法律法规； 3. 体系建设工作步骤； 4. 下达推进计划	1. 集团公司下达推进计划； 2. 集团公司提出工作要求； 3. 明确工作联系人	1. 解释标准； 2. 讲解体系建设步骤； 3. 答疑
3	能源初始评审	1. 确定体系范围； 2. 了解认证组织的能源种类； 3. 了解能源使用情况和能耗水平； 4. 确定主要用能状况； 5. 识别可能的最大节能机会	1. 提出认证范围的需要； 2. 收集、提供相关能源数据和资料； 3. 进行能源初始评审； 4. 编写本单位能源初始评审报告，确定主要能源使用和最大的节能潜力	1. 确定体系范围； 2. 提出收集资料的内容和要求； 3. 现场了解用能情况； 4. 指导如何利用收集到的资料进行初始评审； 5. 审核初始评审的结果，确保结果的合理性
4	确定能源目标方案	1. 选择适宜的基准； 2. 确定能源绩效参数； 3. 确定能源方针、目标、指标； 4. 制订能源管理方案	1. 在初始评审的基础上，确定适宜的基准和能源绩效参数； 2. 制订用能单位的能源目标、指标和管理方案	1. 提供相关方法指导； 2. 对提出的基准标杆、能源绩效参数和目标、指标和方案的合理性给以指导
5	体系总体设计、确定体系结构	确定能源管理体系的结构	确认能源管理体系的结构模式	提出能源管理体系结构模式

续表 9-6

序号	阶段与时间段	主要内容	拟认证单位	咨询机构
6	能源管理职责的确认及分配	确定各部门在能源管理体系中的职责	提供相关职能信息	合理分配能源管理职责
7	能源体系文件编制	能源管理体系文件的编写、修改、定稿	编写能源管理体系文件	指导编写能源管理体系文件的编写
8	发布管理体系文件	正式发布能源管理体系文件	正式发布能源管理体系文件	
9	体系试运行	按照体系要求管理用能过程	将能源管理体系要求应用到用能管理中，发现其中需改进的方面，不断完善	指导试运行，提出改进建议
10	内审员培训	培训内审员，具备内审能力	确定内审员 参加内审员培训	提供培训 颁发内审员证书
11	内部审核	进行内部审核	编制内审计划、实施内审，纠正不合格制定纠正措施	指导内审全过程
12	管理评审	进行管理评审	进行管理评审，进一步完善能源管理体系	指导管理评审，指导实施改进措施
13	审核前准备		提出申请，做好审核前的准备工作	协助

2. 制定统一的能源方针

统一制定集团公司的能源方针，各二级单位不再另行制订能源方针，各二级单位贯彻执行集团统一的能源方针，有助于明确能源管理方向，统一行动。

集团制定的能源方针的内容为：

中国重汽能源方针

中国重汽以制造绿色汽车为目标，以减少能源消耗、减少温室气体排放为己任，致力于以最少的消耗生产最优质低耗产品，为社会服务，保护地球及地球资源。

中国重汽郑重承诺：

（1）通过建立完善的能源管理体系，不断改进能源绩效，确保能源目标、指标的实现；

（2）遵守所有与能源管理相关的法律、法规和其他要求；

（3）在工艺、设备、材料和服务的选用以及新项目立项时，优先考虑能效要求，在集团公司活动中有效利用资源，减少能源和资源的浪费；

（4）集团公司通过产品的改进，包括采用先进的节能技术、设计和提供新能源、低排放的汽车等方式，为全社会节约能源做出贡献；

（5）持续改进能源管理体系的有效性，不断提高能源利用效率，减低能源消耗；

（6）全体员工应理解集团公司能源管理方针，并付诸行动。

方针内容结合了汽车制造行业的特点和中国重汽的能源使用和能源消耗的实际，体现了标准的要求，表达了中国重汽对能源管理的态度，体现了中国重汽对能源绩效的宗旨和追求。

3. 制定和分解下达能源目标

根据公司发展战略和发展规划，结合上级主管部门下达的能源目标，集团公司制定各二级单位的能源目标，并负责对目标完成情况的考核。各二级单位对本单位与能源相关的部门建立部门的能源目标，确保本单位能源目标的实现。

济南市政府在“十二五”期间，为中国重汽下达的节能量为3万吨标准煤，并规定了年度单位产品节能量、万元产值节能量以及工业增加值综合能耗节能量。

为确保节能目标的实现，集团对“十二五”期间的节能目标进行了分解，明确了各二级单位“十二五”期间各年度的能源目标和指标，并以文件形式正式发布。

4. 明确能源基准的制定方法

集团公司规定以前三年的能源消耗的平均值，作为集团公司及各部门的能源基准，以此评价考核期内的能源绩效水平，确保全公司能源数据的可比性。

5. 能源管理方案的备案、审批和效果验收

集团各主管部门，按照部门职责对各二级单位申报的技改项目和能源管理方案进行审批备案，确认项目和方案的目标值以及采取措施的合理性，监督项目的落实和效果评价。

技术中心和规划与技术发展部负责生产过程的技术改造、节能改造，关注技术节能；

技改基建部负责新建、改建和扩建项目的基建工程，关注建筑节能；

综合经营计划部负责生产调度，生产设备的管理，关注生产计划、设备运行的经济性和合理性，实现管理节能。

6. 统一组织培训和学习

公司能源管理体系建立初期，为了提高培训的效果，加强各单位之间的沟通和交流，集团公司组织了两次统一的学习和培训。

2013 年 6 月 18 日 ~20 日组织了标准的学习培训，为期三天，详细的解释了 GB/T 23331 的要求以及与能源管理的相关要求，为体系的建立奠定了坚实的理论基础。

2013 年 11 月 18 日 ~20 日进行内审员培训，通过培训，进一步巩固了标准理论知识，提高了内审员的审核水平，为增强能源管理体系自我完善能力提供了人力保证。

7. 统一组织初始能源评审

为了确保各单位能源管理体系建立有的放矢，在能源管理体系建立开始阶段，集团公司统一安排了能源初始评审，规定了能源初始评审的时间，人员安排，评审要点，统一了能源初始评审的报告结构模式，集团公司对初始能源评审的结果给予关注和确认，并监督实施。

8. 统一能源管理体系文件的结构

结合集团公司和各二级单位的能源管理特点，确定了公司能源管理体系文件的结构。

集团公司建立能源管理手册（编号：ZQEnMS SC—2013）、程序文件（16 份，详见表 9-7）和相关的能源管理制度，体系文件重在能源管理策划方面的要求，为二级单位能源管理体系文件的编制起到引领作用。

表 9-7　能源管理体系程序文件目录

序　号	程序文件名称	编　号	备　注
1	能源评审控制程序	ZQEnMS CX01—2013	
2	法律、法规及其他要求控制程序	ZQEnMS CX02—2013	
3	能源绩效参数、基准、目标、指标的控制程序	ZQEnMS CX03—2013	
4	能源管理实施方案控制程序	ZQEnMS CX04—2013	
5	能力、培训和意识控制程序	ZQEnMS CX05—2013	
6	信息沟通程序	ZQEnMS CX06—2013	
7	文件控制程序	ZQEnMS CX07—2013	
8	能源运行控制程序	ZQEnMS CX08—2013	
9	设计控制程序	ZQEnMS CX09—2013	
10	能源服务、产品和能源采购控制程序	ZQEnMS CX10—2013	
11	监视、测量和分析控制程序	ZQEnMS CX11—2013	
12	合规性评价控制程序	ZQEnMS CX12—2013	
13	内部审核控制程序	ZQEnMS CX13—2013	
14	不符合、纠正和预防措施程序	ZQEnMS CX14—2013	
15	记录控制程序	ZQEnMS CX15—2013	
16	管理评审控制程序	ZQEnMS CX16—2013	

二级单位在公司文件的基础上，结合本单位的能源使用和能源消耗实际，制定适合于本单位实际情况的能源管理体系文件。包括能源管理手册、程序文件和能源运行方面的相关规定，在文件的数量和格式上不加限制。

9. 统一安排内审和管理评审

为了能够充分了解各单位体系的建立和实施效果，集团公司统一组织内审。为体现内审的公正性和客观性，公司各单位的内审员交叉使用，既便于各单位取长补短，互相学习，又利于发现问题，相互促进。通过内审的实施，集团公司更好地了解了各单位能源管理体系的运行情况，为下一步的行动提供指导。

在二级单位进行管理评审时，集团公司派出人员，参加管理评审，听取管理评审的情况，了解体系的总体运行情况。

通过内审和管理评审的实施，集团公司能够更好地了解各单位能源管理体系的运行情况，为下一步各项工作的开展提供指导。

10. 实施绩效监测与考核

按照规定的时间周期，对二级单位能源管理体系实施效果、取得的能源绩效进行监测、评价，找出不足，持续改进。

对二级单位能源目标、指标的完成情况进行考核，兑现年初下达的目标完成情况。

集团公司的工作，为集团能源管理体系建立起到了引领作用。为二级单位能源管理体系的建立和实施指明的方向，提供了有力的保障和支持。

（三）二级单位的主要工作

（1）建立各单位能源管理体系建设领导及工作机构，按照集团公司的总体安排编制了各自的能源管理体系建设工作计划。

（2）组织本单位人员，认真学习集团公司的能源方针，深刻领会集团公司的能源管理方针的内涵，并贯彻落实到实际能源管理过程中。

（3）确定本单位的能源基准，建立适宜的能源管理目标、指标（部门的目标制定要确保完成集团公司下达给本单位的能源目标），建立能源目标考核制度，规定考核周期、考核内容、发现问题的处理机制等内容。

（4）制定确保能源目标实现的能源管理方案，明确实施方案的职责、具体措施、完成时间，并与集团主管部门协商，尽快落实方案。

按照规定的时间周期，实施方案，并及时调整措施，确保方案正常运行，最终确保单位能源目标的实现。

（5）挑选本单位与主要能源使用相关的人员参加集团公司组织的能源管理体系标准培训，指派内审员参加集团公司组织的内审员培训，并对培训效果进行评价、确认。全公司共培训了 128 名内审员，这些人员组成了公司能源管理体系的主力军。

（6）按照集团公司的安排，在咨询机构的指导下开展初始能源评审，了解本单位能源结构、能源消耗水平，识别公司的主要能源使用以及与主要能源使用相关的内容，初步找出能源改进的机会。各单位将能源评审的结果形成能源评审报告，报集团公司。通过初始能源评审，共发现了 227 项改进机会，为提高能源绩效奠定了基础。

（7）在能源初始评审的基础上，各二级单位均制定了本单位的能源管理手册和程序文件，并完善了原有的能源管理制度、操作规范，形成了系统、完善的能源管理文件体系。

（8）按照制定的能源管理程序文件和原有的能源管理的相关制度，实施对本单位的能源管理。通过体系的建立，各单位共实施了 135 项能源管理方案，识别了 21 台（套）的淘汰设备，制定了 75 项设备改进计划。

（9）按照集团公司的安排，各单位先后实施了能源管理体系内部审核，共发现了近百项不合格项，对发现的不合格项，均按照体系改进的要求实施了整改，促进了体系的自我完善。

（10）通过能源管理的建立，提高了各二级单位自主节能的意识和能力，提高了能源绩效。

体系建立实施后的 2013 年共节约 12343 吨标准煤，是历年来节能效果最好的一年。

四、实施效果

中国重汽通过济南地区二级单位能源管理体系的建立和实施，得到了卓有成效的收获，积累了大量的成功经验。在首批 13 家驻济企业开展能源管理体系建设的基础上，集团公司又在济南地区以外的企业中选择六家企业作为重点，启动了第二批企业的能源管理体系建设工作，继续扩大能源管理体系的覆盖范围，提高能源绩效水平。

五、案例点评

重汽集团在能源管理体系建立实施过程中，重视发挥集团公司和二级单位的双重作用，确保了体系建设的一致性，同时又满足了各单位个性化的要求，能源管理体系建设避免了重形式轻实施的“两张皮”现象，具有很强的示范作用。其主要特点表现在：

（1）明确集团与各二级单位的职责，各司其职，各负其责。

（2）各单位结合本单位实际建立了具有挑战性的能源目标、指标，激发了企业内部节能的动力，实现自主节能。

（3）能源评审从最基本的用能部门做起。考虑到用能单位能源管理力量薄弱等实际情况，集团公司整合全集团的节能专业人才资源，对每一个二级单位都开展了自下而上的能源评审工作。评审过程中坚持两个不放过（找不到节能机会不放过，节能方案预测节能量不能完成年度节能任务不放过），确保了能源评审的有效性。

（4）合理开展能源绩效监测。由于集团公司纵向管理层次多、管理难度大，因此在运行管控策划时做出了全面的设计。

一是集团建立健全节能指标体系，层层建立月度用能报表和分析制度，注意解决好指向性问题，进行月度用能管控，实现“月考核”。

二是根据历史数据建立消耗定额，每天采集、分析用能和产量数据，发现异常立即追查分析，并做出纠正，实现集团和二级单位对重点用能单位的“日监控”。

（5）重视能源管理的信息化。一是注意统一数据采集的截止时间，解决数据采集日期段不相符的老难题；二是积累月度用能数据，及时确定取得较好能源绩效的单位总结经验，集团公司及时推广其经验和做法，对能源绩效差的单位要求查找原因，并实施整改，实现“信息共享”，推广成功经验。

（6）对积累的基础数据进行多角度的数据分析，为今后进一步发现节能机会提供依据，将体系建设引向深入。

第十章　能源管理体系审核

审核是能源管理体系建设过程中的重要环节。通过实施有效的体系审核，能够对企业能源管理体系整体及所有过程进行系统的诊断、分析，查找企业能源管理体系在策划、实施运行、监测分析及改进各环节存在的问题和不足之处，在此基础上，实施能源管理体系的持续改进和能源绩效的持续提升。

本章选择内部审核和对能源管理实施方案的审核两个案例，系统介绍了实施能源管理体系内部审核的程序、审核路线及取证方法、内部审核报告编写等方面的内容；对能源管理实施方案的审核案例则以对方案及其实施结果的评价作为主线，介绍了内部审核在持续改进方面的作用。

第一节　能源管理体系内部审核的实施

一、案例背景

某车辆改装公司依据 GB/T 23331—2012 建立了能源管理体系，在体系运行满三个月后，依据标准要求策划并实施了内部审核活动，旨在对企业内部各职能进行全面系统的衡量、检查和评价，衡量体系文件是否符合标准要求、检查体系文件是否得到严格执行及评价体系运行的绩效。

但企业实施内部审核，却往往由于策划不够充分、实施过程不够严谨、审核方法不够科学，以及审核员专业知识有限等，导致内部审核不够深入，审核在发现问题、改进提升等方面的作用难以充分发挥，并导致企业高层不重视、不参与内部审核工作。

二、案例实施

根据 GB/T 23331—2012 标准 4. 6. 3 的要求，企业应结合自身实际策划实施能源管理体系内部审核。

（一）制定内审程序

公司按照 GB/T 23331—2012 标准要求建立、实施了《内部审核控制程序》，规定了内审的目的和范围，明确体系内各部门职责，策划了内部审核流程及控制要求，为公司实施内部审核提供基础的文件支持。

管理者代表全面负责能源管理体系内部审核工作，确定审核组长及审核员，并审核年度内审计划，审核和批准每次的审核实施计划和内部审核报告。

体系主管部门负责编制年度内审计划并组织实施，协助审核组长编制审核实施计划并组织、协调内审活动的展开，配合审核组长完成对纠正措施的跟踪验证。

审核组长负责编制内部审核实施计划，编写内审报告，组织对纠正措施的跟踪验证。

各内审员负责编制审核检查表，具体实施审核工作，编写不符合报告，对纠正措施完成情况和效果进行跟踪验证。

受审核部门按审核组的要求提供材料，确认不合格事实，及时制定纠正措施并实施。

（二）内审时机

根据拟审核的活动和区域的状况、重要程度及以往审核的结果，策划年度审核方案。体系主管部门编制《年度内审计划》，确定审核的目的、范围、准则、频次和方法，经管理者代表审核、总经理批准后下发至各单位执行。内审每年至少开展一次，要求覆盖公司能源管理体系的所有部门。

出现以下情况时，由管理者代表及时组织进行内部审核：

（1）组织机构、能源管理体系发生重大变化；

（2）相关方有重大能源投诉或不满时；

（3）法律法规及其他外部要求的变更；

（4）在接受第二、第三方审核之前。

本次内审为公司能源管理体系实施运行后的第一次内审，时间选在了体系运行满三个月之后，体系的运行初显效果，但一些可能存在的不符合情况尚未形成不良习惯，便于对体系运行进行梳理整合，发现问题，解决问题。

（三）内部审核准备工作

首先确认内部审核的范围，能源管理体系内部审核一般以活动/过程来界定，也可以以区域/部门来界定或以产品来界定。公司内部审核的范围是能源管理体系所覆盖的范围，涉及公司与能源管理有关的部门和活动。

通过领导层将审核要求和审核时间通知各相关部门。组建内部审核组，可以聘请咨询专家作为审核小组组员，由咨询专家协助公司实施内部审核，使得内审人员能在第一次参与内审的过程中更多地了解如何实施内部审核。

现场审核准备：

（1）汇总体系运行要求，包括标准的要求、体系文件的要求、管理中的重点难点、已知的曾发生过的能源管理问题等。

（2）根据能源相关过程的顺序，主要能源使用的关注情况，同时兼顾时间和人员的有效分配以及审核时机的把握情况，编制了详尽的审核计划（表 10-1），并报高层批准后下发至本次审核的相关部门。

（3）本着全员参与、突出重点的审核思路，根据管理手册确定的各部门职责分工情况，策划审核方式方法并编制各部门检查表（见附件 1）。对体系主管部门（设备动力部）、负责工艺控制的（质量部）、负责人员培训的（综合部）、重点耗能区域（喷漆车间、生产车间）等对能源管理体系运行影响较大的部门策划了适当的重点审核。检查表列出了被审核部门的检查内容、检查方式、检查重点等问题，确保审核覆盖的完整性，突出重点。检查表还有助于明确审核目的，保证审核按照计划进度进行，有效减少重复和不必要的工作。

编制检查表的方法：

1）收集相关信息：包括标准要求、法律法规及其他要求、体系文件要求（手册、程序文件、操作规程等）上次审核集中的问题点（所开出的口头与书面的不符合项），已知审核部门曾经发生过的管理问题等。

2）按照过程方法编制检查内容，对各部门的检查表应关注的事项有：

是否根据标准与实际运行情况策划出相应的程序文件或作业指引等，是否按照所策划的文件进行实施，是否根据实施情况进行相应的监测和记录相应的监测结果，是否对监测结果进行评价及处理，处理记录是否保存，处理结果是否满足要求。

3）结合管理的重点与难点编制

①针对各部门的用能特点与控制重点编制检查内容，如将热处理工序、烘漆工序、铸锻中心等重点用能区域作为审核重点，并将审核内容确定为能源利用过程、主要耗能设备的运行和维护。

②针对工作中容易出错的问题编制检查内容，将主要耗能设备运行和维护准则的执行情况、经济运行状态等作为审核重点，对于不符合运行和维护准则的情况进行整改的情况及效果作为审核重点。

③针对能源管理中的盲点编制检查内容，如将压缩空气输送过程的管理、压缩空气的计量等以前没有作为管理重点的环节，在本次审核中作为审核重点。

4）确定审核方法，通过现场走访、与有关人员面谈、查阅体系文件资料、抽查体系运行记录、现场观察等方式实施。

各部门检查表见表10-1。

表10-1　内部审核计划

审核目的	评价公司能源管理体系运行的符合性和能源管理体系的运行绩效				
审核范围	公司领导、综合管理部、人力资源部、采购及外协部、技术部、质量部、设备动能部及各加工直属分部				
审核准则	GB/T 23331—2012、能源管理有关的法律法规、标准；公司能源管理手册、程序文件及能源管理体系其他文件				
审核日期	2013.10.8～9日	制定人	张××	制定时间	2013.9.22
审核组长	A	组员	B/C/D		
批准人	王××	时间	2013.9.23	报告日期	

日程安排

日　期	时　间	受审核部门	内　容	审核员
10月8日	08:30～09:00	高层领导、受审核部门负责人	首次会议	A、B、C、D
	09:00～12:00	采购及外协部	4.4.2，4.5.7，4.5.3	B
	09:00～12:00	质量部	4.4.2,4.6.1,4.6.5,4.6.4,职责与权限落实	A
	9:00～12:00	人力资源部	4.4.2，4.5.2，职责与权限落实	C
	9:00～12:00	技术部	4.4.2，4.5.6，职责与权限落实	D

续表 10-1

日程安排				
日　期	时　间	受审核部门	内　容	审核员
10 月 8 日	13：00 ~ 14：30	综合管理部	4.4.2，4.5.4，4.5.3，4.6.2，4.6.5，4.6.4，职责与权限落实	B、C
	13：00 ~ 17：00	厢体分部、准备分部	4.4.3，4.5.5，4.6.5，4.4.2，4.5.2，职责与权限落实	A、D
	14：30 ~ 17：00	罐体分部、总装分部	4.4.3，4.5.5，4.6.5，4.4.2，4.5.2，职责与权限落实	B、C
	17：00 ~ 17：30		审核组内部沟通	A、B、C、D
10 月 9 日	08：00 ~ 10：00	设备动能部	4.4.1，4.4.3，4.4.4，4.4.5，4.4.6，4.5.3，4.5.5，4.5.6，4.5.7，4.6.1，4.6.4，职责与权限落实	B、C
	08：00 ~ 10：00	涂装分部	4.4.3，4.5.5，4.6.5，4.4.2，4.5.2，职责与权限落实	A
	08：00 ~ 10：00	高层领导	4.1，4.3，4.4.5，4.4.6，4.5.3，4.6.1，职责权限	D
	10：00 ~ 11：20		审核组内部沟通与补充审核	A、B、C、D
	11：20 ~ 12：00	高层领导/受审核部门负责人	末次会议	A、B、C、D

注：1. 有关计划的调整，需征得设备动能部、受审核部门的同意。
2. 本次是体系建立以来的第一次内部审核，不对 4.7 管理评审进行审核。

（四）实施现场审核

1. 召开首次会议

首先在实施内部审核前一周通过集团 OA 系统通知受审核部门，并同时打电话通知并确认参加会议的人员名单，确保首次会议的目的得到贯彻。

由公司能源管理体系管理者代表主持，会议的主要目的是由内部审核组长向各部门介绍此次审核的目的和做法。具体会议内容报告介绍审核组成员；说明审核的范围、目的和意义；简要介绍实施审核所采用的方法和程序；对审核计划进行说明。

首次会议参加人员包括管理者代表、各部门负责人、车间主任及能源管理方面的技术人员。

2. 开展信息收集工作

实施现场内部审核中最关键的活动是收集与内部审核活动有关的信息，并对这些信息进行验证以作为审核证据，通过信息的收集与验证、评价，经过评审最终得出审核结论。

内审小组分头执行审核计划，对实际能源管理和利用活动及结果的验证、对能源消耗数据的统计汇总分析，收集内容包括能源方针、绩效参数、主要能源使用识别和运行控制情况、程序文件编写及执行情况、相关标准识别、作业指导书的编写和执行情况，相关记录：包括监视测量记录、培训记录、能源管理实施方案的监视测量和效果评价记录、生产车间计量、统计报表、文件发放修改记录等；其他参考信息，如对生产消耗数据的统计汇总分析、能源初始评审报告等。各小组在收集信息时关注收集的有效信息。

对于一些文件的引用或记录，尽量用一些唯一性的标识与记录，如：文件名称与编号、版本、版次，表格的标题与编号，注意摘录重点用能设备情况、重要的能源使用记录、操作人员、能源指标等，包含时间、地点、人员、主题事件、主要过程活动实施概要；观察到的事实主要过程、关键过程和主要信息；不合格情节可追溯，必要时有见证人。

审核证据等信息收集之后内审人员应对收集到的信息对照审核依据进行验证，包括对能源控制类和管理绩效类信息的验证。

（1）能源管理控制类信息的验证。能源管理控制类信息的验证方法可以包括：将现场观察的活动与操作规程、相关体系文件的规定进行对照；使用合规性评价的方法将所抽查的记录内容与相关体系文件规定和使用的法律、法规及其他要求进行对照；通过对活动的观察，证实面谈或记录、文件的有效性和真实性等，还可采用其他适用的证实方法。

（2）对于能源管理绩效类信息的验证，审核组采用能量平衡计算、统计分析等工具，计算综合能耗和节能量。

3. 形成审核发现

通过记录验证的信息，形成审核发现。审核员按审核任务的分工，汇总整理所审核活动的审核证据，对比审核准则形成审核发现。审核组长对审核员提出的审核发现进行了汇总，组织审核组内部沟通，对审核发现进行了评审，内审小组根据内审准则，对内审中收集到的信息进行评价。将符合内审准则的信息作为被审核部门符合体系要求、体系运行有效的证据；发现不符合项的被审核部门进行原因分析，实施纠正并制定纠正措施和预防措施。

4. 编制不符合报告

（1）首先将证据与审核准则核对，明确审核准则有哪些：标准、法律法规及其他要求、体系文件（包括一、二、三级文件），从检查表中列举出可能属于不符合的证据，将所列举出不符合证据与相应的审核准则核对，找出不符合条款及不符合理由。

（2）不符合事实描述。不符合事实描述语言要简洁、意思要清楚，前后不要矛盾，阐明不符合标准的理由（不符合标准条款中的具体内容）。不符合报告的事实描述不应带有个人感情色彩。

（3）书面不符合的提出。搞清楚严重不符合、一般性不符合及口头建议项，待不符合事实与理由搞清楚后，再填写不符合报告的内容，要求被审核部门确认。不要吹毛求疵，应该懂得持续改进，小事以提醒的方式告之；要抓住体系中的大缺失，以帮助别人改进后有所提高；对重复性发生的小问题，应该当做系统问题提出，这不能因小而放。

本次内审共提出整改项52个，具体详见附件2，审核组向发现不符合的部门发出《能源体系内部审核待完善及不符合整改通知单》，提出具体的整改要求，限时整改。

5. 审核组内部会议

完成现场审核工作后，审核组召开内部会议，交流审核情况。审核组长对所有审核发现进行汇总分析，确认书面不符合项，作出审核结论。结论包括：

（1）对审核发现进行汇总，作出体系符合性的判定；

（2）分析发现的不符合项，研究确定其对体系的影响程度；

（3）对体系运行做出有效性评价。

6. 举行末次会议

内审的上述工作全部完成后公司召开末次会议，由审核组长主持，管理者代表、内审组全体成员、各部门负责人参加会议。末次会议向管理者代表汇报了内部审核的结果、审核发现，包括各项不符合项和审核结论，并针对审核中发现的不符合提出了具体的整改计划。

（五）编制、分发内审报告

内审组长编制内审报告，并交管理者代表审批后发放至各受审核部门，并报送给企业最高管理者，使其了解审核结果。

编写审核报告注意事项：

（1）报告的内容应真实、客观；

（2）应对事不对人；

（3）应简明扼要，突出重点，引用典型事例和数据；

（4）对纠正措施的要求不能就事论事，要着眼于体系的整体改进。

内审报告见附件2。

（六）不符合的整改及验证

能源管理体系内部审核的目的决定了不符合及潜在不符合整改及其验证的重要性，通过内部审核，发现企业能源管理体系所存在的问题，并分析查找原因，采取纠正措施或预防措施并加以消除，以免类似不符合再次发生，或者避免不符合的发生，使体系得到不断改进。

（1）不符合报告的整改要求：

1）纠正不符合。如果发现的不符合项较为简单易于整改，可以直接在审核现场纠正不符合。

2）分析原因，制定并实施纠正措施计划，验证纠正措施有效性。对于相对复杂且不能现场整改的不符合项，可以选择此类处理方式，制定一个较短限期的纠正措施实施计划，并在限期之前验证纠正措施的有效性。

3）分析原因，制定纠正措施计划。对于整改措施无法短期内执行且无法验证整改有效性的不符合项，应制定纠正措施计划，确认计划可行和有效后，在下一次内审中对其效果进行验证。

（2）跟踪验证的实施要点：

1）应由专门的管理部门负责，建立文件规定，确保正常、规范地实施。

2）验证效果不理想时，应重新循环；对于有效的纠正措施，应采取巩固措施。

3）实施跟踪验证的人员，可以是原审核组成员，也可委派其他有资格的人员，但应了解和掌握原审核资料和背景情况。

4）跟踪验证应形成并保持记录。

（七）内审材料的整理归档

在一次完整的内部审核结束后，应对内审材料进行整理并交由主管部门归档保存，需要保存的文件记录包括：内审计划、现场审核记录、首末次会议签到表、不符合报告及整改证据、内部审核报告等。

三、实施效果

本次内审选在体系实施运行三个月之后，通过内审组对企业体系运行情况的梳理，进一步加深了各级职能部门、各级员工对能源管理体系的认识，同时系统的梳理了企业能源管理体系运行机制，有效的评价了能源管理体系运行初期符合规范的情况以及存在的问题，发现整改项52个，为各部门提出了具体的改进要求，保障了体系运行的适宜性、规范性和有效性。

四、案例点评

内审是保持能源管理体系运行充分性、适宜性和有效性的重要环节。内部审核是在有限的时间内利用有限资源的情况下进行的，不可能对所有的信息注意进行检查验证，制定详细的内审计划、有效的传达和动员、抽查具有代表性的信息、合理分析等一系列措施，保证了内审活动有效性，从而准确完成对体系运行情况的诊断。内审虽然不能直接产生节能量，但对于能源管理体系的有效运行却至关重要。

附件 1

各部门检查表（部分）

部门：最高管理者

检查内容	标准条款	方　法	审 核 项 目	审核记录
总要求	4.2.1 4.2.2	查阅相关资料及文件	1. 体系建立承诺书； 2. 能源方针； 3. 能源管理者代表任命书； 4. 能源管理组织机构； 5. 能源目标、指标的确立； 6. 指定相关人员，并由相应的管理层授权，共同开展能源管理活动； 7. 培训和宣传能源方针、能源目标的重要性	
能源方针	4.3	查阅文件并随机考核相关人员	1. 承诺遵守节能相关的法律法规及其他要求； 2. 为制定和评审能源目标、指标提供框架； 3. 形成文件，在内部不同层面得到沟通、传达	
能源目标、指标与能源管理实施方案	4.4.6	查阅文件并随机考核相关人员	1. 能源目标、指标的制定； 2. 能源目标、指标的适应性； 3. 实现能源目标、指标的进度要求	

部门：人力资源部

检查内容	标准条款	方　法	审 核 项 目	审核记录
法律、法规及其他要求	4.4.2	查看记录清单，与实际情况对照	（一）法律、法规收集和获取渠道： 1. 网站； 2. 政府下发； 3. 节能主管部门下发； 4. 行业杂志。 （二）法律法规的识别与评价： 1. 部门法律、法规评价表； 2. 法律、法规及其他要求在部门的适用性； 3. 法律法规的传递与更新	
职责与权限	4.2	面　谈	熟悉程度	
能力、培训和意识	4.5.2	查看记录清单，与实际情况对照	1. 与重要能源使用相关的人员有节能相关的岗位能力说明书、能力评价方法，且岗位能力说明书包含教育、培训、技能和经验等内容； 2. 有效识别与重要能源使用及与能源管理体系运行控制有关的培训需求，并提供识别记录； 3. 针对培训需求制订培训计划，提供培训教育或采取其他措施，并验证培训效果，提供相关记录； 4. 通过培训，全员能够意识到能源方针、程序文件和能源管理体系要求的重要性； 5. 全员能够了解满足能源管理体系要求的作用、个人在其中的职责和权限； 6. 全员能够意识到改进能源绩效所带来的益处； 7. 全员能够意识到自身活动对能源绩效的影响，对实现能源目标和指标的贡献，以及偏离规定程序的潜在后果	

部门：技术部

检查内容	标准条款	方　法	审 核 项 目	审核记录
法律、法规及其他要求	4.4.2	查看记录清单，与实际情况对照	（一）法律、法规收集和获取渠道： 1. 网站； 2. 政府下发； 3. 节能主管部门下发； 4. 行业杂志。 （二）法律法规的识别与评价： 1. 部门法律、法规评价表； 2. 法律、法规及其他要求在部门的适用性； 3. 法律法规的传递与更新	
职责与权限	4.2	面　谈	熟悉程度	
设　计	4.5.6	查看记录，与实际情况对照	1. 主要用能设备、用能种类及标准； 2. 能源技术标准及要求； 3. 影响能源绩效相关节能技术改造方案； 4. 高耗能设备台账； 5. 设备设施购置技术方案及能耗技术要求； 6. 设备供应商资质； 7. 设备用能评估报告	

部门：加工直属分部

检查内容	标准条款	方　法	审 核 项 目	审核记录
法律、法规及其他要求	4. 4. 2	查看记录清单，与实际情况对照	（一）法律、法规收集和获取渠道： 1. 网站； 2. 政府下发； 3. 节能主管部门下发； 4. 行业杂志。 （二）法律法规的识别与评价： 1. 部门法律、法规评价表； 2. 法律、法规及其他要求在部门的适用性； 3. 法律法规的传递与更新	
职责与权限	4. 2	面　谈	熟悉程度	
能源目标、能源指标与能源管理实施方案	4. 4. 6	查看目标、指标、方案记录并与实际情况对照	1. 部门使用的能源种类； 2. 公司能源方针落实情况； 3. 部门能源目标、指标及能源实施方案； 4. 部门节能措施； 5. 实现能源绩效的改进方法	
记录控制	4. 6. 5	查阅相关记录	1. 主要耗能生产设备及能源计量器具台账、检修、检验情况； 2. 年度能耗记录台账； 3. 主要能源使用设备操作人员记录（培训、持证、技能等）； 4. 主要用能设备能源使用分析； 5. 员工能源意识状况； 6. 主要用能设备维护保养记录； 7. 主要用能设备操作规程； 8. 能源使用应急预案	

部门：综合管理部

检查内容	标准条款	方　法	审核项目与方法	审核记录
法律、法规及其他要求	4. 4. 2	查看记录清单并与实际对照	（一）法律、法规收集和获取渠道。 （二）法律法规的识别与评价： 1. 部门法律、法规评价表； 2. 法律、法规及其他要求在部门的适用性； 3. 法律法规的传递与更新	
职责与权限	4. 2	面　谈	熟悉程度	
文件控制	4. 5. 4	查　阅	1. 能源管理体系的范围和边界； 2. 能源方针； 3. 能源目标、指标和能源管理方案； 4. 能源管理程序文件及记录； 5. 文件发放记录； 6. 外来文件清单； 7. 信息交流记录； 8. 将适用文件的有效版本发放至各使用部门； 9. 记录控制	

部门：质量部

检查内容	标准条款	方　法	审 核 项 目	审核记录
法律、法规及其他要求	4.4.2	查看记录清单并与实际对照	（一）法律、法规收集和获取渠道： 1. 网站； 2. 政府下发； 3. 节能主管部门下发； 4. 行业杂志。 （二）法律法规的识别与评价： 1. 部门法律、法规评价表； 2. 法律、法规及其他要求在部门的适用性； 3. 法律法规的传递与更新	
职责与权限	4.2	口　述	了解程度	
监视、测量与分析	4.6.1	查阅记录	1. 测量计划； 2. 能源计量器具台账； 3. 计量器具定期检验标准； 4. 能源计量器具定期校验、检验记录； 5. 计量器具维修记录； 6. 计量器具原始资料	
不符合、纠正、纠正措施和预防措施	4.6.4	查阅记录	1. 不符合项记录； 2. 纠正记录； 3. 纠正措施记录； 4. 预防措施记录	

部门：设备动能部

检查内容	标准条款	方　法	审 核 项 目	审核记录
部门职责与权限	4.2	口　述	了解程度	
法律、法规及其他要求	4.4.2	查看记录清单并与实际对照	（一）法律、法规收集和获取渠道： 1. 网站； 2. 政府下发； 3. 节能主管部门下发； 4. 行业杂志。 （二）法律法规的识别与评价： 1. 部门法律、法规评价表； 2. 法律、法规及其他要求在部门的适用性； 3. 法律法规的传递与更新	
能源评审	4.4.3	查看能源评审相关文件和记录	1. 能源初始评审报告； 2. 程序文件； 3. 能源使用、能源利用状况分析、主要能源使用评价； 4. 能源消费结构分析； 5. 针对能源使用状况制定能源管理实施方案； 6. 能源评审相关记录	
能源基准	4.4.4	查看文件和记录	1. 能源基准的确立； 2. 能源基准在公司的适应性	
能源绩效参数	4.4.5	查看文件和记录	1. 能源绩效参数的制定； 2. 能源绩效参数的执行情况	

续表

检查内容	标准条款	方　法	审 核 项 目	审核记录
能源目标、指标与能源管理实施方案	4.4.6		1. 能源目标、指标的制定； 2. 能源目标、指标的适应性； 3. 实现能源目标、指标的进度要求； 4. 能源管理实施方案	
信息交流	4.5.3		1. 信息交流程序文件； 2. 信息交流相关记录； 3. 信息交流的方式方法	
设　计	4.5.6		1. 对可能影响能源绩效的分析； 2. 节能评估与审核	
能源服务、产品、设备和能源采购	4.5.7	查看记录清单	1. 主要用能设备台账； 2. 主要用能设备、用能种类及标准； 3. 采购所需能源对能源绩效的影响分析； 4. 能源消耗记录与分析	
监视测量与分析	4.6.1		1. 定期对关键特性进行监视、测量和分析； 2. 测量计划与公司规模、复杂程度及监视和测量设备相适应； 3. 监视测量与记录分析； 4. 不符合、纠正、纠正措施与预防措施记录； 5. 检测分析能源绩效中出现的重大偏差，并采取应对措施； 6. 校准记录	
内部审核	4.6.3		1. 内部审核计划、方案、职责分工、审核周期； 2. 内审相关记录	
不符合、纠正、纠正措施和预防措施	4.6.4		1. 识别评审不符合或潜在的不符合； 2. 分析确定不符合或潜在不符合产生的原因； 3. 评估采取措施的需求，并制定和实施适宜的措施； 4. 保持纠正措施和预防措施的记录	

部门：采购及外协部

检查内容	标准条款	方　法	审 核 项 目	审核记录
法律、法规及其他要求	4.4.2	查看记录清单	（一）法律、法规收集和获取渠道： 1. 网站； 2. 政府下发； 3. 节能主管部门下发； 4. 行业杂志。 （二）法律法规的识别与评价： 1. 部门法律、法规评价表； 2. 法律、法规及其他要求在部门的适用性； 3. 法律法规的传递与更新	

续表

检查内容	标准条款	方　法	审 核 项 目	审核记录
职责与权限	4.2	面　谈	熟悉程度	
能源服务、产品、设备和能源采购	4.5.7	查看记录清单	1. 能源采购合同； 2. 能源供应商资质； 3. 人员素质水平（用户评价）； 4. 能源供给业绩跟踪； 5. 主要用能设备、用能种类及标准； 6. 设备供应商资质； 7. 设备用能评审报告； 8. 设备业绩评价相关说明； 9. 设备的安装、调试、验收、操作规程及大小修计划安排； 10. 公司用能技术标准或相关要求； 11. 能源供应商供应能力预测； 12. 能源供应应急预案； 13. 能源检验与验收记录； 14. 相关采购计划	

附件 2

某公司 2013 年能源管理体系内部审核报告

审核报告

审核开始日期：2013 年 10 月 8 日

审核结束日期：2013 年 10 月 9 日

受审核部门：公司高层、采购及外协部、质量部、技术部、设备动能部、综合管理部、人力资源部、财务部、各加工直属分部。

内部审核组：

组长：李某

审核员：韩某、苏某、孙某

报告日期：2013 年 10 月 12 日

1. 内部审核目的：

检查公司能源管理体系是否持续满足 GB/T 23331 规定的要求，验证能源目标、指标和节能改进方案的实现程度；及时发现问题，采取纠正措施及预防措施，使能源管理体系不断完善、不断改进。

2. 审核范围：

能源管理体系覆盖的所有部门和所有能源利用过程，包括：公司高层管理、综合管理部、人力资源部、采购及外协部、技术部、质量部、设备动能部及 5 个加工直属分部。

3. 审核依据：

GB/T 23331—2012、能源管理有关的法律法规、标准，本公司能源管理手册、程序文件及能源管理体系其他文件。

4. 内部审核主要参加人员：

管理者代表、各相关部门负责人、内审员。

一、审核实施情况

在现场审核前，审核组按内审程序作了充分的准备，研究确定了本次审核的重点，编制了审核实施计划，并按文件规定编制了检查表。审核组用了1.5天的时间完成了审核计划中规定的内容，本次审核得到各受审核部门的支持，审核员通过问、听、查、看等方式，对各部门体系运行情况进行了全面检查，对提交的文件资料进行了认真审核。共查出不合格项9条，均为实施性的一般不合格，针对出现的问题，开具了不合格报告，并得到部室负责人的认可，采取纠正和预防措施。

二、对能源管理体系的综合评价

能源管理体系文件建立，并经过了相应的培训，能够满足生产需要，各部室能够自觉执行文件，部室及相关人员职责权限较为清晰，已逐步形成自我完善、自我检查机制，职工能源管理意识有了很大提高，能源管理水平达到了能源目标要求。体系运行正在向良好的方向发展，能源管理体系运行基本有效。

三、不符合统计与分析

1. 各部门存在的共性问题

1）4.5实施与运行：应继续深入地学习能源管理体系相关文件。

2）4.5.4文件与文件控制：进一步完善相应的三层管理制度和相关记录，确保体系有效运行。

3）4.4.3能源评审：生产部门需要针对设备淘汰目录核对相对应设备，进一步完善重点耗能设备台账和淘汰设备台账。

4）4.4.6能源目标、能源指标与能源管理实施方案：能源指标未分解到主要耗能工序与主要耗能设备。

5）4.4.2法律法规及其他要求：完善部门相关法律、法规及其他要求的识别工作。

6）4.6.2合规性评价：落实合规性评价工作，完善合规性评价报告。

7）4.5.2能力意识培训：提高部门人员对能源方针、目标、指标的熟知程度。

2. 各部门存在的分项问题

1）设备动能部

4.5.4文件与文件控制：

①对部分程序文件进行修订，落实部门职责。

4.5.5运行控制：

①加强对公司动力管网的巡检，减少跑冒滴漏；做好能源计量器具的巡检记录，保证计量数据准确，做好能源使用的统计与分析。

②完善高耗能设备的判定标准。

4.5.3信息交流：

①加强同综合管理部的内部协调，做好相关能源法律法规在公司内部的信息传递。

2）技术部

4.5.5运行控制：做好工艺文件执行情况检查记录。

4.5.6设计：做好新产品开发及其相关生产工艺关于能源消耗情况的评估信息；理顺/补充产品设计文件中（设计任务书、工艺文件等）关于能源绩效参数的要求。

4.5.7能源服务、产品、设备和能源采购：制定能源采购（油类、气体类等）验收技术条件。

3）采购部

4.5.7.2能源服务、产品和设备的采购：瓶装气体，需准备灌装许可证、气体检验报告。

4）人力资源部

4.5.2能力、培训和意识：

①完善员工任职要求中有关能源方面的内容；

②补充对高耗能设备、主要耗能工序等相关人员的节能意识培训；

③补充对中、高层管理人员的培训。

5）综合管理部

4.4.3能源评审：对于夜间巡查、绿化、物业等相关工作的管理，需要进一步的制度化。

4.6.5记录控制：完善电子记录文档的管理，完善记录文件的存档及报废处理管理。

6）质量部

4.6.1 监视、测量与分析：
①完善能源计量器具台账；
②编写能源计量器具校准规范；
③完善能源计量器具出入库台账；
④编制能源计量器具报废及相关规程；
⑤编制、完善能源计量器具自校验规程；
⑥编制能源进厂检验规范相关技术标准。
7）各分部：
4.5.5 运行控制：
①完善部门耗能设备台账，了解部门高耗能设备及高耗能工序，完善能源消耗记录及月度能耗的统计分析记录；制定部门管理方案。
②严格按照工艺文件、设备操作规程进行作业生产。
③涂装分部是公司主要的能耗部门，涂装线缺少燃烧器的操作规程，无法对排气出口温度进行有效监测与控制。
4.4.6 能源目标、能源指标与能源管理实施方案：部门能耗指标分解到班组或工序；制定主要耗能工序（设备）能耗目标、指标。
四、纠正措施要求：
针对所有的问题项，审核组均出具了不符合项报告单，各部门应对提出的不合格项认真落实，按文件规定实施纠正和预防措施。针对所有不合格报告应在 2013.10.15 之前关闭，关闭后将由内审员负责进行有效性验证。

第二节　对能源管理实施方案的审核思路

一、案例背景

某化工集团有限公司动力车间的主要耗能设备是 5 台循环流化床锅炉（表 10-2），由这些锅炉及其附属设备组成的蒸汽生产供应系统主要负责为全公司提供蒸汽，提供的蒸汽根据生产需要可分为 3 个压力等级，即 3.82MPa、1.57MPa、0.5MPa。在蒸汽生产供应系统的设计文件中考虑了背压发电，并拟上一台 6MW 背压发电机组，实现对蒸汽的梯级利用。

表 10-2　循环流化床锅炉规格型号一览表

序　号	锅炉规格型号	数量/台	生产厂家	设备编号
1	YG-35/3.82-M6 型	1	济南锅炉厂	5 号
2	YG-130/3.82-M6 型	1	济南锅炉厂	3 号
3	UG-130/9.81-M6 型	2	无锡锅炉厂	1 号，2 号
4	YG-75/3.82-M6 型	1	济南锅炉厂	4 号
合　计	—	5	—	—

2013 年 12 月，审核组对该蒸汽生产供应系统进行审核时，发现 6MW 背压发电机组没能建成投产，该系统运行三年多以来也一直未能实现余压发电，动力车间在生产 3 个等级的蒸汽过程中双减现象严重，造成巨大的能源浪费。同时，企业也未对蒸汽的梯级利用

做深入的研究，未分析其节能潜力及投资，也没有将其识别为重要的能源绩效改进机会，并制定相应的能源管理实施方案。

由于对能源管理实施方案的审核涉及较多的专业问题，在实际的审核过程中，审核员往往不能利用对方案的审核发现可能的节能机会，审核的价值也就不能很好地体现出来。

二、企业简介

某集团有限公司是典型的煤化工企业，下设八个子公司，主导产品有尿素、碳酸氢铵、甲醇、双氧水缓释 BB 肥、缓释尿素等。现已形成年产氨醇 125 万吨，尿素 100 万吨，碳酸氢铵 30 万吨，缓释 BB 肥 15 万吨，缓释尿素 10 万吨，双氧水 3 万吨的生产规模。年综合能耗为 53 万吨标准煤。

2013 年 12 月，企业依据 GB/T 23331—2012 标准建立的能源管理体系开始运行，体系覆盖范围为 20 万吨/年合成氨生产系统及辅助生产系统、38 万吨/年尿素生产系统及辅助生产系统、30 万吨/年甲醇生产系统及辅助生产系统。

公司根据能源评审的结果，结合公司确定的能源方针和目标，制定了十余个能源管理实施方案，其中针对动力车间蒸汽生产供应系统的蒸汽梯级利用不足而制定的能源管理方案（即 6MW 背压发电项目）已于 2015 年 2 月试运行，此项目将为企业年节约标准煤约 6000t。

三、案例介绍

（一）蒸汽生产供应系统的基本情况

锅炉运行采用母管制，初审时运行 130t 高温高压锅炉（额定压力 9. 8MPa，540℃）1 台（1 号炉），130t 中温中压锅炉（额定压力 3. 82MPa，450℃）1 台（3 号炉），其余停开备用。具体锅炉设计参数见表（表 10-3 ~ 表 10-5）。

表 10-3　1 号、2 号锅炉（UG-130/9. 8-M6）设计参数

项　目	参数值	项　目	参数值
额定蒸发量/$t \cdot h^{-1}$	130	连续排污率/%	≤2
额定蒸汽压力/MPa	9. 8	设计热效率/%	90. 6
额定蒸汽温度/℃	540	燃料消耗量/$t \cdot h^{-1}$	22. 221
给水温度/℃	215	锅炉飞灰量/%	70
空气预热器进风温度/℃	20	脱硫效率/%	≥90
一次风预热温度/℃	185	减温方式	混合式二级减温
二次风预热温度/℃	190	含氧量/%	3 ~ 5
一二次风占总风量份额	6 : 4	排烟温度/℃	141

表 10-4　3 号锅炉（YG-130/3.82-M6）设计参数

项　目	参数值	项　目	参数值
额定蒸发量/$t \cdot h^{-1}$	130	脱硫效率/%	87
额定蒸汽压力/MPa	3.82	钙硫比	2～2.3
额定蒸汽温度/℃	450	燃料消耗量/$kg \cdot h^{-1}$	30910
给水温度/℃	150	燃料的颗粒度要求/mm	≤13
一次风预热温度/℃	150	含氧量/%	3～5
二次风预热温度/℃	150	热效率/%	90.2
一二次风占总风量份额	6∶4	燃烧效率/%	95～99
排烟温度/℃	140	减温方式	混合式一级减温
连续排污率/%	2	除尘方式	电袋除尘
水压试验容积/m^3	66.4	煮炉水容积/m^3	42

表 10-5　4 号锅炉（YG-75/3.82-M6）设计参数

项　目	参数值	项　目	参数值
额定蒸发量/$t \cdot h^{-1}$	75	脱硫效率/%	87
额定蒸汽压力/MPa	3.82	钙硫比	2～2.3
额定蒸汽温度/℃	450	燃料消耗量/$kg \cdot h^{-1}$	17832.7
给水温度/℃	150	燃料的颗粒度要求/mm	≤13
一次风预热温度/℃	150	含氧量/%	3～5
二次风预热温度/℃	150	热效率/%	90.2
一二次风占总风量份额	6∶4	燃烧效率/%	95～99
排烟温度/℃	140	减温方式	混合式一级减温
连续排污率/%	2	除尘方式	电袋除尘

高温高压锅炉从 9.8MPa 降压至 4.5MPa 运行，然后通过减温减压至 3.82MPa 进入主蒸汽母管供生产使用，100t/h 左右。

中温中压锅炉产生 3.82MPa 蒸汽直接进入主蒸汽母管，80t/h 左右。

煤化工生产系统使用的蒸汽主要分为两类：一类是 3.82MPa 蒸汽通过减温减压变为 1.57MPa/350℃蒸汽，用量约为 110t/h，另一类是 0.5MPa/280℃蒸汽由 3.82MPa/450℃通过汽拖鼓风机排汽而来，用量约为 70t/h。

（二）审核思路

审核组策划了如下审核思路：

（1）对蒸汽生产供应系统、煤化工生产系统实施审核，收集蒸汽压力、温度等数据信息；

（2）利用收集的数据信息，计算减温减压损失量，帮助识别能源绩效改进机会；

（3）参考国家推荐的节能技术、同行业的成熟节能技术，帮助企业确定能源管理方案；

（4）在后续的审核活动中，跟踪能源管理实施方案的实施情况和效果，确保能源管理实施方案发挥应有的作用。

（三）审核的实施

1. 数据收集与计算

审核组通过对蒸汽生产供应系统、煤化工生产系统的审核，发现动力车间在生产蒸汽的过程中存在着减温减压损失。在审核组的帮助下企业计算出减温减压损失量。

（1）高温高压锅炉从 9.81MPa 降压至 4.5MPa 热量损失（温度不变，按 100t/h，每年生产 8000h 计算）：

查蒸汽焓值表，知：9.81MPa/540℃的蒸汽焓值为：h_1 = 3477.0516kJ/kg，4.5MPa/540℃的蒸汽焓值为：h_2 = 3530.9011kJ/kg，则：

每公斤蒸汽焓值差 $\Delta h = h_2 - h_1 = 3530.9011 - 3477.0516 = 54$kJ/kg。

因此，每年的能源损失量 $\Delta Q_1 = (54 \div 29.307) \times 100 \div 1000 \times 8000 = 1474$tce/a。

（2）高压蒸汽从 9.81MPa、540℃降压至 3.82MPa/450℃的双减损失（蒸汽量按 100t/h 计算），经咨询生产汽轮机厂家，每小时约能发电 12000kW · h。

则每年的能源损失量约为 $\Delta Q_2 = 1.2 \times 1.229 \times 8000 = 11798$tce/a。

（3）中压蒸汽由 3.82MPa/450℃降至 1.57MPa/350℃的双减损失（按 110t/h 计算），经咨询生产汽轮机厂家，每小时约能发电 6000kW · h。

则每年的能源损失量约为 $\Delta Q_3 = 0.6 \times 1.229 \times 8000 = 5899$tce/a。

三项合计，每年因蒸汽降压和双减损失带来的能源浪费量约为 19171ce/a，如果全部加以利用，即能实现等量的节能量。

通过上述计算，企业认识到浪费能源的数量惊人，引起公司高层领导的高度重视，很快启动了能源管理实施方案的实施。公司原来制定的能源管理实施方案见表 10-6。

表 10-6　原能源管理实施方案

项　目	设备型号	投资/万元	完成时间	年节约标准煤/t
6MW 背压发电	B4.5-8.83/3.82	300	2015.2	5899
12MW 背压发电	B12-3.82/1.57/0.98	500	2016.3	11798

该项目的技术参数（初审前就已安装，拖了 3 年都未能完工）如表 10-7 所示。

表 10-7　能源管理方案的技术参数

序　号	名　称	型 号 规 格	技 术 条 件
1	背压式汽轮机 （哈尔滨东方汽轮机二厂）	B4.5-8.83/3.82	额定功率：4500kW
			额定转速：3000r/min
			额定进气压力：8.83MPa
			额定进汽温度：535℃
			额定排汽压力：3.82MPa
			额定进汽温度：450℃
2	汽轮发电机 （济南生建发电机厂）	QF-6-2	额定电压：10500V
			额定功率：6000kW
			额定转速：3000r/min
			功率因数：0.8

续表 10-7

序　号	名　称	型 号 规 格	技 术 条 件
3	空气冷却器		换热能力：240kW
			组数：4
			冷却水量：80t/h
4	冷却油	YL－80B	冷却面积：$80m^2$
5	油　箱		容积：$7m^3$
6	交流润滑油泵	100AYa60B	流量：1100L/min
			压力：0.343MPa
	附电动机	YB160M2-2	功率：15kW
			转速：2950r/min
7	直流润滑油泵	100AYa60B	流量：1100L/min
			压力：0.343MPa
	附电动机	Z2-52	功率：13kW
			转速：3000r/min
8	高压电动油泵	150AY150×2B	流量：2300L/min
			扬程：1.85MPa
	附电动机	YB355S3-2	功率：220kW
			转速：2950r/min
9	滤油器	77.470Z	
10	排烟风机	106.411.3Z	
11	汽封抽气器	QC-700-124	加热面积：$34m^2$
12	电动双钩桥式起重机	16/3.2	起重量主钩：16t
			副钩：3.2t
			跨度：16.5m
			起升高度主钩：16m
			副钩：18m
	附主钩起升电机	YZR225M-8	电压：380V
			功率：26kW
	附副钩起升电机	YZR160M2-6	电压：380V
			功率：8.5kW
	附小车运行电机	YZR132M2-6	电压：380V
			功率：4kW
	附大车运行电机	YZR132M2-6	电压：380V
			功率：4kW
13	透平油过滤器	ZJA4KF	公称流量：4000L/h
14	事故油池		容积：$8m^3$
15	低位水箱		容积：$5m^3$

续表 10-7

序　号	名　称	型 号 规 格	技 术 条 件
16	低位疏水泵	50WFB-C1	流量：$13m^3/h$
			扬程：40m
	附电动机		功率：7.5kW
			转速：2900r/min

2. 审核发现

审核组对该能源管理实施方案进行了详细的评审，结果发现该方案存在两个问题：

一是背压式汽轮机与发电机不匹配的问题；

二是用在高压端仍然不能完全利用双减能量，特别是运行两台高压锅炉时（这是能源利用率最高的运行方法）。

企业回答这是原设计问题，如果开两台 9.8MPa 高压锅炉确实还要有部分蒸汽走减温减压。但审核组认为，公司有责任对该方案进行评审、优化，以获取最大的节能量，增加企业的经济效益。

3. 对能源管理方案的改进建议

审核组结合国内同行业的成熟经验，在与企业充分沟通的基础上，提出了如下改进建议：

如果两台高压锅炉同时运行，则原能源管理实施方案中配置的 6MW 背压汽轮发电机组就无法消耗所有因蒸汽双减带来的能量，这时候就需要在高压端再增加一台背压汽轮发电机组，机组的容量需根据双减能量来确定，这样就可以实现节能量的最大化。

四、实施效果

2015 年 1 月，认证机构对企业实施例行监督审核时，该能源管理实施方案已基本建设完毕，尚未投入运行。尽管如此，企业仍然按照项目投入运行后的预期结果，将动力车间的能源消耗定额（吨煤产汽量）由 2014 年的 7.5t 上调至 2015 年的 8t，仅此一项，企业能源管理体系覆盖范围内的年综合能耗也将下降至 52.35 万吨标准煤，年可实现节能量 6500 吨标准煤，节能效果还是比较明显的。

五、案例点评

专业审核员利用自己的专业知识和实践经验，采用倒推的方法（先找出浪费能源的地方及浪费能源量，再看能源管理实施方案），对重点的能源管理实施方案进行重点审核，并在此基础上帮助企业识别能源绩效改进的机会，优化改进能源管理实施方案，降低能源消耗，能够非常直观地体现能源管理体系认证的价值。

附　　录

附录1　GB/T 23331—2012 能源管理体系要求

前　　言

本标准等同采用国际标准 ISO 50001：2011《能源管理体系要求及使用指南》。

本标准按照 GB/T 1.1—2009 给出的规则起草。

本标准代替 GB/T 23331—2009，与 GB/T 23331—2009 相比主要变化如下：

——增加了“边界”（见 3.1）、“持续改进”（见 3.2）、“纠正”（见 3.3）、“纠正措施”（见 3.4）、“能源消耗”（见 3.7）、“能源管理团队”（见 3.10）、“能源绩效参数”（见 3.13）、“能源评审”（见 3.15）、“能源服务”（见 3.16）、“能源使用”（见 3.18）、“相关方”（见 3.19）、“内部审核”（见 3.20）、“不符合”（见 3.21）、“组织”（见 3.22）、“预防措施”（见 3.23）、“程序”（见 3.24）、“记录”（见 3.25）、“范围”（见 3.26）、“主要能源使用”（见 3.27）和“最高管理者”（见 3.28）等术语；

——修改了“能源”（见 3.5）、“能源基准”（见 3.6）、“能源绩效”（见 3.12）的定义；

——修改了有关“总要求”（见 4.1）、“管理职责”（见 4.2）、“能源方针”（见 4.3）、“能源策划”（见 4.4）、“实施与运行”（见 4.5）、“检查”（见 4.6）、“管理评审”（见 4.7）等各部分内容的具体要求；

——删除了“能源因素”和“能源管理标杆”术语。

本标准中“能源”“能源使用”“能源消耗”等术语与我国能源领域中的习惯定义存在差别，此类术语仅应用于能源管理体系的实施、应用过程，从而确保与 ISO 50001 协调一致。

本标准还做了下列编辑性修改：

——删除了部分有关术语来源参考文件的批注；

——删除了部分与我国应用情况无关的批注；

——附录 B 中，将 ISO 相关标准修改为等同转化的国家标准并进行比较。

本标准由国家发展和改革委员会、国家标准化管理委员会提出。

本标准由全国能源基础和管理标准化技术委员会（SAC/TC20）归口。

本标准起草单位：中国标准化研究院、方圆标志认证集团、德州市能源利用监测中心、中国合格评定国家认可中心、宝山钢铁集团、中国电力企业联合会标准化管理中心、中国建材检验认证集团股份有限公司。

本标准主要起草人：王赓、李爱仙、李铁男、王世岩、朱春燕、李燕[1]、黄进、梁秀英、任香贵、桂其林、杨德生、李燕[2]、刘立波、周璐、周湘梅、张娣、石新勇。

本标准于2009年3月首次发布，本次为第一次修订。

引　言

制定本标准的目的是引导组织建立能源管理体系和必要的管理过程，提高其能源绩效，包括提高能源利用效率和降低能源消耗。本标准的实施旨在通过系统的能源管理，降低能源成本、减少温室气体排放及其他相关环境影响。本标准适用于所有类型和规模的组织，不受其地理位置、文化及社会条件等的影响。本标准能否成功实施取决于组织各职能层次的承诺，尤其是最高管理者的承诺。

本标准规定了能源管理体系的要求，使组织能根据法律法规要求和主要能源使用的信息来制定和实施能源方针，建立能源目标、指标及能源管理实施方案。能源管理体系可使组织实现其承诺的能源方针，采取必要的措施来改进能源绩效，并证实体系符合本标准的要求。本标准适用于组织控制下的各项活动，并可根据体系的复杂程度、文件化程度及资源等特殊要求灵活运用。

本标准基于策划—实施—检查—改进（PDCA）的持续改进模式，使能源管理融入组织的日常活动中。

能源管理过程中PDCA方法总结如下：

——策划：实施能源评审，建立能源基准和能源绩效参数，制定能源目标、指标和能源管理实施方案，从而确保组织依据其能源方针改进能源绩效。

——实施：履行能源管理实施方案。

——检查：对运行的关键特性和过程进行监视和测量，对照能源方针和目标评估确定实现的能源绩效，并报告结果。

——改进：采取措施，持续改进能源绩效和能源管理体系。

本标准的广泛使用将有利于能源的有效使用，提升组织竞争力，减少温室气体排放和其他环境影响。本标准适用于所有类型的能源。

本标准可用于对组织的能源管理体系进行认证、评价和组织的自我声明。本标准除要求在能源方针中承诺遵守适用的法律法规和其他要求外，并未对能源绩效水平提出绝对要求，所以两个从事类似活动但具有不同能源绩效水平的组织，可能都符合本标准要求。

本标准的制定基于管理体系标准的通用要素，确保与GB/T 19001和GB/T 24001保持相同的水准。

组织可将本标准与其他管理体系相结合，如质量、环境或职业健康安全等管理体系要求。

---

[1] 中国合格评定国家认可中心；

[2] 中国标准化研究院。

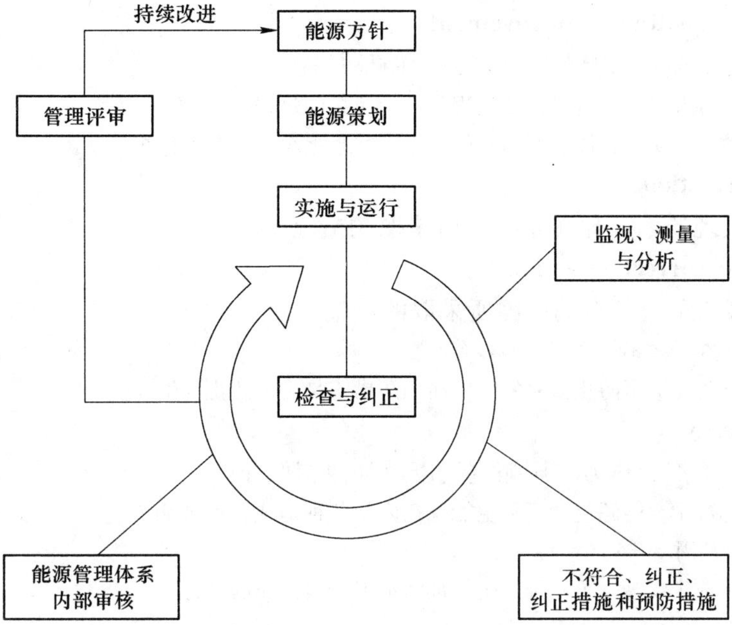

能源管理体系要求

1　范围

本标准规定了组织建立、实施、保持和改进能源管理体系的要求，旨在使组织能够采用系统的方法来实现能源绩效目标，包括能源利用效率、能源使用和消耗状况的持续改进。

本标准规定了能源使用和消耗的相关要求，包括测量，文件化和报告，设备、系统、过程的设计和采购，以及对能源绩效有影响的人员。

本标准考虑对能源绩效有影响、并且能够被组织监视和施加影响的所有变量。但本标准未规定具体的能源绩效水平要求。

本标准可单独使用，也可与其他管理体系整合使用。

本标准适用于任何自我声明能源方针并希望保证实现和展示其符合程度的组织，其符合性可通过自我评价、自我声明或外部的能源管理体系认证来确认。

2　规范性引用文件

无规范性引用文件。列举本条款是为了与其他管理体系标准的条款序列保持一致。

3　术语与定义

下列术语和定义适用于本文件。

3.1　边界　boundaries

组织确定的物理界限、场所界限或次级组织界限。

注：边界可以是一个或一组过程，一个场所、一个完整的组织，或一个组织所控制的多个场所。

3.2　持续改进　continual improvement

不断提升能源绩效和能源管理体系的循环过程。

注1：建立目标并发现改进机会的过程是一个持续的过程。

注2：持续改进能实现整体能源绩效的改进，并与组织的能源方针相一致。

3.3　纠正　correction

为消除已发现的不符合（3.21）所采取的措施

3.4　纠正措施　corrective action

为消除已发现的不符合的原因所采取的措施。

注1：可能存在导致不符合行为的多个原因。

注2：纠正措施是为了防止重复发生，而预防措施是为了防止发生。

3.5　能源　energy

电、燃料、蒸汽、热力、压缩空气以及其他相似介质。

注1：在本标准中，能源包括可再生能源在内的各种形式，可被购买、贮存、处置、在设备或过程中使用以及被回收利用。

注2：能源可被定义为一个系统产生外部活动或开展工作的动力。

3.6　能源基准　energy baseline

用作比较能源绩效的定量参考依据。

注1：能源基准反映的是特定时间段的能源利用状况。

注2：能源基准可采用影响能源使用、能源消耗的变量来规范，例如：生产水平、度日数（户外温度）等。

注3：能源基准也可用作能源绩效改进方案实施前后的参照来计算节能量。

3.7　能源消耗　energy consumption

使用能源的数量。

3.8　能源效率　energy efficiency

输出的能源、产品、服务或绩效，与输入的能源之比或其他数量关系。

比如：转换效率，能源需求/能源实际使用的效率，输出/输入，理论运行的能源量/实际运行的能源量。

注：输入和输出都需要在数量及质量上进行详细说明，并且可以测量。

3.9　能源管理体系　energy management system（EnMS）

用以建立能源方针、能源目标、过程和程序以实现能源绩效目标的一系列相互关联或相互作用的要素的集合。

3.10　能源管理团队　energy management team

负责有效地实施能源管理体系活动并实现能源绩效持续改进的人员。

注：组织的规模、性质、可用资源的多少将决定团队的大小。团队可以是一个人，如管理者代表。

3.11　能源目标　energy objective

为满足组织的能源方针而设定的、与改进能源绩效相关的、明确的预期结果或成效。

3.12　能源绩效　energy performance

与能源效率（3.8）、能源使用（3.18）和能源消耗（3.7）有关的、可测量的结果。

注1：在能源管理体系中，可根据组织的能源方针、能源目标、能源指标以及其他能源绩效要求取

得可测量的结果。

注 2：能源绩效是能源管理体系绩效的一部分。

3.13　能源绩效参数　energy performance indicator（EnPI）

由组织确定，可量化能源绩效的数值或量度。

注：能源绩效参数可由简单的量值、比率或更为复杂的模型表示。

3.14　能源方针　energy policy

最高管理者发布的、有关能源绩效的宗旨和方向。

注：能源方针为设定能源目标、指标及采取的措施提供框架。

3.15　能源评审　energy review

基于数据和其他信息，确定组织的能源绩效水平，识别改进机会的工作。

注：在一些国家或国际标准中，如对能源因素或能源概况的识别和评审的表述都属于能源评审的内容。

3.16　能源服务　energy services

与能源供应、能源利用有关的活动及其结果。

3.17　能源指标　energy target

由能源目标产生，为实现能源目标所需规定的具体、可量化的绩效要求，它们可适用于整个组织或其局部。

3.18　能源使用　energy use

使用能源的方式和种类。

如通风、照明、加热、制冷、运输、加工、生产线等。

3.19　相关方　interested party

与组织能源绩效有关的或可受到组织影响的个人或群体。

3.20　内部审核　internal audit

获得证据并对其进行客观评价，考核能源管理体系要求执行程度的系统、独立、文件化的过程。

3.21　不符合　nonconformity

不满足要求。

3.22　组织　organization

具有自身职能和行政管理的公司、集团公司、商行、企事业单位、政府机构、社团或其结合体，或上述单位中具有自身职能和行政管理的一部分，无论其是否具有法人资格、公营或私营。

注：组织可以由一个人或一个群体组成。

3.23　预防措施　prevention action

为消除潜在的不符合（3.21）的原因所采取的措施。

注 1：可能存在多个潜在不符合的原因。

注 2：预防措施是为了防止不符合行为，而纠正措施是为了防止其重复发生。

3.24　程序　procedure

为进行某项活动或过程所规定的途径。

注 1：程序可以形成文件，也可以不形成文件。

注 2：程序一旦形成文件，“形成文件的程序”将被频繁使用。

3. 25 记录 record

阐明所取得的结果或提供所从事活动证据的文件。

注：记录可用作可追溯性文件，并提供验证、预防措施和纠正措施的证据。

3. 26 范围 scope

组织通过能源管理体系来管理的活动、设施及决策的范畴，可包括多个边界。

注：范围可包含与运输活动相关的能源。

3. 27 主要能源使用 significant energy use

在能源消耗中占有较大比例或在能源绩效改进方面有较大潜力的能源使用。

注：重要程度由组织决定。

3. 28 最高管理者 top management

在最高管理层指挥和控制组织的人员。

注：最高管理者在能源管理体系的范围和边界内控制组织。

4 能源管理体系要求

4.1 总要求

组织应：

a）按照本标准要求，建立能源管理体系，编制和完善必要的文件，并按照文件要求组织具体工作的实施；体系建立后应确保日常工作按照文件要求持续有效运行，并不断完善体系和相关文件；

b）界定能源管理体系的管理范围和边界，并在有关文件中明确；

c）策划并确定可行的方法，以满足本标准各项要求，持续改进能源绩效和能源管理体系。

4.2 管理职责

4.2.1 最高管理者

最高管理者应承诺支持能源管理体系，并持续改进能源管理体系的有效性，具体通过以下活动予以落实：

a）确立能源方针，并实践和保持能源方针；

b）任命管理者代表和批准组建能源管理团队；

c）提供能源管理体系建立、实施、保持和持续改进所需要的资源，已达到能源绩效目标；

注：资源包括人力资源、专业技能、技术和财务资源等。

d）确定能源管理体系的范围和边界；

e）在内部传达能源管理的重要性；

f）确保建立能源目标、指标；

g）确保能源绩效参数适用于本组织；

h）在组织长期规划中考虑能源绩效问题；

i）确保按照规定的时间间隔评价和报告能源管理的结果；

j）实施管理评审。

4.2.2 管理者代表

最高管理者应指定具有相应技术和能力的人担任管理者代表，无论其是否具有其他方面的职责和权限，管理者代表在能源管理体系中的职责和权限应包括：

a）确保按本标准的要求建立、实施、保持和持续改进能源管理体系；

b）指定相关人员，并由相应的管理层授权，共同开展能源管理活动；

c）向最高管理者报告能源绩效；

d）向最高管理者报告能源管理体系绩效；

e）确保策划有效的能源管理活动，以落实能源方针；

f）在组织内部明确规定和传达能源管理相关的职责和权限，以有效推动能源管理；

g）制定能够确保能源管理体系有效控制和运行的准则和方法；

h）提高全员对能源方针、能源目标的认识。

4.3　能源方针

能源方针应阐述组织为持续改进能源绩效所作的承诺。最高管理者应制定能源方针，并确保其满足：

a）与组织能源使用和消耗的特点、规模相适应；

b）包括改进能源绩效的承诺；

c）包括组织提供可获得的信息和必需的资源的承诺，以确保实现能源目标和指标；

d）包括组织遵守节能相关的法律法规及其他要求的承诺；

e）为制定和评审能源目标、指标提供框架；

f）支持高效产品和服务的采购，及改进能源绩效的设计；

g）形成文件，在内部不同层面得到沟通、传达；

h）根据需要定期评审和更新。

4.4　策划

4.4.1　总则

组织应进行能源管理策划，形成文件。策划应与能源方针保持一致，并保证持续改进能源绩效。

策划应包含对能源绩效有影响活动的评审。

4.4.2　法律法规及其他要求

组织应建立渠道，获取节能相关的法律法规及其他要求。

组织应确定准则和方法，以确保将法律法规及其他要求应用于能源管理活动中，并确保在建立、实施和保持能源管理体系时考虑这些要求。

组织应在规定的时间间隔内评审法律法规和其他要求。

4.4.3　能源评审

组织应将实施能源评审的方法学和准则形成文件，并组织实施能源评审，评审结果应进行记录。能源评审内容包括：

a）基于测量和其他数据，分析能源使用和能源消耗，包括：

——识别当前的能源种类和来源；

——评价过去和现在的能源使用和能源消耗水平。

b）基于对能源使用和能源消耗的分析，识别主要能源使用的区域等，包括：

——识别对能源使用和能源消耗有重要影响的设施、设备、系统、过程及为组织工作或代表组织工作的人员；

——识别影响主要能源使用的其他相关变量；

——确定与重要能源使用相关的设施、设备、系统、过程的能源绩效现状；

——评估未来的能源使用和能源消耗。

c）识别改进能源绩效的机会，并进行排序，识别结果须记录。

注：机会可能与潜在的能源、可再生能源和其他可替代能源（如余能）的使用有关。

组织应按照规定的时间间隔定期进行能源评审。当设施、设备、系统、过程发生显著变化时，应进行必要的能源评审。

4.4.4　能源基准

组织应使用初始能源评审的信息，并考虑与组织能源使用和能源消耗特点相适应的时段，建立能源基准。组织应通过与能源基准的对比测量能源绩效的变化。

当出现以下一种或多种情况时，应对能源基准进行调整：

a）能源绩效参数不再能够反映组织能源使用和能源消耗情况时；

b）用能过程、运行方式或用能系统发生重大变化时；

c）其他预先规定的情况。

组织应保持并记录能源基准。

4.4.5　能源绩效参数

组织应识别适用于对能源绩效进行监视和测量的能源绩效参数。确定和更新能源绩效参数的方法学应予以记录，并定期评审此方法学的有效性。

组织应对能源绩效参数进行评审，适用时，与能源基准进行比较。

4.4.6　能源目标、能源指标与能源管理实施方案

组织应建立、实施和保持能源目标和指标，覆盖相关职能、层次、过程或设施等层面，并形成文件。组织应制定实现能源目标和指标的时间进度要求。

能源目标和指标应与能源方针保持一致，能源指标应与能源目标保持一致。

建立和评审能源目标和指标时，组织应考虑能源评审中识别出的法律法规和其他要求、主要能源使用以及改进能源绩效的机会。同时也应考虑财务、运行、经营条件、可选择的技术以及相关方的意见。

组织应建立、实施和保持能源管理实施方案以实现能源目标和指标。能源管理实施方案应包括：

a）职责的明确；

b）达到每项指标的方法和时间进度；

c）验证能源绩效改进的方法；

d）验证结果的方法。

能源管理实施方案应形成文件，并定期更新。

4.5　实施与运行

4.5.1　总则

组织在实施和运行能源管理体系过程中，应使用策划阶段产生的能源管理实施方案及其他结果。

4.5.2　能力、培训与意识

组织应确保与主要能源使用相关的人员具有基于相应教育、培训、技能或经验的能力，无论这些人员是为组织或代表组织工作。组织应识别与主要能源使用及与能源管理体系运行控制有关的培训需求，并提供培训或采取其他措施来满足这些需求。

组织应保持适当的记录。

组织应确保为其或代表其工作的人员意识到：

a）符合能源方针、程序和能源管理体系要求的重要性；

b）满足能源管理体系要求的作用、职责和权限；

c）改进能源绩效所带来的益处；

d）自身活动对能源使用和消耗产生的实际或潜在影响，其活动和行为对实现能源目标和指标的贡献，以及偏离规定程序的潜在后果。

4.5.3　信息交流

组织应根据自身规模，建立关于能源绩效、能源管理体系进行的内部沟通机制。

组织应建立和实施一个机制，使得任何为其或代表其工作的人员能为能源管理体系的改进提出建议和意见。

组织应决定是否与外界开展与能源方针、能源管理体系和能源绩效有关的信息交流，并将此决定形成文件。如果决定与外界进行交流，组织应制定外部交流的方法并实施。

4.5.4　文件

4.5.4.1　文件要求

组织应以纸质、电子或其他形式建立、实施和保持信息，描述能源管理体系核心要素及其相互关系。

能源管理体系文件应包括：

a）能源管理体系的范围和边界；

b）能源方针；

c）能源目标、指标和能源管理实施方案；

d）本标准要求的文件，包括记录；

e）组织根据自身需要确定的其他文件。

注：文件的复杂程度因组织的不同而有所差异，取决于：

——组织的规模和活动类型；

——过程及其相互关系的复杂程度；

——人员能力。

4.5.4.2　文件控制

组织应控制本标准所要求的文件、其他能源管理体系相关的文件，适当时包括技术文件。

组织应建立、实施和保持程序，以便：

a）发布前确认文件适用性；

b）必要时定期评审和更新；

c）确保对文件的更改和现行修订状态作出标识；

d）确保在使用处可获得适用文件的相关版本；

e）确保字迹清楚，易于识别；

f）确保组织策划、运行能源管理体系所需的外来文件得到识别，并对其分发进行控制；

g）防止对过期文件的非预期使用。如需将其保留，应做出适当的标识。

4.5.5 运行控制

组织应识别并策划与主要能源使用相关的运行和维护活动，使之与能源方针、目标、指标和能源管理实施方案一致，以确保其在规定条件下按下列方式运行：

a）建立和设置主要能源使用有效运行和维护的准则，防止因缺乏该准则而导致的能源绩效的严重偏离；

b）根据运行准则运行和维护设施、设备、系统和过程；

c）将运行控制准则适当地传达给为组织或代表组织工作的人员。

注：在策划意外事故、紧急情况或潜在灾难的预案时（包含设备采购），组织可选择将能源绩效作为决策的依据之一。

4.5.6 设计

组织在新建和改进设施、设备、系统和过程的设计，并对能源绩效具有重大影响的情况下，应考虑能源绩效改进的机会及运行控制。

适当时，能源绩效评价的结果应纳入相关项目的规范、设计和采购活动中。

4.5.7 能源服务、产品、设备和能源采购

在购买对主要能源使用具有或可能具有影响的能源服务、产品和设备时，组织应告知供应商，采购决策将部分基于对能源绩效的评价。

当采购对能源绩效有重大影响的能源服务、设备和产品时，组织应建立和实施相关准则，评估其在计划的或预期的使用寿命内对能源使用、能源消耗和能源效率的影响。

为实现高效的能源使用，适用时，组织应制定文件化的能源采购规范。

4.6 检查

4.6.1 监视、测量与分析

组织应确保对其运行中的决定能源绩效的关键特性进行定期监视、测量和分析，关键特性至少应包括：

a）主要能源使用和能源评审的输出；

b）与主要能源使用相关的变量；

c）能源绩效参数；

d）能源管理实施方案在实现能源目标、指标方面的有效性；

e）实际的能源消耗与预期的对比评价。

组织应保存监视、测量关键特性的记录。

组织应制定和实施测量计划，且测量计划应与组织的规模、复杂程度及监视和测量设备相适应。

注：测量方式可以只用公用设施计量仪表（如：对小型组织），若干个与应用软件相连、能汇总数据和进行自动分析的完整的监视和测量系统。测量的方式和方法由组织自行决定。

组织应确定并定期评审测量需求。组织应确保用于监视测量关键特性的设备所提供的数据是准确、可重现的，并保存校准记录和采取其他方式以确立准确度和可重复性。

组织应调查能源绩效中的重大偏差，并采取应对措施。

组织应保持上述活动的结果。

4.6.2 合规性评价

组织应定期评价组织对与能源使用和消耗相关的法律法规和其他要求的遵守情况。

组织应保存合规性评价结果的记录。

4.6.3 能源管理体系的内部审核

组织应定期进行内部审核，确保能源管理体系：

a）符合预定能源管理的安排，包括符合本标准的要求；

b）符合建立的能源目标和指标；

c）得到了有效的实施与保持，并改进了能源绩效。

组织应考虑审核的过程、区域的状态和重要性，以及以往审核的结果制定内审方案和计划。

审核员的选择和审核的实施应确保审核过程的客观性和公正性。

组织应记录内部审核的结果并向最高管理者汇报。

4.6.4 不符合、纠正、纠正措施和预防措施

组织应通过纠正、纠正措施和预防措施来处理实际的或潜在的不符合，包括：

a）评审不符合或潜在的不符合；

b）确定不符合或潜在不符合的原因；

c）评估采取措施的需求，确保不符合不重复发生或不会发生；

d）制定和实施适宜的措施；

e）保持纠正措施和预防措施的记录；

f）评审所采取纠正措施或预防措施的有效性。

纠正措施和预防措施应与实际或潜在问题的严重程度以及能源绩效结果相适应。

组织应确保在必要时对能源管理体系进行改进。

4.6.5 记录控制

组织应根据需要，建立并保持记录，以证实符合能源管理体系和本标准的要求，以及所取得的能源绩效成果。

组织应对记录的识别、检索和留存进行规定，并实施控制。

相关活动的记录应清楚、标识明确，具有可追溯性。

4.7 管理评审

4.7.1 总则

最高管理者应按策划或计划的时间间隔对组织的能源管理体系进行评审，以确保其持续的适宜性、充分性和有效性。

组织应保存管理评审的记录。

4.7.2 管理评审的输入

管理评审的输入应包括：

a）以往管理评审的后续措施；

b）能源方针的评审；

c）能源绩效和相关能源绩效参数的评审；

d）合规性评价的结果以及组织应遵循的法律法规和其他要求的变化；

e）能源目标和指标的实现程度；

f）能源管理体系的审核结果；

g）纠正措施和预防措施的实施情况；

h）对下一阶段能源绩效的规划；

i）改进建议。

4.7.3　管理评审的输出

管理评审的输出应包括与下列事项相关的决定和措施：

a）组织能源绩效的变化；

b）能源方针的变化；

c）能源绩效参数的变化；

d）基于持续改进的承诺，组织对能源管理体系的目标、指标和其他要素的调整；

e）资源分配的变化。

附录2　我国近几年发布的能耗限额标准

序号	国家标准编号	国家标准名称	代替标准号	实施日期
1	GB 29994—2013	煤基活性炭单位产品能源消耗限额		2014-11-01
2	GB 29995—2013	兰炭单位产品能源消耗限额		2014-11-01
3	GB 29996—2013	水煤浆单位产品能源消耗限额		2014-11-01
4	GB 30178—2013	煤直接液化制油单位产品能源消耗限额		2014-12-01
5	GB 30179—2013	煤制天然气单位产品能源消耗限额		2014-12-01
6	GB 30180—2013	煤制烯烃单位产品能源消耗限额		2014-12-01
7	GB 30181—2013	微晶氧化铝陶瓷研磨球单位产品能源消耗限额		2014-12-01
8	GB 30182—2013	摩擦材料单位产品能源消耗限额		2014-12-01
9	GB 30183—2013	岩棉、矿渣棉及其制品单位产品能源消耗限额		2014-12-01
10	GB 30184—2013	沥青基防水卷材单位产品能源消耗限额		2014-12-01
11	GB 30185—2013	铝塑板单位产品能源消耗限额		2014-12-01
12	GB 21252—2013	建筑卫生陶瓷单位产品能源消耗限额	GB 21252—2007	2014-12-01
13	GB/T 12723—2013	单位产品能源消耗限额编制通则	GB/T 12723—2008	2014-07-01
14	GB/T 13467—2013	通风机系统电能平衡测试与计算方法	GB/T 13467—1992	2014-07-01
15	GB/T 13468—2013	泵类液体输送系统电能平衡测试与计算方法	GB/T 13468—1992	2014-07-01
16	GB 21258—2013	常规燃煤发电机组单位产品能源消耗限额	GB 21258—2007	2014-09-01
17	GB 30250—2013	乙烯装置单位产品能源消耗限额		2014-09-01
18	GB 30251—2013	炼油单位产品能源消耗限额		2014-09-01
19	GB 21256—2013	粗钢生产主要工序单位产品能源消耗限额	GB 21256—2007	2014-10-01
20	GB 21342—2013	焦炭单位产品能源消耗限额	GB 21342—2008	2014-10-01
21	GB/T 29723. 1—2013	煤矿主要工序能耗等级和限值第 1 部分：主要通风系统		2014-01-01
22	GB/T 29723. 2—2013	煤矿主要工序能耗等级和限值第 2 部分：主排水系统		2014-01-01
23	GB/T 29723. 3—2013	煤矿主要工序能耗等级和限值第 3 部分：空气压缩系统		2014-01-01
24	GB/T 29723. 4—2013	煤矿主要工序能耗等级和限值第 4 部分：主提升带式输送系统		2014-01-01
25	GB 29435—2012	稀土冶炼加工企业单位产品能源消耗限额		2013-10-01
26	GB 29436. 1—2012	甲醇单位产品能源消耗限额第 1 部分：煤制甲醇		2013-10-01
27	GB 29437—2012	工业冰醋酸单位产品能源消耗限额		2013-10-01
28	GB 29438—2012	聚甲醛单位产品能源消耗限额		2013-10-01
29	GB 29439—2012	硫酸钾单位产品能源消耗限额		2013-10-01
30	GB 29440—2012	炭黑单位产品能源消耗限额		2013-10-01
31	GB 29441—2012	稀硝酸单位产品能源消耗限额		2013-10-01
32	GB 29442—2012	铜及铜合金板、带、箔材单位产品能源消耗限额		2013-10-01
33	GB 29443—2012	铜及铜合金棒材单位产品能源消耗限额		2013-10-01
34	GB 29444—2012	煤炭井工开采单位产品能源消耗限额		2013-10-01

续附录 2

序号	国家标准编号	国家标准名称	代替标准号	实施日期
35	GB 29445—2012	煤炭露天开采单位产品能源消耗限额		2013-10-01
36	GB 29446—2012	选煤电力消耗限额		2013-10-01
37	GB 29447—2012	多晶硅企业单位产品能源消耗限额		2013-10-01
38	GB 29448—2012	钛及钛合金铸锭单位产品能源消耗限额		2013-10-01
39	GB 29449—2012	轮胎单位产品能源消耗限额		2013-10-01
40	GB 29450—2012	玻璃纤维单位产品能源消耗限额		2013-10-01
41	GB 29451—2012	铸石单位产品能源消耗限额		2013-10-01
42	GB 29138—2012	磷酸一铵单位产品能源消耗限额		2013-10-01
43	GB 29139—2012	磷酸二铵单位产品能源消耗限额		2013-10-01
44	GB 29140—2012	纯碱单位产品能源消耗限额		2013-10-01
45	GB 29141—2012	工业硫酸单位产品能源消耗限额		2013-10-01
46	GB 29441—2012	稀硝酸单位产品能源消耗限额		2013-10-01
47	GB 21248—2014	铜冶炼企业单位产品能源消耗限额	GB 21248—2007	2015-01-01
48	GB 21249—2014	锌冶炼企业单位产品能源消耗限额	GB 21249—2007	2015-01-01
49	GB 21250—2014	铅冶炼企业单位产品能源消耗限额	GB 21250—2007	2015-01-01
50	GB 21251—2014	镍冶炼企业单位产品能源消耗限额	GB 21251—2007	2015-01-01
51	GB 21257—2014	烧碱单位产品能源消耗限额	GB 21257—2007	2015-01-01
52	GB 21348—2014	锡冶炼企业单位产品能源消耗限额	GB 21348—2008	2015-01-01
53	GB 21349—2014	锑冶炼企业单位产品能源消耗限额	GB 21349—2008	2015-01-01
54	GB 30526—2014	烧结墙体材料单位产品能源消耗限额		2015-01-01
55	GB 30527—2014	聚氯乙烯树脂单位产品能源消耗限额		2015-01-01
56	GB 30528—2014	聚乙烯醇单位产品能源消耗限额		2015-01-01
57	GB 30529—2014	乙酸乙烯酯单位产品能源消耗限额		2015-01-01
58	GB 30530—2014	有机硅环体单位产品能源消耗限额		2015-01-01
59	GB/T 30532—2014	全玻璃热管家用太阳能热水系统		2014-07-01
60	GB 31335—2014	铁矿露天开采单位产品能源消耗限额		2016-01-01
61	GB 31336—2014	铁矿地下开采单位产品能源消耗限额		2016-01-01
62	GB 31337—2014	铁矿选矿单位产品能源消耗限额		2016-01-01
63	GB 31338—2014	工业硅单位产品能源消耗限额		2016-01-01
64	GB 31339—2014	铝及铝合金线坯及线材单位产品能源消耗限额		2016-01-01
65	GB 31340—2014	钨精矿单位产品能源消耗限额		2016-01-01
66	GB 25324—2014	铝电解用石墨质阴极炭块单位产品能源消耗限额	GB 25324—2010	2015-10-01
67	GB 25325—2014	铝电解用预焙阳极单位产品能源消耗限额	GB 25325—2010	2015-10-01
68	GB 21351—2014	铝合金建筑型材单位产品能源消耗限额	GB 21351—2008	2015-01-01
69	GB 31533—2015	精对苯二甲酸单位产品能源消耗限额		2016-06-01
70	GB 31534—2015	对二甲苯单位产品能源消耗限额		2016-06-01

续附录2

序号	国家标准编号	国家标准名称	代替标准号	实施日期
71	GB 31535—2015	二甲醚单位产品能源消耗限额		2016-06-01
72	GB 29436. 2—2015	甲醇单位产品能源消耗限额第2部分：天然气制甲醇		2016-07-01
73	GB 29436. 3—2015	甲醇单位产品能源消耗限额第3部分：合成氨联产甲醇		2016-07-01
74	GB 29436. 4—2015	甲醇单位产品能源消耗限额第4部分：焦炉煤气制甲醇		2016-07-01
75	GB 31823—2015	集装箱码头单位产品能源消耗限额		2016-07-01
76	GB 31824—2015	1,4-丁二醇单位产品能源消耗限额		2016-07-01
77	GB 31825—2015	制浆造纸单位产品能源消耗限额		2016-07-01
78	GB 31826—2015	聚丙烯单位产品能源消耗限额		2016-07-01
79	GB 31827—2015	干散货码头单位产品能源消耗限额		2016-07-01
80	GB 31828—2015	甲苯二异氰酸酯单位产品能源消耗限额		2016-07-01
81	GB 31829—2015	碳酸氢铵单位产品电耗限额		2016-07-01
82	GB 31830—2015	二苯基甲烷二异氰酸酯单位产品能源消耗限额		2016-07-01
83	GB 21343—2015	电石单位产品能源消耗限额	GB 21343—2008	2016-10-01
84	GB 21344—2015	合成氨单位产品能源消耗限额	GB 21344—2008	2016-10-01
85	GB 21345—2015	黄磷单位产品能源消耗限额	GB 21345—2008	2016-10-01
86	GB 32032—2015	金矿开采单位产品能源消耗限额		2016-10-01
87	GB 32033—2015	金矿选冶单位产品能源消耗限额		2016-10-01
88	GB 32034—2015	金精炼单位产品能源消耗限额		2016-10-01
89	GB 32035—2015	尿素单位产品能源消耗限额		2016-10-01
90	GB 32044—2015	糖单位产品能源消耗限额		2016-10-01
91	GB 32046—2015	电工用铜线坯单位产品能源消耗限额		2016-10-01
92	GB 32047—2015	啤酒单位产品能源消耗限额		2016-10-01
93	GB 32048—2015	乙二醇单位产品能源消耗限额		2016-10-01
94	GB 32050—2015	电弧炉冶炼单位产品能源消耗限额		2016-10-01
95	GB 32051—2015	钛白粉单位产品能源消耗限额		2016-10-01
96	GB 32053—2015	苯乙烯单位产品能源消耗限额		2016-10-01
97	GB 32311—2015	电解制氢系统能效限定值及能效等级		2017-01-01

附录3　国家认监委发布的认证认可行业标准

序　号	标准编号	标 准 名 称	实施日期
1	RB/T 101—2013	能源管理体系电子信息企业认证要求	2014-06-15
2	RB/T 102—2013	能源管理体系纺织企业认证要求	2014-06-15
3	RB/T 103—2013	能源管理体系钢铁企业认证要求	2014-06-15
4	RB/T 104—2013	能源管理体系交通运输企业认证要求	2014-06-15
5	RB/T 105—2013	能源管理体系煤炭采选业认证要求	2014-06-15
6	RB/T 106—2013	能源管理体系水泥企业认证要求	2014-06-15
7	RB/T 107—2013	能源管理体系公共建筑管理组织认证要求	2014-06-15
8	RB/T 108—2013	能源管理体系家电企业认证要求	2014-06-15
9	RB/T 109—2013	能源管理体系人造板及木制品企业认证要求	2014-06-15
10	RB/T 110—2014	能源管理体系建筑卫生陶瓷企业认证要求	2015-03-01
11	RB/T 111—2014	能源管理体系玻璃企业认证要求	2015-03-01
12	RB/T 112—2014	能源管理体系化肥和甲醇企业认证要求	2015-03-01
13	RB/T 113—2014	能源管理体系氯碱和电石企业认证要求	2015-03-01
14	RB/T 114—2014	能源管理体系纯碱、焦化、橡塑制品、制药等化工企业认证要求	2015-03-01
15	RB/T 115—2014	能源管理体系石油化工企业认证要求	2015-03-01
16	RB/T 116—2014	能源管理体系电力企业认证要求	2015-03-01
17	RB/T 117—2014	能源管理体系有色金属企业认证要求	2015-03-01
18	RB/T 118—2014	能源管理体系造纸企业认证要求	2015-03-01